KB068541

중국과 한반도의 미래

2024년도 중국은 배고프다

중국과 한반도의 미래

통일이 있다면 적화통일만 있을 뿐이다

동키호테 지음

조선,
독립채산형 자치주
한중군사분계선
군침
병든 부리
애벌레
아픈 다리

" 배고픈 중국(짱닭)이
아픈 다리와 병든 부리 때문에
맛있는 애벌레를 먹지 못하고
군침만 흘리고 있다. "

바른북스

중국(짱닭)은 배고프다

배고픈 중국(짱닭)이 남중국해, 센카쿠열도, 대만 등에서 끊임없는 영토 분쟁을 통해 자신들의 침략 야욕을 여지없이 드러내고 있다. 특히 중국과 대만의 문제는 전 세계가 주목하고 있으며, 그들의 싸움에는 역사적, 정치적, 경제적 요인들이 복잡하게 얽혀 있다. 중국은 대만을 그들의 일부로 보고 '하나의 중국'이라는 원칙에 따라 대만을 포함한 중국 전역을 통일하려고 한다. 반면 대만은 독자적인 정부와 국가로 자립하려는 원칙을 고수하고 있다.

국제 정치적으로 대만은 중국과의 분쟁 관계로 인해 동남아시아 지역안보에 큰 영향을 미치고 있으며, 미국 등 자유우방국은 이를 주시하고 있다. 특히 중국의 군사적, 정치적 영향력 확대에 대응하기 위해 미국은 대만을 포함한 인근 국가들과 안보 협력을 강화하고 있다.

중국이 자신들의 힘을 과시하는 이유는 중국이 세계 중심이라는 중화사상으로 대중화인민공화국(大中華人民共和國)이라는 대위업을 달성하고자 과거 중국 관할이던 주변국의 통일이라는 오랜 야심을 서서히 나타내고 있는 것이다. 1997년 7월 1일 중국이 홍콩을 100년 만에 영국으로부터 반환받으면서 그 야욕은 본격적으로 시작했으며, 그다음으로 대만을 통일하겠다는 야욕을 드러냈다. 시진핑 주석 등 지도부는 공공연히 무력을 동원해서라도 통일하겠다는 의지를 밝히며 대만 통일 추진은 기정사실화되었다. 이런 상황에서 만약 중국이 대만까지 무력으로 통일하고 난다면 그다음 타깃은 어디일까? 바로 남북한의 한반도이다.

역사적으로 보면 중국 입장에서 한반도는 자신들의 속국과 같은 존재로 여겼다. 세계의 중심은 중국이라는 중화주의를 바탕으로 한반도에 들어서는 왕조는 반드시 중국의 인정을 받아야 했으며, 그 인정의 대가로 한반도의 왕조는 중국에 조공을 바쳤다.

중국은 현재도 이러한 인식을 버리지 않고 있으며, 대만 문제가 해결되면 자신들의 야욕을 분명히 한반도를 향해 드러낼 것이다. 그런 중국의 인식을 알 수 있는 발언이 최근에도 이어졌다. 중국의 시진핑 국가주석은 2023년 9월 23일 항저우 아시안게임 개막식에 참석한 한덕수 총리를 만나 "한중은 이사 갈 수 없는 이웃"이라는 말을 했다.

'이사 갈 수 없는 이웃'이라는 표현은 '도망갈 수 없는 이웃'의 우회적 표현이다. 언뜻 보기에는 중국이 이웃국가인 한국과의 친선을 강조하는 것으로, 표면적으로는 문제없어 보인다. 하지만 깊이 들여다보면, 역사적으로나 지정학적으로나 한국은 중국의 영향력 아래에 있다는 것을 강조한 것이라 할 수 있다. 즉 한반도의 왕조들이 중국의 세력 안에 있었으니, 앞으로도 중국의 영향력에서 벗어날 수 없을 것이라 위협하고 있는 것이다.

대단한 위협적인 말이 아닐 수 없다. 우리는 '이사 갈 수 없는 이웃'이라는 표현의 속뜻은 '건방지게 까불지 마! 넌 내 손 안에 있어!'라는 의미가 숨겨져 있다는 것을 놓쳐서는 안 된다.

홍콩 반환 이전에는 대만 통일이란 포부를 감추고 있었던 중국이 홍콩 반환 이후 노골적으로 대만을 통일하겠다고 나선 것을 미루어 보면 대만 통일할 때까지는 한반도에서 전쟁 등의 특별한 일이 없다면 정중 동 할 것이라고 예상된다. 즉 지금은 한국과는 겉으로는 특별한 액션 없이 지내다가 대만을 통일하고 난 이후 본격적으로 한반도를 향한 야욕을 드러낼 것이 분명하다.

중국이 수천 년의 유구한 역사를 통하여 그들이 한반도를 지배했다는 DNA가 조선말부터 지금까지 100여 년의 세월이 지났을 뿐인데 과연 사라졌다고 단정할 수 있을까? 그들의 역사적 행태를 볼 때 100여 년이라는 짧은 시간에 한반도가 속국이었다는 사실을 잊었을 리는 없다.

그런데 중국이 우리에게 이런 위협을 가하고 있는 상황에서도 한국의 대중국 기조는 큰 변함이 없고, 정치권과 국민들의 인식도 그저 중국의 허세라고 단정하고 있는 듯하다. 역사적으로 보면 중국은 그리 만만치 않은 나라다. 티베트 침략에서 보듯이 기회만 되면 국제적인 영토 분쟁을 일으키고 무력으로 이를 제압하며 자신들의 이익을 챙겨왔다. 대만 통일도 그런 방향으로 흐르고 있지 않은가?

지피지기면 백전백승이라고 했다. 앞으로 중국이 급변하는 국제 정세 속에서 언제쯤 야욕을 드러낼지 예의주시하면서 우선 중국을 좀 더 깊게 알아야 한다는 말이다.

우리가 앞으로 중국을 먼저 알고(知中) 그다음 중국을 이기고(克中) 마지막에는 중국을 다스려야 한다(治中)는 마음가짐의 자세가 있어야 한다. 지금 대부분 우리 국민 정서는 중국과 거리를 두고 있으며 중국인의 진정한 생각과 진솔하게 사는 모습을 접할 기회가 없었다. 이 책은 중국인 그들의 다양한 삶을 있는 그대로 표현한 중국인의 모습을 꾸밈없이 보여주는 글이다.

옛날 사람들은 중국을 대국이라 불렀는데 그저 나라 크기가 크고, 인구가 많고 힘이 세다는 이유인 걸로만 알았다. 그런데 이 책에 소개된 여러 이야기를 살펴보면 중국인들의 생각과 삶의 모습에서도 대국다운 모습이 보이는 것 같다. 가령 우리는 사촌이 논을 사면 배 아프다는 말을 하곤 하는데, 중국인은 사촌 논 사면 같이 축하하고 기뻐하는 것만 보더라도 중국의 대국적인 면모를 느낄 수 있다. 물론 친지나 지인이 논을 사도 같이 축하한다. 또 100원을 벌면 5원 쓰기를 아까워하는 것도 그들의 민족성이다.

중국인들은 가족관계를 매우 중요하게 여기고 특히 부모·자식 간은 하늘이 맺어준 인연이라고 해서 천륜이라 여기고, 자식은 부모를 하늘처럼 따르고 부모는 자식을 소황제라고 하며 귀하게 여긴다. 일례로 1945년 해방 전후 중국은 국민당과 공산당이 내전을 치를 때 처음에는 국민당이 우세하였는데 공산당이 통치하는 지역에서 즉시 토지개혁을 실시하여 대대로 소작농으로 살아온 농민들에게 토지를 무상으로 분배했다. 토지를 무상으로 분배받은 농민들은 공산당 정책에 감격하여 국민당 군대에 입대한 자식들에게 연락하여 빨리 공산당 군대로 입대하여 공산당을 위하여 싸우라 하니 자식들은 당연히 부모 말을 따라 집단으로 공산당 군대에 입대했다. 이후 전세는 역전되고 장개석의 국민당 군대는 급격히 쇠락하여 결국 대만으로 철수하게 된다. 훗날 장개석은 토지개혁을 하지 않은 것을 후회하고 늦게나마 대만에서 토지개혁을 실시했다.

우리나라를 비롯하여 전 세계 곳곳에 차이나타운이 있다. 중국인들은 비행기에서 한 사람이 내리면 먼저 왔던 중국인 10명이 우르르 달려들어 도와주고, 또 한 사람이 이민 오면 이번에는 11명이 우르르 달려들어 같이 도와준다. 이런 사소한 것 하나하나가 그들의 단결과 민족 정서를 쉽게 볼 수 없다는 방증이다.

이 책에는 중국인들의 일상에서 일어나는 여러 일화가 담겼다. 그들에게 닥친 여러 일상의 문제를 어떻게 해결하고 봉합해 나가는지 알수 있는 대목이 군데군데 드러난다. 우리가 진정한 중국을 알기 위한 첫걸음은 그들의 생활과 문화를 면밀하게 살펴보는 일일 것이다. 그런 의미에서 여기에 담긴 중국인들의 이야기가 상당히 흥미로울 수 있을 것이다.

우리는 중국(짱닭)은 여전히 배고프다는 것을 알고 있어야 한다. 그들의 한반도 침략 야욕과 국제 정세를 파악하기 위해서는 우리도 중국이 어떤지를 알아야 하고, 그래야 적절한 대응을 미리 할 수 있다는 것을 기억해야 한다. 그 첫걸음이 우리가 중국을 알아야 하는 이유이고 이 책을 통해 독자들이 중국의 내면을 살펴보는 기회가 되었으면 좋겠다.

이 책을 통해 나는 중국과 한반도, 그리고 국내외 정세를 두루 살펴보고자 했지만, 내 뜻과 의도를 고스란히 다 담기에는 부족함이 있었다. 하지만 몇몇 사람이라도 이 책에서 내가 전달하고자 하는 중국의 저력, 그리고 중국에 대한 전략적 대응의 필요성을 깨닫는다면 나에게는 큰 기쁨이 될 것 같다. 《중국과 한반도의 미래》가 출간되기까지 망설임이 있었지만 6.25 전쟁에서 나라를 지키시고, 오늘날 대한민국이 있기까지 피와 땀으로 헌신하신 모든 분께, 그리고 미래를 이끌어 갈 젊은 세대들에게 이 책을 바친다.

이 책이 나오기까지 편집에 고생한 바른북스 출판사에 감사의 뜻을 전한다. 그리고 가장 어렵고 암울한 시기에 곁에서 큰 힘이 되어준 '이상호' '최영훈' 두 벗에게 이 기회를 통해 감사의 뜻을 표하며, 인천 청라 사랑의 교회에서 재직 중인 고향 친구 박용배 목사님께도 감사드린다.

〈책 표지 설명〉
'통일이 있다면 적화통일만 있을 뿐이다.'라는 내용을 독자가 쉽게 이해하도록 표지 앞뒤 면에 3개의 그림(지도)을 통해 설명하였다.

목
차

2부 헛소리 핫소리: 세상을 향한 동키호테의 절규

|1장| 황금 분할

| 2장 | 나의 보물

에필로그

1부

짱닭은 배고프다

헌신과 책임,
결코 가볍지 않은
중국인의 사랑

동서고금을 막론하고 '사랑'이라는 감정 속에는 보편적인 무언가가 있다. 사랑은 마음과 마음의 일이기에 아무리 주변에서 막으려 해도 막을 수 없는 것이고 강제로 어찌할 수 없는 것도 사랑이다.

그런데 이러한 인류 보편의 사랑도 문화적 배경에 따라 그 표현 방식이나 표출되는 형태는 달리 나타날 수 있다. 중국도 마찬가지다. 특히 유교적 문화 기반이 형성되어 있는 중국의 사랑 표현은 서양과는 달리 매우 구체적인 책임감, 헌신, 충성심을 담고 있다.

개방적이지만
조금은 더 진지한

대부분의 동양 사회가 그랬듯이 중국에서도 20세기 전반기는 여성이 사회적 성원으로 인정받을 수 있는 여지가 크지 않았다. 여성이 그나마 사회적으로 남성과 동등해질 수 있었던 계기는 1949년 사회주의 정권이 수립된 이후였고, 정부는 헌법을 통해 여성의 평등권을 규정했다. 원칙적으로 연애와 결혼은 당사자들의 자유 결정에 따를 사안이 되었다.

1980년대 이후 시장경제 개념이 본격적으로 도입되기 전까지는 많은 경우 연애와 결혼은 사회주의 중국 사회의 기본 사회조직이었던 '딴웨이(单位)' 내에서 이루어졌다. '딴웨이'란 직업의 단위를 중심으로 구축된 경제생활과 일상생활의 기본 영역이다. 사회 이동이 많지 않았던 시절, 일정한 교육을 마친 후의 인민은 모두 딴웨이에 배정되었고 특별한 이유가 없는 한 내내 그곳에서 생활했다. 그러니 그 속에서 상대방을 만나 사랑하고 결혼하게 되는 것이 자연스러운 일이었다.

시장경제가 본격적으로 추진된 이후 중국의 젊은이들은 보다 넓은 영역의 사람들과 접촉하며 사랑하고 헤어지고, 결혼하고 이혼하고 있다. 과거에 이들의 만남과 헤어짐이 딴웨이라는 조직체를 중심으로 이루어졌다면 이제는 주로 경제적 지위에 따른 사회계층의 틀 속에서 자유롭게 이루어지고 있는 것이다. 이런 점에서는 여느 자본주의 사회에서 볼 수 있는 연애와 결혼의 과정과 크게 다르지 않다고 할 수 있다.

그런데 중국의 청년층은 애정의 표현이나 실천에서 같은 문화권 나라의 청년들보다 더 대담하고 솔직한 면이 있다. 그 이유는 한두 마디로 설명하기 힘들겠지만, 여성의 지위가 보다 높은 것도 한 이유가 될 수 있고 어려서부터 이성 간의 자연스러운 접촉을 장려하는 분위기도 이유가 될 수 있다.

길거리에서 키스는 물론이고 대학 캠퍼스 곳곳에서 벌어지는 애정 행각은 거침없는 중국인들의 개방성을 여지없이 보여주는 사례다. 어디에서 내가 무슨 행동을 하든지 남에게 해되는 일이 아니라면 굳이

중국과 한반도의 미래

남들의 시선을 신경 쓰지 않는 중국 문화의 단면을 그런 개방적인 모습으로 확인할 수 있다.

이처럼 애정 표현에서 개방적인 모습을 보이는 중국인의 사랑이 그저 가볍다고 느껴질 수도 있지만, 속내를 알고 보면 그 어떤 나라의 사람들보다 진중하고 진지하다는 것을 깨닫게 된다. 앞서 말했듯이 중국 문화에서 사랑이라는 감정의 표현은 단순한 감정 표현으로 끝나는 것이 아니라, 상대방에 대한 책임감과 헌신, 충성심을 함께 담고 있다. 이러한 이유로 중국어에서 애정 표현은 무거운 의미를 지니고 있으며, 서양 사람들이 사용하는 것과는 조금 다른 방식으로 사용된다.

특히 중국에서 '치정'이라는 말은 단순히 부정적인 의미로만 인식되지는 않는다. 치정은 '바보 같은 정'의 의미로 이성을 잃을 정도로 너무 깊은 정에 빠졌다는 말이다. 이러한 치정은 상대를 위해서라면 그 어떤 것이라도 기꺼이 희생하기에 생사를 초월하는 맹목적인 사랑의 경지라고 할 수도 있다. 물론 대단히 현실성을 중시하는 중국인이 이 같은 치정을 각별히 대한다는 것이 선뜻 이해할 수 없을 수도 있지만, 중국 사람들이 사랑을 대하는 태도가 진지하고 감성적이라는 점만은 분명해진다.

1장에서는 중국 사람들의 사랑에 얽힌 다양한 이야기가 펼쳐진다. 때로는 어떤 사랑이 모든 것을 잃게 하고 가슴 아플 수도 있지만, 또 어떤 사랑은 모든 어려움을 극복하게 해주는 힘이 된다. 결코 가볍지 않은 중국 사람들의 사랑 이야기와 그들이 사랑을 대하는 진지한 태도를 함께 감상해 보자.

사나이의 진정

이진언과 방운은 소학, 초중, 고중을 줄곧 한 학급에서 공부해 온 죽마고우다. 학급에서 내내 1등, 2등을 하는 그들은 둘이 같은 대학에 붙자고 약속했다. 방운의 아버지는 도박꾼으로 원래 풍족하던 가정은 아버지 때문에 빈털터리가 되었다. 방운은 어머니가 살길을 찾아다니다 보니 학비를 바칠 수 없어 중도에 학교를 그만두게 되었다.

이 소식을 들은 이진언은 가슴이 칼로 에는 듯 아팠고 일종 남자의 책임감이 가슴에 그들먹하게 차올랐다. 마침 그는 대련시에서 징병을 하고 있었다.

'구석진 지구에서 병사가 되면 가급금이 많고 먹고 입는 소비도 들지 않는다고 했지. 부대에 가서 절약한 돈으로 방운을 도와주자…'

이런 결정을 내린 그는 남몰래 징병에 지원했다. 떠나기 며칠 전 부모는 그에게 부대에 가서 쓰라며 돈 2,000원을 주었다. 돈을 받은 이진언은 그 걸음으로 담임선생을 찾아가 800원을 맡기면서 방운을 복학하게 해달라고 했다.

1985년 11월 말 떠나기 전날 밤, 방운은 눈물을 머금고 이진언을 바래다주며 말했다.

"입대한 건 나 때문이지?"

이진언은 웃기만 했다. 갑자기 방운은 이진언의 웃옷 단추를 벗기더니 그의 가슴을 꽉 깨물었다. 아프다 못해 이진언은 몸을 부르르 떨었다. 내려다보니 살점이 뭉텅 떨어져 나갔다. 방운은 눈물을 줄줄 흘리며 말했다.

"천애지각에 가도 넌 오늘 밤을 잊을 수 없을 거야. 널 사랑하는 방운도 잊지 못할 거고."

이튿날 이진언은 행복의 상처를 안고 부대로 떠나갔다.

1년 후 여름, 이진언의 도움으로 고중 과정을 끝마친 방운은 요녕 사범대학에 붙었다. 그런데 1,000원이 되는 학비를 모을 수 없었다. 그녀가 고민하고 있을 때 이진언이 돈 2,000원과 열정이 넘치는 편지를 보내왔다. 편지를 읽는 방운의 눈에서 눈물이 비 오듯 쏟아졌다.

1988년 7월 말, 참군한 지 3년이 되는 진언이 가정방문 휴가로 대련으로 떠나려는데 상급에서 그를 파격적으로 패장에 임명했으니 집중 훈련대로 즉시 가라는 전화가 왔다. 이렇게 되어 대련에서 방운과 만날 기회를 놓치게 되었다.

진언의 연인이 대학생이란 것을 안 전우들은 지금 대학생들은 감정이 제멋대로이기에 그만두라고 권했다. 공교롭게도 이때 방운에게서 대학에서 근공검학(돈을 벌며 공부하는 것)을 조직했으니 더는 돈을 보내오지 말라는 편지가 왔다. 정말 내 도움이 필요 없는 걸까? 남자친구를 사귄 건 아닐까? 이런 의심이 든 진언은 홧김에 답장하지 않았다. 진언의 답장을 받지 못한 방운도 토라져 더는 편지를 쓰지 않았다. 그렇게 1년이 지났다.

이듬해 여름 졸업이 다가왔다. 1년 정도 진언의 편지를 받지 못한 방운은 부대로 찾아가 보기로 작심했다. 진언이 있는 곳에 바람이 세차다는 것을 아는 방운은 털실 8냥을 사서 목도리를 떴다. 꼬박 닷새가 걸려서야 방운은 목적지에 이를 수 있었다. 아름답게 변한 방운을 대한 진언은 초라한 자신이 부끄럽게 느껴졌다. 게다가 1년이나 방운의 편지를 받지 못해 의심에 싸인 진언은 방운을 쌀쌀하게 대했다. 자신의 사랑과 정성이 이런 결과로 돌아오자 상심한 방운은 그 자리를 떠나갔다.

곤륜산에서 돌아온 방운은 정신적으로나 육체적으로 몹시 지쳐 있었다. 그때 자동차 부속품 상점 경리를 알게 된 방운은 이내 결혼하고 말았다. 중학교 선생으로 배치받았던 그녀는 후에 사직하고 남편의 상점에서 일하게 되었다. 이 소식을 들은 진언은 몹시 고통스러웠다.

얼마 후 진언은 대련 처녀 갈려리와 사귀게 되었다. 처음 진언은 부모들의 독촉에 못 이겨 려리와 마지못해 사귀었지만, 차츰 그녀에게 호감을 느끼게 되었다. 부드러운 려리는 잔병이 많은 시부모가 아플 때마다 병원에 모시고 가거나 중약(한약)을 달여드리는 등 정성껏 모셨다.

풍만하고 생기 넘치던 려리가 날따라 초췌해지는 것을 본 진언은 몹시 미안했다. 그리하여 그는 대련에 전근되어 아내의 가정 부담을 분담하려 생각했다. 1991년 조직에서는 진언의 어려운 사정을 고려하여 그의 전근에 동의했다. 이리하여 그는 대련 주둔부대로 전근되었다.

1992년 5월 18일, 남편의 적삼을 사러 거리에 나갔던 려리는 차 사

중국과 한반도의 미래

고로 하반신이 마비되었다. 진언은 아내의 시중을 정성껏 들었고 심신을 잃은 아내의 마음을 살뜰히 어루만져 주었다.

 1992년 말의 어느 날, 아내의 약을 지으러 인민병원에 갔던 진언은 입원한 딸 때문에 병원에 온 방운을 만났다. 이혼한 지 반년이 넘은 방운은 몹시 초췌해져 있었다. 이혼 후 진언이 못 견디게 그리웠던 방운은 여러 곳을 다니며 그의 소식을 찾아다녔다. 진언이 이미 대련시로 전근 왔다는 걸 안 방운은 그를 만나고 싶었지만, 그전의 오해를 생각하고 단념했었다. 그런데 얼마 전 진언의 아내가 차 사고로 불구가 되었다는 말을 들은 방운은 가슴이 에이는 듯 아팠다. 그제야 그녀는 자신이 아직도 진언을 깊이깊이 사랑하고 있다는 것을 깨달았다.
 "진언 씨, 아직도 그때 일로 화났어요?"
 "지나간 일은 지나간 거요. 우린 현실을 직시합시다."
 방운의 타는 듯한 눈길에서 뭔가를 느낀 진언은 급급히 인사하고 자리를 떴다. 떠나가는 진언을 눈으로만 바라보던 방운의 심정은 착잡했다. 그녀는 애초에 진언의 곁을 떠난 것이 크나큰 잘못이었다는 것을 깨달았다. 잃어버린 첫사랑을 되찾기 위해 방운은 여러 가지 이유를 찾아 진언에게 주의를 기울이고 가까이하려 했지만, 번번이 진언의 완곡한 거절을 당했다. 나중에 방운은 그 목도리를 들고 진언을 찾아갔다.
 "이건 5년 전 진언 씨를 보러 곤륜산에 갈 때 뜬 거예요…"
 방운은 흐느끼며 한참 동안 말을 잇지 못했다.
 "이 목도리를 난 여태껏 보관하고 있었어요. 이건 원래 당신한테 있어야 하는 거예요. 자, 받아요."

목도리를 받아 들고 격동을 참을 수 없었던 진언은 그 길로 방운의 집으로 따라왔다. 집 안에 들어서자마자 내심의 충동을 억누를 수 없었던 방운은 대담하게 진언의 손을 꼭 잡았다. 어찌할 바를 모른 진언은 바삐 일어섰다. 그러자 방운은 진언의 품에 와락 안겼다. 방운의 체취는 진언을 취하게 했다. 문득 아내의 애탄 눈길이 떠올랐다.

"우린 이럴 수 없소. 난 려리에게 미안한 일을 할 수 없소."

"우린 원래 같이 있어야 할 사람들이에요. 양심의 질책과 남들의 말들을 두려워하지 마세요."

"날 핍박하지 마오. 우린 결과가 없을 거요."

"진언 씨, 이 몇 년 동안 장사로 난 돈을 적잖게 벌었어요. 려리가 당신 곁을 떠나겠다면 그녀가 달라는 대로 돈을 주겠어요. 그녀의 남은 생을 근심 걱정 없게 할 수 있어요."

방운은 울면서 구걸하다시피 했다.

"당신도 피와 살이 있는 인간이요. 아무리 많은 금전이라도 진정을 살 수 없다는 걸 알아야 하오. 나는 아내한테 미안한 일을 할 수 없소."

진언은 방운을 뿌리치고 밖으로 나왔다.

진언이 이러는 건 려리를 불쌍하게 여기기 때문이라고 생각한 방운은 진언 몰래 려리를 찾아갔다. 그녀는 자기들의 첫사랑 이야기를 들려주면서 자기와 진언이 이루어지도록 해주길 바랐다. 방운의 이야기를 듣고 난 려리는 오래도록 말이 없었다. 나중에 그녀는 눈물을 머금고 말했다.

"나는 폐인이에요. 나 때문에 진언 씨는 정상적인 생활을 할 수 없게

중국과 한반도의 미래

됐어요. 아씨가 그이를 잘 대해주면 난 위안을 느낄 거예요."

"언니, 날 독하다고 나무라지 마세요. 난 정말 진언 씨를 깊이 사랑해요. 날 이해해 주세요."

방운도 울면서 말했다.

려리는 이혼을 결심했다. 하지만 진언이 들어줄 리 만무했다. 남편이 완고하게 이혼하지 않겠다고 하자 이튿날부터 려리는 절식했다. 하루, 이틀, 려리는 밥 한술, 물 한 모금 마시지 않았다. 날마다 여위어가는 아내를 바라보는 진언의 마음은 쓰렸다. 별수 없는 진언은 처가로 달려갔다. 아버지, 어머니가 달래도 려리는 이혼한다고 고집했다.

"아버지, 어머니, 더 권하지 마세요. 그이같이 좋은 사람한테 평생 부담이 되게 할 수 없어요."

그 말에 부모도 입을 다물었다. 그러자 아내한테 안 좋은 일이 생길까 두려웠던 진언은 내키지 않았지만 이혼에 동의했다. 아내가 밥을 먹는 것을 본 진언은 더할 수 없이 기뻤다. 아내가 가두판사처(지방정부기관)에 가 이혼 수속을 하자고 하자 진언은 아예 멀찍이 피했다. 남편이 자기를 속였다는 것을 안 려리는 또 절식하기 시작했다.

피하는 것도 방법이 아니라는 것을 느낀 진언은 아내한테 엄포를 놓았다.

"려리, 당신이 또 이혼을 제기하면 난 죽고 말겠소."

그러면서 진언은 티티에이 농약 한 병을 들고 마시려 했다. 급해진 려리는 손으로 농약병을 쳐버렸다. 그런데 너무 힘을 쓴 탓에 그녀는 휠체어에서 굴러떨어졌다. 려리는 울면서 말했다.

"진언 씨, 당신은 왜 이리 바보스러워요. 당신이 죽으면 나도 살지 않을 거예요."

그들 둘은 꼭 끌어안고 통곡했다.

이튿날 방운을 찾아간 진언은 그녀 앞에 풀썩 무릎을 꿇고 제발 우리 가정을 방해하지 말아 달라고 빌었다.

"진언 씨, 나도 당신을 사랑해요. 당신은 왜 날 이해하지 못해요?"

"그전에 내가 당신을 사랑했다는 걸 인정하오. 하지만 지금 난 려리 한 사람만 사랑하오. 양해해 주길 바라오."

그날 복잡한 심경을 안은 방운은 다시 려리를 찾아왔다.

"미안해요. 이혼하려고 절식도 해보고 휠체어에서 뛰어내리고 독약을 마시고 목숨을 끊으려 했지만 그이는 죽어도 이혼하지 않는대요. 어떻게 하면 이혼할 수 있는지 방법을 알려주세요."

려리의 말에 얼굴이 화끈해진 방운은 몸 둘 바를 몰랐다. 그녀는 저도 모르게 려리 앞에 꿇어앉았다.

"언니, 내가 나빴어요. 내가 너무 이기적이었어요. 오늘 언니한테 사과하러 온 거예요. 모자란 나를 헤아려 주세요."

려리는 눈물을 글썽이며 방운을 일으키더니 그녀의 눈물을 닦아주었다.

"아씨를 나무라지 않아요. 난 이해해요."

"언닌 정말 행복한 사람이에요. 언닌 몸이 불구가 되었지만, 언니가 얻은 사랑은 너무 풍부해요."

1997년 3월, 진언이 려리의 치료 때문에 병원에 진 4만 원의 빚을

중국과 한반도의 미래

누군가 감쪽같이 갚아주었다. 방운에게 물으니 그녀는 모른다고 딱 잡아뗐다. 아내에 대한 진언의 진정에 감화되어 나중에 사심 없는 도움을 준 방운의 처사도 감동적이다.

인연이냐 악연이냐

라량이 16살 나던 해 어머니는 병으로 세상을 떴다. 집에서 그와 고독한 아버지만 남게 되었다. 라량은 아버지를 더 잘 돌봐드리고 더 많이 동무해 주기 위해 베이징대학에 갈 기회도 마다하고 본시의 대학교에 들어갔다.

대학 2학년 때 라량은 문학을 즐기는 소녀 동매를 알게 되었다. 수줍고 청초한 동매의 모습은 대번에 라량의 마음을 사로잡았다. 라량이 21살 생일이 되던 날 동매는 연붉은 색깔의 옥으로 된 장식물을 주었다. 라량은 그것이 항상 동매의 목에 걸려 있던 귀중한 물건임을 알아보고 몹시 감격하였다. 얼마 후 그들은 뜨거운 사랑에 빠져들었다.

어느 날 라량의 아버지는 아들의 목에 걸려 있는 옥 장신구가 아주 눈에 익은 것임을 발견하고 가슴이 꿈틀댔다. 아니, 저것이 어떻게 우리 아들의 목에 걸려 있을까?

"얘야, 넌 왜 아버지의 장신구를 목에 걸고 다니느냐?"

"아버지 것이라고요? 아니에요. 이건 동매가 저한테 준 생일선물인데요."

가슴이 덜컥해진 라량의 아버지 라홍재는 황망히 아들의 몸에서 그
것을 벗겨내어 찬찬히 들여다보았다. 그런 후 아무 말도 없이 깊은 생
각에 빠져들었다.

"아버지, 아버지에게도 이와 똑같은 것이 있어요?"

"그래, 이것과 아주 비슷해."

라홍재는 얼버무리며 황망히 자기 침실로 들어갔다.

"아니, 절대 그럴 수가 없어."

라량은 석고상처럼 앉아 있는 아버지의 입에서 이런 외침이 흘러나
오는 것을 똑똑히 들을 수 있었다. 주말이 되자 라홍재는 아들더러 동
매를 집에 초대하라고 하였다. 동매가 오자 라홍재는 동매 어머니의
이름이 진분방이 맞는지 물었다.

"맞아요. 그런데 아저씨께서 어떻게 우리 어머니의 이름을 아세요?"

"20여 년 전 내가 너의 고향에 지식 청년으로 내려간 적이 있었단다."

"어머나, 그럼 우린 절반 고향 사람인 셈이군요."

"그래. 오랫동안 가보지 못했는데 어머니는 잘 있니?"

"네, 이전보다 아주 좋아졌어요."

라홍재는 더는 입을 열지 않고 깊은 침묵 속에 잠겼다. 그의 기억은
어느새 저 멀리 20년 전으로 거슬러 올라갔다.

진령산 깊은 곳에 자리 잡은 살구꽃마을에 지식 청년으로 내려간 라
홍재는 대뜸 마을 처녀들에게 선망의 대상이 되었다. 그는 그녀들과
잘 어울려 다녔지만, 그녀들 중 어느 처녀를 아내로 맞아 이 산골에서
살 생각은 전혀 없었다. 그에게는 이미 몸과 마음을 다 바쳐 자기를 기

다리는 도시 처녀가 있기 때문이었다. 그러나 젊음의 혈기로 충만했던 그는 얼마 못 가 그만 일생에 씻지 못할 한을 남겨두고 말았다.

어느 어스름한 저녁, 목재를 메고 산에서 내려오던 라홍재는 멀지 않은 곳에 오미자가 주렁주렁 달린 것을 보고 나무를 내려놓고 몇 발짝 앞으로 걸었다. 순간 그는 앗! 할 사이도 없이 거꾸로 매달렸다. 사냥꾼이 파놓은 함정에 빠진 것이다. 발목의 쇠사슬은 점점 옥죄어들며 살을 파고들었고 잠깐새에 뜨거운 피가 배어 나왔다.

"사람 살리시오!"

그는 죽을힘을 다해 소리쳤다. 하늘이 도왔는지 그때 한 마을 처녀 진분방이 거기서 멀지 않은 곳에서 죽순을 캐고 있다가 그 소리를 듣고 황급히 달려왔다. 그녀는 젖 먹던 힘을 다 내어 그를 구해냈고 약초를 캐다 피 흐르는 상처에 붙였다.

상처는 거의 아물어 갔고 그들의 감정도 날로 깊어졌다. 처음에는 감지덕지한 마음으로 그녀를 가까이하던 라홍재는 어느 달 밝은 밤 솟구치는 정감과 충동을 못 이겨 끝내 일을 저지르고 말았다. 두 달이 지나도 달거리가 오지 않자 진분방은 어찌할 바를 몰라 울기만 하였다. 예상치도 못했던 일이라 그도 당황하긴 마찬가지였다. 그는 이제 며칠후 시내에 올라가 검사해 보고 애를 지우자며 그녀를 안정시켰다.

그런데 누가 알았으랴. 뜻밖에 날아온 한 통의 전보가 그에게 한평생지울 수 없는 회한을 남겨줄 줄이야. 도시에 있는 미혼처(약혼자)에게서 이미 임신 넉 달이 되니 빨리 돌아와서 결혼하자는 독촉 전보가 왔다. 떠나던 날 분방은 옥으로 만든 장신구를 그의 손에 쥐여주며 말했다.

"이 한 쌍의 옥은 우리 어머니가 저에게 남긴 것인데 당신한테 한 짝을 드려요. 저는 당신이 빨리 돌아오기만을 기다리겠어요."

그러나 시내에 돌아온 그는 미혼처의 불같은 독촉에 못 이겨 급급히 결혼식을 치르고 도시에 눌러앉고 말았다.

라홍재는 눈앞의 두 젊은 남녀를 보며 너무나 명백한 현실에 몸서리를 쳤다. 하지만 그는 차마 입을 열어 그 진상을 밝힐 수가 없었다. 아버지의 존엄을 위하여 그는 뒤에서 남몰래 아들을 위해 다른 여자친구를 물색했다. 마침 한 동료에게 신문학부에서 공부하는 딸이 있었다. 그날 동료는 딸애를 데리고 라량의 집으로 놀러 왔다. 두 대학생은 만나자마자 공통한 화제를 찾아 이야기꽃을 피웠다. 저녁 식사가 끝나고 손님들이 돌아가자, 라홍재는 아들에게 물었다.

"애, 그 애가 어떻더냐?"

"좋더군요."

"그럼 그 애와 사귀는 것이 어때? 여자친구로 말이야."

"그건 안 돼요. 저에겐 이미 동매가 있어요."

"애, 동매는 농촌에서 온 애야. 게다가 사범 학부여서 졸업 후 제 고향으로 돌아가야 한단다."

아버지가 이렇게 나올 줄은 생각지도 못한 라량은 성을 버럭 냈다.

"감정상의 문제는 아버지가 생각한 것처럼 그렇지 않아요. 저는 동매를 사랑해요. 동매도 저를 사랑하고요!"

그해 겨울방학이 거의 될 무렵 라홍재는 20여 년 동안 가보지 못했던 시골로 내려갔다. 그가 진분방의 눈앞에 나타났을 때 그녀는 도저히 믿을 수가 없었다.

"홍재 동무!"

20여 년간 지녀왔던 원망과 그리움은 그 한마디 부름과 함께 봄눈 녹듯 사라졌다. 그녀는 마을 사람들이 보는 앞이란 것도 의식 못 한 채 홍재의 품에 뛰어들며 눈물을 쏟았다. 분방의 남편은 라홍재를 알고 있었다. 그도 한 마을 사람이었다.

"홍재, 동매는 자네의 딸이네. 우린 그 앨 대학에 보냈네…"

"그때 저이는 절 사랑했어요. 당신이 간 뒤 소식은 없고, 저의 배는 하루하루 불러가기 시작하자 저이는 제가 사람들의 입에 오르내리지 않게 하려고 저와 결혼했어요. 아기는 낳아서 곱게 키우다가 당신이 언제 오면 돌려주자고 했어요. 벌써 20여 년이 지났어요. 당신은 끝내 돌아왔구면요…"

분방은 울며 지난 일들을 띄엄띄엄 털어놓았다. 홍재는 참회와 죄책 감으로 눈물을 흘리며 양해를 구했다. 그러면서 라량과 동매의 이야기를 들려주었다.

겨울방학이 되어 동매가 집에 돌아오자, 분방은 딸에게 일침을 놓았다.

"라량의 아버지가 왔다 갔다. 그는 네가 라량과 관계를 끊길 바랐다. 라량에겐 따르는 도시 처녀애가 있다더라. 라량의 앞으로의 발전을 위해서 네가 물러서기를 바라더라."

그 말에 동매는 억울했다. 그토록 자애롭게 보이던 아저씨가 그런 사람일 줄이야. 그러나 그녀는 라량의 사랑을 굳게 믿고 있었다.

"흥! 누구도 우리들을 갈라놓지 못해요!"

딸애의 고집에 분방은 그저 눈물만 흘릴 뿐 차마 그 연유를 말할 수가 없었다.

라량과 동매의 사랑은 방해가 클수록 더욱 열렬해졌다. 동매는 때로 라량의 집에도 놀러 갔다. 그때마다 라홍재는 그 애를 본 척도 하지 않았다. 라량은 그런 아버지에게 빌고 싶지 않아 동매와 둘이서 무역공사며 여행사며 사방으로 일자리를 구하러 뛰어다녔다. 마침내 어느 한 수출입공사에서 동매와 계약을 체결하였다. 라량은 출판사의 편집부로 들어갔다. 물론 아버지가 뒤에서 배치한 것이었다. 라량과 동매는 기쁨에 겨워 행복한 미래를 꿈꾸었다.

어느 날 라량이 동매를 데리고 집에 오니 아버지는 없고 쪽지만 남아 있었다. 울금향(튤립) 전람을 보러 공원에 간다는 것이었다. 라량과 동매는 한참 웃고 떠들며 이야기꽃을 피우다가 지친 듯 서로 몸을 기대고 사랑의 애무를 시작했다. 라량은 동매를 끌어안고 뜨거운 키스를 퍼부으며 침대 곁으로 다가갔다. 바로 그때 문이 벌컥 열리며 라홍재가 집에 들어섰다. 눈앞의 광경에 성이 난 라홍재는 부리나케 아들의 뺨을 때리고는 몸을 돌려 동매에게도 한 대를 올렸다. 그는 동매를 향해 호랑이같이 울부짖었다.

"당장 내 눈앞에서 꺼져버려!"

불의의 습격에 동매는 울음보를 터뜨리며 집을 뛰쳐나갔다. 라량은 다급히 뒤쫓아 나갔다.

"이놈아, 거기 서라! 오늘 내 너에게 할 말이 있다."

성난 사자처럼 부르짖는 아버지의 외침에 라량은 그만 그 자리에 못 박힌 듯 굳어져 버렸다. 일이 이 지경까지 이르고 나니 라홍재는 더는 아들을 속일 수 없었다. 이제 와서 체면이며 존엄이며 따질 형편이 못 되었다. 그는 좀 전과는 달리 고개를 푹 떨구고 얼굴을 붉히며 떠듬떠

듬 동매 어머니와 자기 사이의 옛일을 아들에게 들려주었다. 라량은 물먹은 흙담처럼 그 자리에 무너지며 절망에 차 부르짖었다.

"아버진 왜 인제야 그 일을 말해주어요? 왜 좀 더 일찍 말해주지 못했어요?"

이튿날 라량은 열 집의 약방을 돌며 수면제를 10알씩 샀다. 그날 저녁 라량은 아버지에게 유서를 썼다.

아버지, 저에게는 아버지의 감정을 책망할 권리가 없어요. 그건 아버지의 은사이기 때문이에요. 하지만 아버진 처음부터 모든 걸 다 알고 있으면서도 나와 동매에게 사연을 알려주지 않았어요. 당신은 그저 다른 여자애를 나에게 붙여주고 또 동매네 집에 가서 동매 어머니의 힘을 빌려 우리 사이를 갈라놓으려 했을 뿐 당신의 존엄과 순결을 지키기 위해 진실을 속여왔어요. 아버지는 우리 시절을 겪어왔으니 젊음의 충동이란 어떤 건지 잘 아시겠지요. 그런데도 당신은 우리에게 진실을 터놓지 않았어요. 나와 동매는 이미 석 달 전부터 동거했어요. 이 얼마나 잔혹한 현실인가요. 아버지, 저는 이 모든 현실을 받아들일 수가 없어요…

라량은 유서를 다 쓰고 나서 창턱에 오랫동안 마주 서 있었다. 그 무엇도 그의 결심을 바꿀 수 없었다. 그는 단숨에 수면제 100알을 삼켰다.

하지만 라량은 죽지 않았다. 라량의 병상 앞에서 동매는 고통과 괴로움으로 가슴을 찢으며 울고 울었다.

"라량 씨, 우리 부모님 세대에서 빚어진 비극이 오늘까지 이렇게 긴 세월이 흘렀고, 또 우린 원래 아주 멀리 떨어져 있었는데 지금 이렇게 한자리에 모이게 된 것은 운명이에요. 하늘이 우리에게 내린 징벌이에요. 우린 이를 악물고 살아야 해요. 지나간 꿈은 일장악몽이라 여기고 이제부터 새롭게 시작하지요…"

어제의 연인이었던 그들은 운명의 장난으로 오누이가 되었다. 라홍재는 종일 자기 침실에 들어박혀 우울한 나날만 보냈다. 그 뒷모습은 그렇게도 애처롭고 처연해 보였다. 동매는 눈물을 머금고 조용히 그의 침실에 들어섰다.

"아버지!"

순간 라홍재는 자책과 후회, 감격으로 엉킨 감정이 홍수처럼 터져 나오며 눈물이 비 오듯 흘러내렸다.

이 며칠 사이 라홍재는 아들을 위해 수많은 가설을 머릿속에 떠올리며 윤리의 음영에서 아들을 해탈시키려고 무진 애를 썼다. 만일 라량이 내 혈육이 아니라면? 그는 애초 아내가 급급히 결혼에 골인하던 사실을 떠올리며 허탈 상태에 빠지기도 했다. 하지만 그 가설이 성립된다면? 라량과 동매의 진정한 결합을 위해서라면 그는 자기가 여태껏 다른 이와 간통한 아내와 살았대도 관계없이 그 가설이 성립되기를 백 번 더 원했다.

그는 라량의 혈액형이 AB형인 것을 알았다. 자기의 혈액형은 A형이니깐 만일 아내의 혈액형이 B형이라면 그의 엉뚱한 가설은 성립되지 않는다. 그는 8년 전 아내가 산부인과 검사를 다니던 병원을 찾아가 옛날의 검사 결과를 찾아냈다. 맙소사, 천만뜻밖에도 아내는 A형이었다. 그의 마음은 칼로 갈기갈기 도려내는 듯 아팠지만 얼굴에는 회심의 미소가 어렸다.

라홍재가 또 다른 진실을 라량과 동매에게 알렸을 때 그들은 또 다른 충격에 그만 멍해지고 말았다.

"아버지, 절대 그럴 수 없는 일이에요. 병원에서 잘못한 거예요!"

"애들아, 너희들은 나를 안위해 주느라 하지 말아. 우리는 과학을 믿어야지 않겠니. 이런 결과는 너희들에게 있어선 아주 관대한 것이야. 너희들만 행복하다면 그건 곧 나의 최대 안위인 거다…"

그들은 마구 부둥켜안고 하나가 되어 울고 또 울었다. 어제를 씻어 버리고 내일을 새롭게 맞이하려고…

중국과 한반도의 미래

애달픈 이별

그녀가 출국한 지도 어언 5년이 다 되어간다. 세월의 흐름에 따라 그에 대한 사랑도 잊어야겠으나 어쩐지 마음속의 상처는 의연히 나를 괴롭히고 있다. 이 괴로움은 아마 평생 나를 따라다닐 것이다.

요즈음 나는 인생에 점점 권태를 느끼고 있다. 권태를 달래는 명약은 술이다. 술로 육체를 마비시키면 권태도 괴로움도 잊게 된다. 나약했기에 나는 사랑하는 여인과 영영 애달픈 이별을 하고야 말았다. 밖에서는 늦가을 찬비가 주룩주룩 내린다. 나는 저녁마다 습관적으로 홀로 서재에 앉아 그녀의 일기책을 읽고 또 읽으며 무료한 시간을 보내기가 일쑤였다. 오늘도 그 일기책을 손에 들고 있노라니 생각은 어느덧 머나먼 중학 시절로 날아간다.

무엇이 고민이고 무엇이 사랑인지 모르고 지내던 행복했던 그 시절, 우리는 여자 셋, 남자 셋으로 이루어진 학습 소그룹을 맺고 눈만 뜨면 그림자처럼 붙어 다녔다. 우리 여섯 가운데는 활발한 여학급장 순희와 사나이다운 남수, 무던한 옥자와 창범, 성격이 내성적인 정금이와 내가 있었는데 서로 성격과 애호, 취미를 이해했던 까닭에 잘도 어울리는 소그룹 단짝이었다.

졸업을 앞둔 무렵 내 마음속에는 차츰 이상한 감정이 싹트고 있었다. 웬일인지 정금이가 하루만 등교하지 않아도 마음이 몹시 서운하고 허전해졌다. 이것이 사랑일까? 사랑을 몽롱하게나마 의식하고 있던 그 시절, 나는 도대체 내 마음이 사랑인지 아닌지를 알 수 없었다. 갸름한 얼굴에 유달리 까만 눈, 오똑한 코, 선명한 입은 어딘가 강한 인상을 주고 있지만 웃을 때마다 파이는 볼우물(보조개)은 수줍은 인상을 주기도 했다. 웬만해서는 자기 의사를 표시하지 않는 그를 두고 남자들은 가시 돋친 장미라 불렀고 여자들은 너무 차가운 애라 불렀다. 학급에서 아무런 활약도 없이 지내는 내가 이런 장미를 사랑하고 있다니 참 나로서도 놀라울 일이었다.

졸업이 하루하루 다가오자 나는 조급한 마음을 달랠 길 없어 기회를 타 비스듬히 그의 마음을 떠보았다.

"정금아, 이제 우리는 갈라지게 되겠지. 만약 농촌이라도 함께 갈 수만 있다면…"

"호호… 그러면 재미있겠어. 일해도 싫은 줄 모르고…"

난 며칠 밤을 뒤척이며 그 말뜻을 풀려 애썼으나 아무런 답안도 얻지 못한 채 졸업 바람에 실려 농촌으로 하향했다. 남수, 옥자도 나와 함께 하향지식 청년으로 내려갔고 순희와 창범이는 노동자로, 정금이는 위생학교에 추천받았다. 8년이란 고생스러운 농촌 생활 속에서도 나는 정금이만은 내내 잊지 못하고 있었다.

그것은 한 중학생 남자애의 짓궂은 첫사랑이었기 때문이겠지만, 8년 만에 겨우 도시로 올라온 나는 꽤 지난 후에야 정금이의 주소를 알게 되었고 그때까지 그녀가 독신으로 있다는 소식도 듣게 되었다. 그 소식이 꿈만 같이 느껴졌다. 나는 한없이 기쁘고 격동됐다. 한 가닥의 희망이 보이는 것 같았다. 하지만 정작 그녀를 찾아 떠나자니 망설임과 열등감으로 걸음을 주춤했다. 혹시 그녀한테서 완곡하게 거절이라도 당하면 얼마나 난처할까? 주제넘은 생각이라고 비웃지나 않겠는지?

결단성이 없는 나는 이렇게 거의 1년간 혼자서 속만 태우며 결단을 내리지 못했다. 그럴수록 그녀에 대한 절절한 사랑에 미칠 것만 같아 드디어 큰맘 먹고 그녀를 찾아 떠났다.

십몇 년 만에 처음으로 만나는 상봉이어서 그런지 그녀의 기숙사 문을 두드리는 순간 가슴이 세차게 방망이질하면서 몇십 번이고 외우고 연습했던 인사말도 잊어버린 채 그만 지나던 걸음에 잠깐 들렀다고 엉뚱한 말을 하고 말았다. 그것도 그럴 것이 중학 시절의 그녀가 아니었으니 말이다. 하얀 위생복에 보랏빛 두건을 쓴 그녀는 더없이 예쁘고 매력적이었다. 내 마음은 대뜸 긴장해 버렸다. 결국 나는 사랑한다는 말도 입 밖에 꺼내지 못한 채 풀이 죽어 돌아왔다.

서른이 곧이라 집에서는 결혼하라는 독촉이 성화같았다. 나는 끝내 한 낯선 여인과 사랑 없는 상견례까지 하고 결혼 날짜도 정했다. 이럴수록 자꾸만 허전해지는 마음을 진정할 수 없었다. 암만해도 내 귀로 그녀의 속마음을 듣지 않고서는 들뜬 마음을 가라앉힐 수 없어 나는 두 번째로 그녀를 찾아 떠났다.

내가 두 번째로 그녀 앞에 나타났을 때 그녀는 몹시 반가워했다. 그런데 그녀의 얼굴이 새빨개지는 건 무슨 까닭일까? 첫 상봉에서는 내가 몸 둘 바를 몰라 쩔쩔맸다면 이번에는 그녀가 허둥대며 말에 두서가 없었다. 그녀의 행동들을 유심히 관찰하며 난 불쑥 입을 열었다.

"정금이, 다음 일요일에 난 결혼합니다. 정금이가 참석해 주면 고맙겠소."

순간 그녀의 얼굴이 창백해졌다.

"오, 그래요. 그럼 축하해야겠군요."

그녀의 목소리는 떨렸다.

"앉으세요. 내 잠시 나갔다 올게요"

그녀는 머리도 들지 않은 채 부리나케 밖으로 나가버렸다.

"혹시 정금이가…"

뭔가 가슴에 맞혀왔다. 한참 만에 그녀는 술과 안줏감을 한 그릇 사 들고 들어오더니 말없이 점심상을 차렸다. 우리는 처음으로 밥상을 마주하고 조용히 앉게 되었다.

"정금이, 왜 아직도 결혼하지 않고 있소?"

"광성 동무, 동무의 결혼을 축하하는 잔을 들어요."

우리는 잔을 들었다. 침묵 속에서 한 병 술이 동이 났다. 그녀는 다시 두 번째 병마개를 뽑았다.

"정금이, 그만 마시고 그사이 이야기나 들어봅시다."

나는 술병을 빼앗았다.

"이리 줘요. 오늘 같은 기회가 이제 다시 있겠나요. 자, 실컷 마셔요. 인생도 알고 보면 잠깐인걸요…"

어색한 분위기 속에서 나는 주인이 따라주는 술을 마실 수밖에 없었다. 문득 술을 따르는 그녀의 손이 가늘게 떨리더니 눈에 눈물이 가득

중국과 한반도의 미래

고였다.

"정금이, 왜 그래?"

"아, 아무 일도 아니…"

마침내 그녀의 눈에서 눈물이 줄 끊어진 구슬처럼 흘러내렸다. 그녀는 몸을 휘청거렸다. 그러는 그녀를 나는 꼭 끌어안았다. 한참 지나 그녀는 눈물을 거두었다.

"정금이, 결심하고 찾아온 내가 아무 말이나 한다고 나무라지 말아주오. 학교 시절부터 지금까지 난 한 여인만을 사랑해 왔고 앞으로도 난 그 여인만을 사랑하며 살아갈 거요. 그 사랑이 짝사랑이라 할지라도 나는 영원히 그 사랑을 가슴속에 간직하고 일생을 보낼 거요. 지위의 높고 낮은 차이로 하여 난 여태껏 주저하면서 사랑한다는 말을 감히 입 밖에 내지 못한 채 일생을 인연 없는 한 여인에게 맡겨버렸소. 나에겐 희망도 삶의 가치도 없어졌소. 오늘 정금이의 마음속 말을 들을 수만 있어도 난 원을 풀겠소."

처음으로 그녀 앞에서 장황하게 말을 늘어놓은 나는 숨을 죽이고 그녀의 대답을 기다렸다.

갑자기 그녀는 머리를 뒤로 젖히고 미친 듯이 웃어댔다. 웃음 속에 울음이 섞여 있었고 나중에는 어깨를 들먹이며 흐느끼고 있었다. 대답 대신 긴 한숨을 짓던 그녀는 도리어 입을 꼭 다물어 버렸다.

"왜 대답이 없소."

"나를 사랑했다니 고마워요. 이젠 벗으로 사귀면 되잖아요."

결국 두 번째 상봉에서도 그녀의 속심을 듣지 못한 채 돌아오고 말았다. 하지만 속에 짚이는 데가 있었던 나는 뼈아픈 후회를 하면서 부모 앞에서 결혼하지 않겠다고 딱 잡아뗐다. 무슨 속셈인지 몰라 입을 딱 벌리는 부모들보다도 난처한 것은 약혼녀의 태도였다.

"황 동무, 상견례를 하면 잔치한 거나 다름없어요. 동무가 기어이 그만둘 심산이면 나에게 한 번 면사포 쓸 기회만 준다면 전 죽어도 원이 없겠어요…"

너무도 굳건한 태도에 나도 말문이 막혔다.

어느 날 문득 순희한테서 전화가 왔다.

"광성 동무지요? 정금이가 국적까지 떼서 출국한대요. 우리 만류도 해볼 겸 가보지 않겠나요?"

너무도 뜻밖의 소식에 나는 아연실색해졌다. 결혼까지 포기하고 그녀를 기다리는데 떠나가다니 우리 다섯은 지체 없이 그녀를 찾아 화룡으로 떠났다.

"작년까지만 해도 오빠를 따라서 온 집 식구가 외국으로 떠날 때 정금이는 끝내 말을 듣지 않고 연변에 남았는데 지금 갑자기 떠나다니 참 모를 일이야…"

옥자가 말했다. 난 체면을 돌볼 새 없이 동창들 앞에서 맘속 비밀을 몽땅 털어놓음으로써 그들의 지지와 도움을 간절히 바랐다.

"이야 참, 드문 일인데. 서로 간에 사랑하면서 왜 십몇 년을 비밀로 지켜왔니? 자식, 사내자식이 그렇게 담이 작아서야 원…"

남수가 나를 나무랐다. 병원 기숙사 문 앞에 이르자 나는 거의 뛰는 듯한 걸음으로 그녀의 방으로 들어섰다. 학창 시절의 정든 벗들을 바라보는 정금의 두 눈에는 눈물이 가득 고였다. 우리는 다짜고짜 그녀

중국과 한반도의 미래

를 빙 둘러쌌다.

"정금아, 왜 우리를 버리고 가버리겠단 말이냐?"

순희가 나무랐다. 나는 안타까워 눈물이 가득 고인 눈을 문지를 생각도 하지 않고 그녀 앞에 다가섰다.

"그리 꼭 가야만 하오?"

"수속을 벌써 끝마쳤어요. 이제 이틀이면 떠나게 돼요…"

그녀는 순희를 끌어안고 어깨를 들먹였다.

"정금아, 넌 우리 가운데 누구를 사랑하고 있었지?"

옥자가 물었다.

우리 다섯은 숨을 죽이고 있었다. 다소곳이 머리를 숙이고 있던 그녀는 결심한 듯 머리를 번쩍 들었다.

"아니야. 난 누구도 사랑한 적 없어."

핏기 한 점 없는 그 얼굴은 너무도 냉혹했다. 만류할 수 없는 운명의 장난이었다. 너무도 늦었다. 누구를 탓해야 할지? 무거운 침묵 속에 눈치 빠른 순희가 화제를 돌렸다.

"할 수 없구나. 그럼 마지막으로 모여 즐겁게 노는 것이 어떻니?"

그길로 우리는 그를 끌고 연길로 내려왔다. 우리는 이틀을 내리 극장으로 공원으로 모교로 다니면서 많은 기념사진을 찍으며 아름다운 추억을 남겼다. 사진을 찍을 때마다 동창들은 나를 헤아려 꼭 정금이 옆에 세워주었다. 그러는 그들이 가슴이 뭉클하도록 고마웠다. 그들은 나와 정금에게 점심을 맡기고는 기념품 사러 백화점으로 떠났다. 나는 물에 빠진 사람이 지푸라기라도 잡으려는 식으로 마지막 기회라도 놓치고 싶지 않았다.

"정금이, 나를 떠나지 말아 주오. 난 그녀와 결혼하지 않기로 했소. 우리 지금이라도 결혼하기요. 대답해 주오. 떠나지 않겠다고…"

거의 실성에 가깝게 들떠 있는 나를 한참 동안 지켜보던 그녀는 가슴 아프게 고개를 가로저었다. 난 목이 꺽 메면서 온몸을 부르르 떨었다. 미칠 것만 같았다. 난생처음 난 그녀 앞에서 눈물을 뚝뚝 떨구며 사정했다.

"나를 생각해서라도 가지 말아 주오."

난 그녀의 두 손을 와락 거머쥐었다.

"웬일이세요. 이러지 말아요…"

정금이의 두 눈에서도 줄 끊어진 구슬처럼 눈물이 줄줄 흘러내렸다.

"광성 동무, 저를 잊어주세요. 우린 전생에 인연이 없었던 모양이에요."

오, 괘씸한 여인, 이처럼 차지고 독한 여인이 또 있을까? 나는 그만 절망 속에 빠지고 말았다. 이별의 시각이 드디어 오고야 말았다. 우리 여섯은 눈물을 흘리며 마지막 인사를 나누었다. 사랑하는 여인을 영영 잃어야 하는 슬픔에 나는 그 많은 사람 앞에서 와락 정금이를 껴안았다.

"정금이, 사내답지 못한 이 동창을 용서하오. 우리가 이렇게 갈라져야 하지만 난 일생을 두고 정금이를 잊지 않을 거요."

"감사해요. 광성 동무, 저도 동무를 영원히 잊지 못할 거예요. 받아요. 내 일기책이에요. 그걸 보노라면 내 마음을 알 수 있을 거예요."

손수건에 정갈히 싼 일기책이었다.

기차가 경적을 길게 울리더니 서서히 움직이기 시작했다. 사랑하는 여인과 애달픈 이별에 나는 속으로 후회의 피눈물을 흘리고 있었다…

나는 일기책을 펼쳐 들었다. 일기책 갈피마다 그녀의 진실한 마음이 쓰여 있었다. 사랑의 고민과 원망, 끝없는 기다림과 희망, 그녀의 심정을 그대로 읽을 수 있었다. 제일 뒷장에는 이런 글이 적혀 있었다.

사랑하는 광성 동무, 이미 중학교에 다닐 때 전 여자의 민감성으로 동무가 나를 사랑하고 있다는 것을 발견하게 되었어요. 나도 동무를 사랑했어요. 그 사랑을 14년간이나 고이 간직해 두었지만 나약한 동무의 성격으로 인해 결국에는 실현될 수 없는 사랑으로 마침표를 찍어야 했어요. 나 자신도 여성인 만큼 다른 한 여인의 고통위에 나의 행복을 쌓고 싶지 않아요. 그 여인을 위해서라도 저를 잊어주세요…

나는 이때처럼 나약한 자신을 미워한 적이 없었다. 결국 나약함이 내 평생의 행복을 망쳐놓았다.

푸른 하늘이여
아내는 결백하옵니다

옛 도시 보계는 연 며칠 폭우 속에 잠겨 있었다. 시교에 있는 천산 공동묘지로 한 청년이 비바람을 무릅쓰고 생화 묶음과 단설기를 놓고 묘비 앞에 엎드려 절을 하고 있다.

"애지, 내가 당신을 죽였구려…"

그의 울음소리는 사나운 비바람에 삼켜져 버리고 찬비만이 무정하게 그의 얼굴을 때릴 뿐이었다. 그의 어처구니없는 이야기를 응당 어디서부터 해야 할지…

1994년 12월 9일, 광주의 어느 한 음료 회사에서 일하던 종병신은 갑자기 아버지가 병이 위급하니 속히 돌아오라는 전보를 받았다. 종병신이 정신없이 집으로 돌아오니 아버지는 임종을 맞고 있었다. 아버지는 아들을 보자 두 가지를 유언했다. 하나는 허약한 어머니를 잘 모시고 어린 동생들을 잘 보살피라는 것이고 다른 하나는 양계장을 잘 경영하라는 것이었다.

12월 17일, 아버지는 세상을 뜨셨다. 종병신은 아버지의 유언대로 양계장 일과 가장을 맡았다. 종병신은 마음 굳게 지키며 일을 했다. 양계장 일이 확대되면서 일손이 너무 달려 종병신은 늘 눈코 뜰 새 없이 바삐 보냈다. 그는 생각 끝에 광주에서 일할 때 사귄 한 고향 처녀 오애지에게 편지를 썼다. 일손이 모자라니 자기한테 와서 일할 수 없겠느냐고 말이다. 부탁을 받은 애지는 서슴없이 종병신의 조수가 되려고 닷새 만에 광주에서 보계시 석파향에 있는 종병신의 집으로 왔다.

애지의 집은 소왕장의 오가촌에 있었는데 종병신네 집에서 약 30리 떨어져 있었다. 광주에 있을 때 그녀는 종병신과 한 음료수 공장에 있으면서 한 고향 사람인 종병신의 도움을 많이 받았다. 그때 애지는 다달이 받는 월급을 몽땅 집에다 보내고 자기는 늘 맨밥에 짠지로 끼니를 때웠다.

너무 무리했던 애지는 어느 날 직장에서 일하다가 까무러쳤다. 종병신이 그녀를 병원에 데려가고 일주일 동안 내내 그녀의 병시중을 해주었다. 이에 애지는 종병신에게 깊은 우정을 갖게 되었다. 그런 종병신의 부름이었기에 애지는 서슴없이 그의 곁으로 올 수가 있었다.

그녀는 양계장에 와서 열심히 배웠을 뿐만 아니라 자기 일처럼 알뜰히 돌본 덕에 이른 시일 안에 양계장 일에 익숙해졌다. 종병신은 판매를 책임지고 애지는 관리를 책임졌다. 양계장은 경영할수록 잘되었다. 1년의 순이윤이 2.5만 원을 넘었다. 사업의 성공과 함께 종병신과 애지의 사랑도 무르익었다. 하지만 종병신의 어머니는 아들이 애지를 아내로 맞으려 한다는 것을 알았을 때 펄쩍 뛰었다. 애지의 친정이 너무도 가난하다는 것이었다. 아픈 아버지, 아직 장가도 못 간 두 오빠, 가난 구제는 나라도 못 한다는데 네가 무슨 수로 가난한 처가를 먹여 살리려고 그러느냐며 아들이 애지와 결혼하는 날이면 너는 종가네 집 아들이 아닌 줄 알라고 했다. 어머니의 태도가 하도 강경하기에 애지가 아니면 장가를 들지 않겠다고 버티던 종병신도 혼사 일을 조금 뒤로 미루고 기다릴 수밖에 없었다.

그러던 1996년 8월 7일, 종병신의 어머니는 담결석으로 수술하게 되었다. 그때 마침 종병신은 산서로 출장을 나가고 집에 없었다. 애지는 낮에는 양계장 일에 정신없이 보내고는 저녁이면 병원에 가서 종병신의 어머니를 돌보았다. 그녀는 닭을 고아서 노인에게 한술, 두술 떠서 대접하는가 하면 대소변을 받아내고 빨래를 하는 등 조금도 쉴 새 없이 보냈다.

반달 사이에 애지는 몰라보게 야위었다. 노인은 애지의 그런 착한 마음씨에 감동하여 애지를 다르게 보기 시작했다. 종병신은 어머니가 애지를 좋게 보자 그때가 기회라고 어머니한테 몇 배로 살갑게 굴면서 어느 날 조심스레 애지와의 혼사 이야기를 다시 내비쳤다. 노인은 결국 승낙했다.

1997년 4월 3일, 그날은 애지와 종병신의 결혼 잔칫날이었다. 그날은 종병신이 당지정부로부터 '10명 우수청년 기준병'이란 칭호를 수여받는 기쁨의 날이기도 했다.

신혼의 밤, 축하를 왔던 손님들이 다 가고 없자 신랑 신부는 신방의 전등을 끄고 한자리에 들었다. 얼마 후 애지는 다시 전등을 켜고 수줍게 자리에 깔았던 흰 명주 수건을 꺼냈다. 그것은 그곳의 풍속이었다. 그런데 이게 웬일인가? 흰 명주 수건에 아무 흔적도 없는 게 아닌가!

종병신도 깜짝 놀랐다. 가슴에 찬물을 쫙 끼얹은 듯했다. 애지는 공포에 질린 눈으로 남편을 바라보는 것이었다. 남편도 의혹에 찬 눈으로 그녀를 바라보았다. 애지는 고통스럽게 머리를 숙였다. 이건 도대체 어떻게 된 영문인가? 애지의 맘은 누구보다 간절했다.

"병신, 우리 한 번만 더 노력해 봐요?"

종병신도 사실의 진상을 밝히기 위해 동의했다. 그런데 재차 노력은 그들을 더욱 실망하게 했다. 역시 여성의 성스러운 그것은 보이지 않았다. 애지는 얼굴을 감싸 쥐고 울었다. 그녀는 도무지 알 수가 없었다. 왜 나에게는 그것이 보이지 않을까? 어디에 문제가 있는지? 그녀로서는 아무리 생각해도 알 수 없는 일이었다.

"병신, 날 믿어줘요. 절대로 당신한테 미안한 일을 한 적 없어요."

애지의 그런 애원의 목소리를 듣는 종병신의 마음은 뭐라 형언할 수 없었다. 다행히도 종병신은 지식이 있는 청년이었기에, 그리고 아내가 평상시에 그토록 정숙한 여자란 것을 알기에 다른 쪽으로 생각을 돌렸다. 그래서 평상시에 너무 힘에 부치는 일을 해서 처녀막이 파괴된 일은 없느냐고 물었다. 혹은 격렬한 운동이라든가… 그런데 애지는 남편의 이야기를 듣고 오래오래 생각하던 끝에 힘없이 머리를 가로저었다.

그녀는 고통스럽기 그지없었다. 종병신도 가슴이 철렁했다. 그는 어떤 일이 있어도 이 일을 밝혀내려고 맘먹었다. 만약 아내가 자기를 속인다면 절대로 용서할 수 없다고 생각했다. 그날 저녁 신혼부부는 그렇게 삭막한 기분으로 지냈다. 남편 앞에서 입이 있어도 변명할 말이 없는 애지는 온밤을 눈물로 지새웠다. 하지만 이튿날 아침 시어머니가 흰 명주 수건을 보자고 하니 더구나 기막혔다. 시어머니는 흰 명주 수건을 보자마자 얼굴이 새파랗게 질렸다. 노인은 문을 쾅 닫고 나가버렸다. 애지는 온종일 자기 방에서 나가지 않았다.

결혼 이튿날 종병신은 술을 잔뜩 마시고 밤 11시가 넘어서야 귀가했다. 가슴 한가득 품고 있던 분노를 어디에다 터뜨릴 데 없어 고민하던 종병신의 어머니는 아들이 술을 먹고 들어오는 것을 보고 아들을 쓸모없는 자식이라고 고래고래 욕했다. 애지는 시어머니가 자기를 빗대고 욕한다는 것을 알았지만 한마디 대꾸도 할 수 없었다. 그녀는 남편에게 더운물을 떠다 발을 씻게 하고 남편이 토한 오물을 말끔히 치웠다. 남편이 곤죽이 되어 자는 모습을 보는 애지의 맘은 에는 듯 아팠다.

4월 6일, 애지가 친정으로 가는 날이었다. 애지나 병신의 기분에서는 친정 나들이가 조금도 즐겁지 않았다. 하지만 친정 가는 풍속을 어길 수도 없고 또 두 집 늙은이의 체면을 깎을 수도 없어 애지와 병신은 울며 겨자 먹기로 친정 행차를 나섰다.

그들은 양계장 일이 바쁘다는 핑계로 1시간도 지나지 않아 귀가했다. 집으로 돌아오는 길에서 종병신의 얼굴에는 찬바람이 일었다. 애지는 그런 심리적 압박을 도저히 받아들일 수가 없었다.

"병신, 우리가 여러 해 동안 맺어온 정을 봐서라도 날 믿어줘요. 당신 날 믿어야 해요."

애지는 그 말을 하고 나니 눈물이 비 오듯 했다. 종병신은 긴 한숨을 내쉬었다.

"내가 뭘 믿으란 말이오?"

그 한마디는 애지로 하여금 입만 딱 벌리고 아무 말도 할 수 없게 했다.

4월 8일, 종병신은 가슴이 너무도 갑갑하여 참을 수가 없었다. 그는 또 밖에 나가 술을 마셨다. 길에서 그는 점쟁이를 만났는데 갑자기 점을 쳐보고 싶은 충동이 생겼다. 종병신이 점쟁이한테 자기의 정황을 다 말한 후 자기의 의문을 제기했다. 그 점쟁이는 종병신을 한참이나 훑어보고는 이렇게 말했다.

"아내가 전에는 무슨 일을 했소?"

"중학교를 졸업하고 집에서 일하다가 광동으로 가서 일했습니다."

점쟁이는 눈을 지그시 감고 생각하더니 손벽을 '탁' 치며 말했다.

"그렇겠지. 남방도시들은 모두 개방된 편이니 그녀의 몸이 정결하다고 누가 보증할 수 있겠소?"

점쟁이의 말을 들은 종병신은 더구나 아내의 불륜에 대해 의심만 더하게 되었다. 하지만 그것을 증명할 근거가 없었다. 그는 애지에게 트집을 걸었고 냉담한 눈길로 쏘아보기도 했다. 애지는 남편의 그런 멸시를 감내하기 어려웠다.

4월 12일 오후, 애지는 양계장에서 힘겹게 일하고 집으로 돌아왔다. 길에서 몇몇 아낙네들이 모여서 애지를 손가락질하며 수군대는 것이 눈에 띄었다. 애지가 그 곁으로 지날 때 여인이 이렇게 말했다.

"바로 이 여자야. 그런 꼴을 해서는 그래도 낯을 들고 다니네…"

애지는 그 말이 가시처럼 자기 등을 찌르는 듯하여 머리도 못 돌리고 미친 듯이 집으로 달려왔다. 그녀는 침대에 쓰러져 서럽게 울었다. 그런데 밖에서 들어온 남편은 한마디 위안도 없고 누가 죽었기에 통곡하냐며 비위를 상하게 했다. 시어머니도 아들의 그 말을 듣고 부엌간에서 그릇을 왈가닥거리면서 무슨 낯이 있어 우느냐고, 종씨네 얼굴을 다 깎고 다니는 년이라고 욕했다.

남편의 외면, 시어머니의 악담, 이웃들의 비웃음으로 마음이 대쪽 같았던 애지는 갑자기 죽음으로써 자기의 결백함을 증명하려는 마음이 생겼다. 1997년 4월 13일 오후, 애지는 결국 씻을 수 없는 치욕을 안고 막무가내로 목을 매어 자살했다.

오애지가 목을 매어 죽은 후 오씨네 집에서는 갑작스러운 딸의 죽음이 꼭 종씨네의 농간이라고 여기고 달려왔다. 애지 어머니는 종병신의 머리카락을 거머쥐고 악을 썼다.

"내 딸을 내놓아라, 내 딸을…"

애지의 두 오빠도 병신의 머리를 벽에다 짓이겼다. 종병신은 머리가 깨져 온 얼굴이 피투성이였다. 그는 장모 앞에 꿇어앉아 대성통곡하며 말했다.

"애지는 내가 죽인 것이 아니라 자살한 것입니다."

종씨네 노파는 아들이 피투성이가 된 것을 보고 너무 놀라서 까무러쳤다. 그날 밤 9시경, 오씨네는 그러고도 성에 차지 않아 종가네의 색(칼라)텔레비전이며 라디오며 가구며 다 때려 부수고 또 양계장에다 불을 지르겠다고 했다. 다행히 석파향 파출소에서 소식을 듣고 달려와 오씨네 형제를 압송했으니 망정이었다. 전신에 상처투성이인 종병신은 여지없이 파괴된 집과 인사불성이 된 어머니를 보자 울분이 치밀어 올랐다. 그는 오씨네의 행패에 이를 갈며 법에 기소했다. 오씨네 어머니는 딸의 시체가 식기도 전에 두 아들이 잡혀가자 그만 기절했다. 두 집은 모두가 날벼락을 맞은 듯했다.

중국과 한반도의 미래

4월 14일 오후 공안 일꾼들은 애지의 베개 밑에서 그녀가 쓴 유서를 발견했다.

___

아버지, 어머니, 딸이 불효하여 먼저 가는 것을 용서하세요. 딸이 어리석고 둔하여 부모님들이 23년 키워준 은혜도 갚지 못하고 갑니다. 하지만 이 딸은 결백하게 살았습니다. 이때껏 다른 남자와 부덕에 어긋나는 일을 한 적 없습니다. 전생에 이 딸이 무슨 죄를 지었는지? 아니면 하느님이 저를 징벌하려고 그랬는지 저는 황하에 뛰어들어도 씻을 수 없는 누명을 쓰고 갑니다. 전 병신에게 뭐라고 해명할 수도 없고 낯이 없어 살아갈 수도 없습니다. 병신이는 좋은 남자입니다. 저의 죽음이 그와 아무런 관계가 없으니 그를 나무람 마세요.

나의 남편 병신이, 신혼 밤의 일은 제가 아무리 해명해도 쓸모없는 것이었어요. 저는 지금 당신의 심정을 이해할 수 있어요. 하지만 다시 말씀드리지만 전 결백한 여자예요. 시어머니가 매일 어두운 얼굴로 저를 대할 때, 이웃들이 저를 비웃을 때 저의 가슴에서는 피가 흘렀어요. 비록 제가 저의 결백함을 증명할 도리가 없어도 전 당신의 이해를 얻으려고 그토록 기대했어요. 그때 저는 철저히 절망했어요. 실은 난 몇 번이나 병원을 찾아가려 했어요. 도대체 문제가 어디에 있는지 확인하려고 말이에요. 하지만 병원이라고 저에게 결백함을 되돌려줄 수 있을까요? 저는 그제야 수천 년 동안 우리 여자들에게 억울한 누명을 씌웠지만 해명할 방법이 없었던 저와 같은 처지의 억울한 여자들의 운명을 생각하게 되었어요. 저는 저의 값싼 시체를 법의관들에게 제공하여 그 비밀을 연구하게 하고 싶어요. 우리 둘은 그래도 부부였지요. 그 정분을 봐서 어떤 일이 있더라도 나를 죽인 흉수를 찾아주세요.

종병신은 아내의 유서를 손에 쥐고 벌벌 떨었다. 눈물이 비 오듯 흘렀다. 아내를 믿어주지 않은 자신이 한없이 후회됐지만 모든 것은 이미 늦었다. 혼수상태에서 벗어난 시어머니도 며느리의 유서를 듣고 후회했다. 하지만 누구도 애지가 첫날밤에 와서 혈흔이 보이지 않았는지는 해명할 수 없었다.

4월 15일 아침 8시, 애지의 유언대로 하리라 맘먹은 종병신은 병원 입원 중인 애지의 어머니를 찾아갔다. 어머니의 동의를 얻은 종병신은 법의관에게 제기하여 애지를 위해 한을 풀어달라고 부탁했다.

그날 11시, 오애지의 시체는 삼성삼육병원에 호송되었다. 법의관의 자세한 검사를 통해 얻은 결론은 뜻밖에도 애지의 처녀막은 완전했고 아무런 파열의 흔적이 없다는 것이었다. 종씨네는 그런 결론 앞에서 아연했다. 어찌 이럴 수가… 처녀일 수가 있단 말인가? 가족들의 의혹 앞에서 법의관은 이런 해석을 했다. 신부가 첫날밤에 피가 보이지 않거나 성교 시에 아픔이 없다고 하여 그 여자가 처녀 몸이 아니라고 할 수 없다고. 왜냐하면 어떤 여자들은 처녀막조직의 탄성이 대단히 좋아 성교 시 조금도 파열되지 않을 수 있다. 애지는 바로 그런 유형에 속했다. 이것이 그녀를 죽게 한 진정한 원인이었다.

중국과 한반도의 미래

사실은 해명되었다. 억울함을 안고 죽은 아내에 대한 종병신의 후회는 끝이 없었다. 그는 자기의 뺨을 치며 목이 터질 듯 외쳤다.

　"이게 웬일이요? 애지, 내가 당신을 죽였소. 당신 너무 억울하게 죽었구려…"

　그 울음소리는 사람들의 가슴을 찢었다. 종병신은 며칠간 애지의 무덤 앞에 가서 죽은 아내의 망령에 참회했다.

　하지만 모든 것은 다 너무 늦었다. 행복해야 할 신혼부부의 사랑을 깨버린 흉수는 누구인가? 그것은 오랜 세월을 내려오면서 사람들의 머릿속에 뿌리박고 있는 잔여 봉건사상이다. 오애지의 비극이 이 인간 세상에 다시는 재연되지 말기를 바라는 마음이다.

기나긴 기다림 끝에
얻은 행복

그해 그녀는 다른 사람의 신부가 되었다.

내가 제일 처음 그녀를 만난 것은 내 나이 13살 때였다. 때는 1970
년, 그녀는 몇몇 북경 학생들과 함께 해방표 자동차에 앉아 우리 마을
로 내려왔다. 하향지식 청년으로 되어 농촌에 뿌리박고 빈하중농의 재
교육을 받는다는 것이었다. 그녀가 방실방실 웃으며 자동차에서 뛰어
내릴 때 전 촌의 사람들은 그녀의 아름다운 얼굴에 눈길을 멈춘 채 물
뿌린 듯 조용해졌다. 그처럼 아리따운 용모는 우리 고향 같은 농촌에
서는 여태 본 적이 없었다. 그녀는 마을 사람들의 놀람에 담담한 웃음
을 띠며 주의를 둘러보았다.

그때 나는 저도 모르게 몸을 떨었다. 그녀의 눈길이 어쩐지 나를 주
시하는 것 같은 느낌이 들었던 것이다. 그녀는 사람도 아름다웠지만
이름도 예쁘게 풍향우라고 불렸다.

그녀가 오자 마을 젊은이들은 부지런해지기 시작했다. 너도나도 그
녀의 일손을 도와주지 못해 안달을 떨었다. 나도 그중에 한 사람이었
고 그중에는 또 우리 촌 당지부 서기의 아들도 끼어 있었다.

이듬해 봄이 되자 그녀는 당지부 서기 아들 하수지에게 시집갔다. 결혼식을 하던 날 나는 마을 뒷산에 달려 올라가 온종일 하늘만 쳐다보며 드러누워 있었다. 시간이 얼마나 흘렀을까, 어느 사이에 땅거미가 깃들고 하늘에는 뭇별들이 총총해졌다. 나는 저 별은 향우 별, 저 별은 나의 별 하며 눈물을 줄줄 흘렸다. 나는 상심하기 그지없었다. 내가 그토록 마음속으로 열애했던 그녀는 이미 다른 사람의 새 신부가 된 것이다. 그해 나는 14살밖에 안 되었다.

풍향우는 1972년에 어머니가 되었다. 그녀처럼 예쁜 딸애를 낳았다. 딸애의 이름은 하우수였다. 나는 또다시 당지부 서기네 집으로 뻔질나게 드나들기 시작했다. 나는 종래로 그녀를 아주머니라고 부르지 않았다. 만날 적마다 "풍향우"하고 이름을 불렀다. 그녀는 별로 개의치 않았고 오히려 이름을 부르니 사이가 더욱 스스럼없어지는 것 같다며 웃었다.

풍향우는 나와 이야기를 주고받는 것을 아주 즐거워했다. 그녀는 나를 총명하고 예의 바르고 이해력이 빠르다고 칭찬했다. 그러면서 다른 애들은 드세고 철없다며 나무랐다. 그녀는 내가 소학교 3학년밖에 다니지 못했다는 말을 듣고 적극적으로 나의 학습을 도와주겠다고 나섰다. 그것은 내가 꿈에도 바라 마지않던, 그녀와 가까이 접촉할 기회가 되는 것이기에 나는 흔쾌히 동의하였다. 그때부터 나는 더욱 정정당당하게 당지부 서기네 집으로 드나들었다. 그 나날 나는 환희와 생기로 충만해 있었고 사는 것이 그지없이 즐거웠다. 만일 영원히 그대로 살아갈 수만 있다면 나는 내가 영원히 자라지 말고 그녀의 학생으로 된다 해도 달가울 것으로 생각했다.

하지만 나의 기쁨은 얼마 가지 못했다. '문화대혁명'이 막을 내리고 하향지식 청년들은 속속 도시로 돌아가게 되었다. 그녀는 몇 번 북경에 드나들며 활동하는 것 같더니 얼마 안 가 북경으로 들어간다고 했다. 그것은 나에게 있어 더없이 괴로운 소식이었다. 떠나기 전날 그녀는 일부러 나를 우리가 공부하던 방으로 불러다 나에게 자그마한 나무 궤짝을 넘겨주었다.

"소건이, 내일이면 나는 이곳을 떠나요. 소건에게 줄 것이란 이 나무 궤짝 안에 든 책뿐이군요. 소건이 총명하고 이해력이 빠르니깐 꼭 공부를 계속하여 성공하길 바라요. 이제 북경에 돌아간 후 교과서랑 부쳐 보내겠어요. 꼭 공부에 명심해야 해요. 알겠어요? 오, 그리고 우리 시어머니께서 당분간 우수와 떨어지기 아쉬워하니까 걘 여기에 남겨둘까 해요. 그러니 소건이가 그 앨 많이 돌봐줘야겠어요. 할 수 있겠어요?"

그해 나는 막 20살에 접어들고 있었다. 그러나 풍향우는 여전히 나를 어린애 취급했다. 그녀의 부드러운 목소리는 그렇듯 친절하고 따뜻하게 들려왔다. 나는 생각지도 못한 사이 코끝이 찡해지며 금방이라도 눈물이 쏟아질 것만 같았다. 나는 설움에 잠긴 내 목소리를 그녀에게 들려주고 싶지 않아 그저 힘차게 고개만 끄덕였다. 그러고는 그 소중한 나무 궤짝을 부둥켜안고 도망이라도 치듯 그 자리를 뛰쳐나왔다.

그녀는 갔다. 나의 생활은 무성의 세계인 듯 소리도, 감각도 없었다. 나는 예전처럼 매일 지부서기네 집으로 달려갔다. 어린 우수를 돌보기 위해서였다. 그 애는 특별히 나를 따랐고 내 말을 잘 들었다. 저녁이 되어 내가 집에 돌아갈 때면 그 앤 언제나 "둘째 삼촌, 내일 일찍 오세

중국과 한반도의 미래

요."하고 간청하곤 했다.

　아들 내외가 떠나가자 지부서기네는 일에 대한 애착심이 없어졌다. 그래서 내가 자연히 그들의 일을 거들어 주게 되었고 그들이 반기는 사람으로 되었다. 나는 매일 어린 우수를 돌보고 지부서기네를 도와주는 것이 바로 풍향우를 위해 뭔가 해주는 것이란 것만으로도 심리상 큰 위안과 만족을 얻었다.

　음력설이 되자 풍향우가 돌아왔다. 그녀는 더욱 아름다워졌다. 그녀는 매 사람에게 선물을 사 들고 왔는데 나한테는 승학시험 참고서를 가져다주었다.

　"소건이, 난 이미 서른이 다 되었지만 야간 대학에 다니고 있어요. 소건인 아직 젊어요. 한창 학습할 때예요. 그러니 꼭 공부 잘해 내년에 대학 시험을 쳐봐요."

　나는 그때까지도 대학 시험을 치겠다는 생각을 가져본 적은 없었다. 하지만 내가 북경대학이나 청화대학에 붙으면 그녀 가까이에서 생활할 수 있다는 생각에 나는 문득 새로운 열망에 사로잡혔다. 그래서 나는 큰소리로 그녀에게 말했다.

　"좋아요. 꼭 대학에 붙어 북경에 한번 가볼 거예요."

　이듬해 나는 과연 대학 입학통지서를 받았다. 그러나 그것은 북경대학이나 청화대학이 아니라 요녕사범대학이었다. 나는 몇 점 차이로 북경에 갈 기회를 잃어버리고 만 것이다. 하지만 어찌 됐든 간에 나는 우리 마을에서 유일한 대학생이 되었다.

　내가 대학으로 떠나기 일주일 전 어린 우수는 소학교에 입학하게 되었다. 그때 그 애의 어머니 풍향우가 미처 제날짜에 당도하지 못했기에 내가 그 애를 데리고 학교에 갔다. 그 애를 보면 그녀를 본 듯 즐겁기만 하던 내 생활도 그로써 마침표를 찍고 말았다.

1982년, 나는 대학을 졸업하고 사범대학에 남게 되었다. 멀리 타향에 있는 나는 해마다 돌아오는 겨울방학을 손꼽으며 기다렸다. 이유는 그때면 풍향우도 우리 고향 마을에 와서 시부모와 함께 설을 쇠기 때문이었다.

그해 음력설, 그녀는 홀연 혼자 돌아왔다. 말로는 하수지가 위염 때문에 병원에 입원했다고 했다. 그해 섣달그믐날을 나는 풍향우네 식구들과 함께 보냈다. 그때 나는 풍향우의 웃는 얼굴에서 근심 걱정을 보았다. 나는 그 자리에서 물어보기도 그래서 어린 우수와 웃고 떠들며 명절 분위기를 끌고 나갔다. 우연 중 나는 그녀와 눈길을 마주쳤다. 그녀는 나에게 감격의 눈길을 보내왔다. 순간 술잔을 든 나의 손이 흠칫하며 술을 약간 흘렸다.

술상이 끝나고 모두 깊이 잠든 뒤 그녀는 조용히 나를 뜨락에 불러냈다. 그녀는 한참 머뭇거리다가 마침내 입을 열었다. 원래 하수지는 시내에 들어간 후 줄곧 우울해 있었다고 한다. 일자리를 몇 번 바꾸어 주었지만 늘 불만족이었고 술로 번뇌를 달래곤 했단다. 그러던 어느 날 그는 술을 잔뜩 마시고 사람을 때렸는데 남의 눈을 다치게 하는 바람에 고의상해죄로 징역을 받았다는 것이다. 지금도 그는 감옥에 갇혀 있는 몸이라 그녀 홀로 설을 쇠러 오게 된 것이었다.

그녀는 울면서 나더러 꼭 비밀을 지켜달라고 했다. 그러면서 자기 혼자 아이까지 데리고 있을 수 없기에 어린 딸을 계속 시부모에게 맡겨두려고 하는데 나더러 잘 돌봐달라고 부탁을 해왔다. 나는 처음으로 그녀의 눈물을 보는지라 순간 당황하여 어떻게 위로하면 좋을지 몰라 그저 하던 말을 연신 곱씹을 뿐이었다.

"울지 마오. 시름 놓소. 울지 마오."

그 후 나는 어린 우수를 더욱 극진히 보살폈다. 그 애에 대한 나의 감정은 아버지와 같기도 하고 오빠 같기도 했다.

어린 우수가 고중에 다닐 때 지부서기네 어른들은 연이어 세상을 떠났다. 그들은 세상을 뜰 때까지도 아들의 얼굴을 보지 못하였다. 참으로 가엾은 분들이었다. 풍향우는 홀몸으로 장례를 치렀다. 그 사이 그녀는 더욱더 야윈 것 같았다. 눈가에도 주름이 지기 시작했다. 하수지는 1년 전에 탈옥하다가 총에 맞아 즉사했다고 한다.

"이번에 딸애를 데리고 가겠어요. 딸애를 위해서라도 열심히 살아야겠어요. 난 꼭 잘살아 갈 거예요."

나는 그녀의 얼굴에서 아름다운 빛을 발견하였다. 그녀는 영원히 내 마음속의 고결하고 신성한 존재였다.

과연 그녀는 말한 대로 했다. 36세 나던 해 그녀는 정식 사업을 그만두고 한 광고회사에 취업하여 업무를 주관하며 사업을 책임졌다. 석 달 후 또 업무부 경리로 진급하였다. 그녀는 자기의 실력과 총명한 재질로 몇 번이나 큰 광고 거래를 하여 북경의 광고계에서 모르는 사람이 없을 만큼 유명해졌다.

1991년, 우수는 고중을 졸업하였다. 뜻밖에도 그 애는 내가 교편을 잡고 있는 요녕사범대학에 지망했다. 입학통지서를 받고 그 애와 함께 학교에 온 풍향우의 몸에서는 성숙한 여성에게만 있을 수 있는 풍채가 빛났다.

이번에 나는 꼭 20년 동안 내 가슴속에 묻어두었던 진심을 고백하리라 결심하였다. 우수가 잠든 뒤 나는 그녀를 조용한 커피점에 불렀다. 우아한 불빛은 우리를 부드럽게 비춰주었다. 나는 한 모금, 한 모금 커피를 마시며 어떻게 입을 뗐으면 좋을지 몰라 망설였다. 그때 그가 먼저 입을 열었다. 그녀는 마치 나보다 더 괴로움에 빠져 있는 듯했다.

"소건이, 앞으로 우리 우수를 더욱 잘 돌봐줘요. 부탁이에요."

그 말에 나는 잠시 어리둥절해 있다가 아무렇지도 않은 듯 대답했다.

"거야 당연하지 향우, 기나긴 세월 나는 줄곧 한마디 말을 마음속 깊이 묻어두고 있었소. 아마도 당신은 이 시각부터 나를 웃을지 모르지만 나는 나의 마음을 말하는 것만으로도 만족해할 거요."

"뭔데요."

그녀는 눈썹을 쫑긋하며 내 영혼을 빼앗아 가버린 그 웃음을 지었다.

"소건이, 사실 그 말을 나도 이미 알았어요. 우수가 진작 저에게 말했거든요. 어서 빨리 어른이 되어서 건의 새 각시가 되겠다고 말이에요. 그 앤 자기 때문에 소건 삼촌이 줄곧 장가를 가지 않고 있다면서 이후 꼭 삼촌에게 시집가겠다고 했어요."

청천벽력이었다. 우수가 나에게 시집오겠다고 하다니? 어처구니없는 말에 나는 멍해졌다. 이 얼마나 황당한 오해인가! 그때에야 나는 우수가 왜 하필 이 머나먼 대학으로 왔는가를 알았다. 원래 그 애는… 나는 뭐라고 말하면 좋을지 몰랐다. 가슴이 막히기만 했다.

"그건 절대 안 되는 일이요. 너무 황당하단 말이오!"

그녀는 위로하려는 듯 나의 손을 다독여 주었다.

"왜 안 되는 일이겠어요. 지난 20년간 우수는 당신과 함께 있는 시간이 나와 함께 있는 것보다 많았어요. 당신은 줄곧 그 애를 살뜰히 돌봐줬고 사랑해 줬어요. 이제 그 애도 처녀로 자라났어요. 당신의 마음을 알아차릴 수 있는 나이에요. 비록 나이 차이가 15년이라지만 그건 둘 사이에 아무런 장애가 될 수 없는 거예요. 당신이 그 애를 진심으로 사랑하기만 한다면 나도 한시름 놓겠어요."

"안 되오!"

나는 그녀의 두 손을 와락 부둥켜 잡고 갈린 소리로 부르짖었다.

"향우, 잘 듣소. 20년이 아니라 21년이란 말이요. 그 기간 나의 마음속에는 오직 당신밖에 없었소. 그리 기나긴 기다림 끝에 얻는 것이 이런 결과밖에 안 된단 말이오?"

그녀는 깜짝 놀라며 의혹에 찬 시선으로 나를 직시했다. 맙소사, 40살이 다 된 그녀의 눈빛은 어쩌면 예전과 조금도 다름이 없이 그렇게도 밝을까. 나는 그 눈빛에 압도되어 머리를 떨구었다.

"향우, 알 만하오? 그 기나긴 세월, 나는 우수의 성장을 기다려 온 것이 아니라 나 자신이 하루빨리 어른으로 자랄 것을 손꼽아 기다려 왔소. 내 나이 30이 다 되도록 장가를 들지 않은 것은 다 당신을 기다렸고 내가 자랄 것을 기다렸기 때문이요."

나는 난생처음으로 그녀 앞에서 흐느껴 울었다. 마침내 나는 20년간 내 마음을 지지리 누르고 있던 비밀을 털어낸 것이다.

내 인생에서 이처럼 황당무계한 일을 겪기는 처음이었다. 장장 20여 년간 애타게 기다리고 사랑해 온 여인에게 마침내 내 진심을 고백했지만, 그녀는 되려 자기의 사위가 되어달라고 부탁해 올 줄이야!

향우는 북경에 돌아갔다. 나는 사직서를 바치고 우수가 마음을 고백하기 전 삼촌의 이름으로 그 애와 작별 인사를 하고는 남방으로 떠났다. 나는 나를 바라보는 그 애의 눈빛 속에 숨은 열애와 미련을 못 본 척 외면했다. 나는 그것이 다정다감한 소녀의 심성일 뿐 머지않아 마음에 드는 백마 탄 왕자가 나타났을 때 나를 잊을 수 있기를 바랐다.

그러나 뜻대로 안 되는 게 세상인가 보다. 우수는 편지를 통해 점점 노골적으로 마음을 표현했다. 마침내 나는 더는 수수방관할 수 없어 그 애에게 내 마음속에는 이미 사랑하는 여인이 있다고, 아직 연분이 닿지 않아 결합할 수 없지만 끝까지 기다릴 거라고, 그녀는 내 마음속에 이 세상 가장 아름다운 존재로 남아 있으며 그녀를 사랑하는 것은 나의 일종의 향수라고, 그러니 나는 내 마음속에 다른 여인을 담고 싶지 않다고 명확히 태도 표시를 해야 했다. 우수는 그 여인이 누구냐고 연이어 편지를 보내왔다. 나는 아예 그 애에게 회답하지 않는 것으로 현실을 회피했다.

나는 남방의 한 증권회사에 들어갔다. 1년도 안 되는 사이에 나는 증권계에서 이름을 날리기 시작했다. 3년 후 나에게는 액수가 적지 않은 저금이 있게 되었다. 나는 몇몇 친구들과 합작하여 건곤실업회사를 꾸렸다. 회사 준비 과정에 한 광고회사에서 소식을 듣고 찾아와 우리의 개업 광고를 대리할 것을 희망했다. 나는 그들에게 먼저 기획서를 보자고 했다. 그들은 내일이면 자기네 경리가 직접 찾아와 면담할 것이

　　　　　　　　　　　　　　　중국과 한반도의 미래

라고 했다.

 이튿날 오후 3시, 북경 성왕달 광고회사 광주지사의 경리가 우리 회사로 찾아왔다. 만나는 순간, 우리는 둘 다 함께 놀라고 말았다. 글쎄 그녀 풍향우가 아니겠는가. 참으로 오랜만의 만남이었지만 우리 사이에는 서먹한 감이라고는 조금도 없었다. 우리는 서로 그사이의 문안을 하느라 바빴다.

 "당신은 아직도 장가들지 않았어요."

 "알면서 물어보긴, 이 문제는 당신이 당연히 나에게 해답을 주어야 하는 거요."

 "소건이, 당신은 점점 말이 아니군요."

 그녀는 웃으며 몸을 일으키더니 나를 등지고 서서 벽화를 구경하는 척하였다. 나는 그녀가 그렇게 현실 도피하는 걸 허용할 수 없었다. 그때의 나는 더는 어린애가 아니었다. 나는 그녀의 어깨를 살며시 잡으며 나에게로 몸을 돌리게 했다.

 "향우, 당신은 목석이 아니겠지? 도대체 내 어디가 마음에 안 드오? 내가 당신보다 6살 어리기 때문에? 향우, 당신은 항상 소건이, 소건이 하면서 나에게 뭘 암시하는 거요? 이후부터 나를 그렇게 부르지 말란 말이오."

 어느새 향우의 두 눈에서는 구슬 같은 눈물이 흘러내리고 있었다.

 "그런데 난 우수의 어머니란 말이에요."

 갑자기 나는 그녀의 심정을 알아차렸다. 사실 그녀는 내가 자기를 사랑하고 있음을 진작 알고 있었지만 우수 때문에 일부러 피한 것이었다… 아, 그녀 역시 나를 사랑하고 있었구나! 나의 목소리는 격동으로 한없이 떨렸다.

"향우, 당신도 나를 좋아하는 거지? 당신이 머리를 끄덕이기만 하면 나는 뭐든 다 대답할 거요. 절대 우수의 마음에 상처를 주지 않을 것이며 우수가 마음 맞는 상대를 찾을 때까지 묵묵히 당신을 기다릴 것이라고, 그때 가서 당신에게 정중히 청혼할 것이라고 말이요. 향우, 대답해 주오, 응?"

마침내 향우는 말없이 머리를 끄덕였다. 우리의 사랑은 일사천리로 내달리기 시작했다. 그런데 얼마 후 우수가 대학을 졸업하고 그날로 내가 있는 광주로 날아올 줄이야 누가 알았으랴.

나는 향우와 함께 차를 몰고 우수를 마중하려 백운 비행장으로 나갔다. 우수는 우리를 보자 막 환성을 질렀다. 그 애도 나는 듯이 달려오더니 우리가 미처 반응할 틈도 없이 우리에게 키스 벼락을 안겼다.

"아, 전 얼마나 기쁜지 모르겠어요. 내 인생에 가장 사랑하는 사람들이 이렇게 나오다니요. 전 정말 우리 세 사람이 영원히 함께 있었으면 좋겠어요."

나는 그 애의 말에 묵묵히 대답했다.

"그래, 나도 그러길 희망해. 너보다 더 간절히. 하지만 너는 나의 딸로 되어야 그것이 가능하단 말이야."

우리는 백운 호텔에서 식사를 했다. 식사 도중 우수는 단도직입적으로 광주에 와 사업할 의향을 밝혔다. 그것도 나의 회사에서 일하겠다고 했다. 나는 난처해서 향우를 쳐다보았다. 그녀는 딸애의 어깨를 다독이며 말했다.

중국과 한반도의 미래

"애야, 북경이 얼마나 좋으냐? 왜 하필 광주에서 일자리를 찾으려 하니? 이제 어머니가 북경에 있는 성왕달 광고회사 총무부에 배치해 줄게, 응?"

"싫어요. 전 광주가 좋아요. 삼촌이 광주에 있잖아요. 전 삼촌 곁에서 삼촌을 거들어 주고 돌봐드릴게요."

나는 가슴 한구석에 불길한 예감이 싹트기 시작했다. 과연 한 달 후 향우는 광주지사의 경리직을 사직하고 북경으로 돌아갔다. 그녀는 나의 간절한 만류에도 불구하고 눈물을 쏟으며 나에게 간곡히 부탁했다.

"제가 이런 난처한 현실을 직시할 수 없음을 용서해요. 저는 그 애의 어머니예요. 제가 어찌 딸애의 행복을 빼앗을 수 있겠어요. 우수는 진심이에요. 저에게 향한 당신의 사랑을 우수에게 돌려주세요. 그 앨 잘 부탁해요."

나는 분노했다. 나는 그녀를 마구 잡아 흔들며 고래고래 소리 질렀다.

"이것은 감정이란 말이요. 그렇게 감정도 전이시킬 수 있소? 당신 알고 있소? 난 그 앨 딸로밖에 보지 않는단 말이오!"

그러나 그녀는 대답 대신 걷잡을 수 없는 눈물만 흘렸다. 그녀는 나와의 감정에서 또 한 번 도피를 선택한 것이다. 운명 앞에서는 그토록 강인했던 여인이 감정 앞에서는 이처럼 취약할 줄은 나는 미처 몰랐다. 나는 그만 깊은 비애에 빠지고 말았다.

우수의 미모는 우리 회사의 안팎을 들썩이게 했다. 많은 미남들이 그 애의 주위를 뱅뱅 돌았지만 그 애는 그 누구에게도 흥미가 없는 듯 나한테만 정성을 쏟았다. 차츰차츰 회사의 사람들은 뭔가 낌새를 알아챈 듯한 눈치였고 뒤에서 우리를 두고 수군수군했다.

나는 점점 조급해졌다. 계속 이대로 나갔다는 우수의 장래를 망칠 것 같았다. 나는 회사의 명의로 그 애를 미국에 유학 보내려 했다. 그런데 그 애는 도무지 내 곁을 떠나려 하지 않았다.

"삼촌은 왜 나를 피하지 않으면 나를 내쫓으려 하는가요? 도대체 무엇 때문이지요? 이제 다시는 제 앞에서 그 무슨 마음속 여인이요 뭐요 외우지 말아요. 제가 여기에 오고부터 지금까지 한 번도 당신이 다른 여인과 단독으로 있는 걸 못 보았거든요."

그 애는 아예 남들 앞에서 보란 듯이 내 팔을 끼고 다녔다. 그 애는 날이 갈수록 무법천지로 놀았다. 어느 날 밤에는 나의 침실까지 들어와 소란을 피웠다.

"오늘 저녁 당신이 나를 동무해 주든지 아니면 밖으로 들어내 버리든지 맘대로 하세요."

나는 분하다 못해 그 애를 막 두들겨 패주고 싶었다.

"너, 너한텐 조금도 여자애의 기질이 없단 말이야. 내가 정말 내 딸이라면 이 자리에서 죽이고 싶은 마음이야."

나는 그 애에게 자극을 줄 때가 됐다고 생각하고는 말을 마치자 바람으로 문을 꽝 닫고 나와버렸다. 아마도 그 애는 정말 자극받은 것 같았다. 이튿날, 우수는 옷매무시를 단정히 하고 나의 사무실로 왔다.

"삼촌, 저를 아직도 미국에 보낼 의향이 있으세요?"

미국에 간 후 우수는 꼭꼭 편지를 보내왔다. 내용은 아주 간단했다. 1년 후 그 애는 갑자기 미국에서 약혼했다는 소식을 전해왔다. 이제 3

년 학습 기간이 끝나면 약혼자를 데리고 오겠다고 했다. 편지에서 그 애는 자기가 그날 저녁 내 침실에서 무의식중 나의 일기책을 보게 되었다고 한다. 그 애는 자기 어머니에 대한 나의 사랑에 감동했으며 자기가 이 몇 년간 우리 사이에 끼어 장애물이 된 것이 몹시 후회된다고 하면서 우리의 행복을 진심으로 축복했다.

나는 편지를 읽으며 미칠 것만 같은 행복에 잠겼다. 그 얇은 한 장의 종이에 나의 20년간의 기다림과 행복이 깃들어 있던 것이다. 나는 그날 오후로 비행기 표를 사서 북경으로 날아갔다.

처음이자 마지막이었던 밀회

이미 오래된 이야기다. 그때 유치원 교양원이었던 아내는 그토록 예뻤고 정숙했다. 우리는 서로 만나 첫눈에 정이 들었고 뒤이어 백년해로를 약속했다. 그런데 결혼하고 얼마 되지 않아 그 변함없는 혼인 생활이 싱거워지며 뭔가 새로운 변화나 기적이 일어나기를 기대하게 되었다. 결국 나는 내가 한 여자를 생각하고 있다는 것을 발견했다. 그녀의 이름은 로녕, 아내의 단짝이었다. 크고 검고 빛나는 한 쌍의 눈을 가진 풍만한 처녀였다.

참으로 나로서는 어쩔 수 없이 그녀만을 생각하며 맘이 뜨거워졌고 안절부절못했다. 나는 그녀와 밀회를 해보려고 여러 번 전화 앞에 갔다가 용기가 없어 되돌아오곤 했다. 그러나 끝내는 그녀에게 만나고 싶다는 이야기를 전화로 터놓고 말았다.

얼마 후, 뜻밖에도 그녀는 아주 맹랑하게 나의 요청에 응하겠다는 대답을 보내왔다. 전화를 끊고 나는 너무도 흥분되어 눈앞의 모든 것이 다 윤택해 보이고 온 세상의 행복을 몽땅 혼자 주머니에 담은 듯한 기분이었다.

밀회를 약속한 날 아침, 나는 집을 나오다가 갑자기 생각이 난 듯 아내의 등 뒤에 대고 이렇게 말했다.

"그만 잊을 뻔했소. 오늘 저녁 동창들 모임이 있어 늦게 올 것 같소."

"괜찮아요. 가보세요."

아내는 등을 돌리며 나를 바라보며 미소를 머금었다. 그리고 이렇게 덧붙였다.

"잘 얘기해 보세요. 유익할지도 모르니까요."

집을 나선 나는 상쾌한 아침 공기를 한껏 들이켰다. 하, 참, 아내 아닌 다른 여인과 밀회한다는 것이 이렇게도 즐거운가? 아니, 흥분되면서도 어딘가 모르게 긴장하고 그러면서도 또 저도 모르게 득의양양해졌다…

그날 저녁, 나는 로녕과 함께 우아한 식당에 한 자리를 잡고 앉았다. 로녕은 아주 어여쁘게 단장하고 왔는데 미간에는 미소가 아른거렸다. 우리는 지상 천외, 삼라만상을 이야기하며 즐겼다. 갑자기 로녕은 화제를 나의 아내한테 돌렸다.

"그는 정말 드물게 좋은 사람이에요."

로녕은 아내를 칭찬했다. 결혼한 남자들이 흔히 다른 여인들 앞에서 그들의 환심을 사 보려고 자기의 혼인은 어떻게 불행하고, 자기 아내는 얼마나 나쁘며 하는 것처럼 나도 예외가 아니었다. 내가 아내의 나쁜 점─하루에도 책상을 열 번 더 닦고 끝없이 하고, 그렇게 바삐 보낼 줄만 알았지, 세심하다고? 그래도 반찬을 볶을 때 소금을 잊고 넣지 않은 일이 한두 번 아니니깐 하며─을 구구절절 이야기할 때 로녕은 말없이 듣기만 했다.

나는 로녕을 위해 '맘으로 사랑해도 말할 수 없네'란 노래 한 곡을 청했다. 미묘한 음악 속에서 로녕의 순수한 얼굴을 바라보는 내 마음은 진작 취해 있었다.

"로녕 씨와 함께 있으니 한없이 즐겁습니다. 다음 주일 날 함께 교외로 산책하러 갈 수 있겠죠?"

그녀는 손목시계를 보더니 집으로 가야겠다는 것이었다.

"아니, 좀 더 함께 있읍시다."

"저의 친구, 즉 동무의 아내와 약속이 있었는데요. 9시 30분이면 꼭 동무를 집에 돌려보내겠다고요."

로녕의 어조는 아주 상냥했으나 은연중 야유를 띄었다.

"뭐,… 뭐라고요?"

"이러면 더 좋지 않으세요? 동무는 저와 동무의 아내가 십몇 년간 사귀어 온 친구라는 것을 잊지 말아야지요… 원래는 오지 않으려고 했어요. 하지만 그가 나더러 가보라고 권했어요. 그리고 남편이 아내에 대해 어떤 의견이 있는지를 듣고 자기에게 전해달라고 했어요…"

나는 멍청히 로녕을 바라보았다. 로녕은 머리를 숙였다.

"정말 미안해요. 제가 오늘 동무의 자존심을 상하게 한 것 같지만 역시 동무를 위해서지요. 아무렴, 동무가 아직도 자기 아내가 얼마나 훌륭한 여인이라는 것을 모르진 않겠지요. 동무는 다른 사람을 사랑하지만, 그것은 멀리서 본 아름다움이지요. 가까이 가보면, 함께 생활해 보노라면, 마음에 들지 않는 것이 없을 수가 없지요. 이런 도리를 곰곰이 생각해 보시길 바라요… 나 먼저 가겠어요."

나는 무거운 다리를 끌고 집으로 돌아왔다. 쓰러지듯 소파에 몸을 던지고는 어찌하면 좋을지 몰랐다. 아내가 다가왔다. 내가 뭔가 해명하려 하자 그는 손으로 내 입을 막았다.

"아무 말도 마세요. 당신 이렇게 할 수 있는 데는 저에게도 결함이 많다는 것을 증명하거든요…"

아내의 두 눈에 눈물이 가득 고였다. 나는 아내를 와락 끌어안고 저도 모르게 흐느꼈다. 수년 전의 그 유일했던 한차례의 낭만, 한차례의 실패 경력! 그 여러 번의 실패로 인해 나는 아내를 더욱 사랑하게 되었으며 그래서 우리의 사랑도 더욱 견고해졌다. 그 한 번으로 끝나버린 밀회에서 진짜 낭만을 본 것은 나의 아내였다.

다른 사람의 이야기 속에서

한 선배가 이런 말을 한 적이 있다. 이 세상 사람들은 모두 세 마디로 귀결할 수 있다. 이 이론으로 나의 지난 시간을 설명한다면 다음과 같다. 나는 아내가 있는 남자를 사랑했다. 그 남자는 나를 진정으로 소중하게 여기지 않았다. 나는 그 남자에게서 떠나갔다.

누가 들어봐도 너무나 평범한, 낡아빠진 이야기다. 하지만 나는 지금도 이 이야기 속에서 헤어 나오지 못하고 있다. 밤이면 밤마다 그 전날의 그 꿈속에서 배회하고 그와 함께 있던 나날을 그리며 눈물을 흘렸다.

나와 그 남자는 1993년 여름에 알게 되었다. 그때 나는 진용박물관에서 해설원을 하고 있었다. 매일 수천수만의 흙으로 빚은 사람들과 유람객들을 상대해 온 나는 각양각색의 얼굴들에 모두 심드렁해 있었다. 하지만 그이가 거룩한 탑처럼 나의 앞에 마주 섰을 때 그렇게 크지는 않지만 아주 위엄 있는, 준수하지는 않지만 남성적인 기세는 나로 하여금 속이 꿈틀하게 했다.

그 남자는 깊고 쉰 듯한 소리로 말했다.

"나는 성재요, 오늘 북경관광단을 모시고 병마용을 참관하러 왔는데 목에 염증이 생겨 말을 할 수가 없구먼, 나를 도와주겠소?"

그는 "나는 성재라고 부르오."하는 것이 아니라 "나는 성재요."라고 했다. 나는 그의 자신만만한 어조와 나에게 이래라저래라 하는 태도가 불만이었지만 귀신에게 홀린 사람처럼 그가 시키는 대로 했다.

그날 오후의 합작에서 나는 자기의 평소의 업무 범위를 초과했다. 해설원의 역할만 한 것이 아니라 이 관광단의 안내원 역할까지 했다. 참관이 끝난 후 성재는 나에게 관광단과 함께 저녁 식사를 같이하자고 했다. 시계를 보니 퇴근 시간이 다 되어 나는 혼연히 대답했다.

연회석에서 목이 쉰 성재는 비록 별반 말이 없었지만 이따금 한두 마디 하는 말들이 언제나 사람들의 강렬한 반응을 일으키곤 하였다. 그는 아주 자연스럽게 연회석에서의 중심이 되었다. 말 한마디 없어도 그 유아독존의 기세가 의연히 주위 사람에게 영향을 주었다. 연회가 파할 때 그는 나에게 술 한잔을 권하였다. 그는 가라앉은 소리로 말했다.

"할 말은 술 속에 다 담겨 있소."

그리고 단숨에 잔을 비웠다. 나는 멍해졌다. 나도 무의식적으로 그를 따라 잔을 비워버렸다. 나는 채 하지 않은 '할 말' 때문에 마음이 뒤숭숭해졌다.

사흘 후에 나는 성재의 편지를 받았다. 편지 속에는 박물관 앞에서 찍은 단체 사진이 들어 있었다. 나와 성재는 맨 왼쪽에 서 있었다. 윤곽이 분명한 그의 잘생긴 얼굴은 마치 거칠게 만든 나뭇조각 같았는데 그것은 말쑥하고 가냘픈 나와 선명한 대조를 이루고 있었다. 하지만 일종의 형언할 수 없는 조화를 느끼면서 가슴이 뭉클하고 얼굴이 붉어졌다.

편지는 아주 짧았다. 사직하고 여행사에 와서 안내원을 하라고 단도직입적으로 권했다. 노임(임금)은 지금 노임과 같았다. 나는 조금 마음이 통했지만 천성적인 소심함과 본능적인 불안감 때문에 완곡하게 거절해 버렸다. 그 후 그는 또 전화로 여러 번 말했지만, 나는 사업에 참여한 지 얼마 안 되기에 사직하기가 어렵다는 이유로 거절했다.

어느 날, 한참 점심밥을 먹는데 나의 직접 상급자인 방 언니가 나를 찾아왔다.

"성 동무의 말에 의하면 네가 그쪽에 몹시 가고 싶어 한다면서? 어색해할 거 없어. 누군들 창창한 앞날을 바라지 않겠니?"

원래 방 언니와 성재는 20여 년의 우정을 갖고 있는 오랜 동창생이자 오랜 친구였다. 방 언니의 도움으로 나의 전근 수속은 아주 순조로웠다. 여행사에 도착한 후 나는 성재에게 물었다.

"어쩌면 제가 오고 싶어 한다고 방 언니에게 말할 수 있어요?"

그이는 아무렇지 않은 듯이 너털웃음을 웃었다.

"난 아가씨가 오고 싶어 한다는 걸 알았소. 아가씨를 대신해 속심을 말해두었을 뿐이지."

나는 그를 흘겨보며 말했다.

"내가 언제 그랬어요? 내가 마음속으로 무얼 생각하는지 당신이 어떻게 알아요?"

그는 일어나 내 앞까지 걸어와 그 검은 눈으로 나를 지켜보며 말했다.

"나는 아가씨 자신보다 아가씨에 대해 더 파악하고 있는걸요."

　　　　　　　　　　　　　　중국과 한반도의 미래

나는 그저 눈앞이 캄캄해지는 것 같았다. 머릿속이 갑자기 텅 비는 것 같았다. 그의 입술이 나의 입술에서 떨어져 나갈 때까지 나는 도대체 무슨 일이 발생했는지 몰랐다. 지금도 나는 그때의 순간들이 기억나지 않는다.

하지만 한 가지는 똑똑했다. 나는 그를 사랑했다. 아무런 이유도 없이 그를 사랑했다. 비록 그가 나보다 17살이나 이상이고 벌써 처자가 있는 몸이고, 그리고 또 내 상상 속의 백마 탄 왕자처럼 부드럽고 우아하지는 않았지만 나는 깊이깊이 그를 사랑했다.

하지만 이 사랑은 떳떳하지 못했다. 나는 떳떳하지 못한 제삼자였다. 나는 수십 번 자신에게 말했다. '이는 비도덕적이야, 절대 결과가 있을 수 없어.'

나는 출장 갈 기회만 있으면 남 먼저 나섰다. 하지만 밖에 나가서는 또 돌아갈 시간을 손꼽아 기다렸고 그를 보고 싶은 생각으로 가슴이 불붙는 듯했다.

1994년 봄, 우리는 함께 한 해외관광단을 거느리고 태국 7일 유람을 했다. 가공삭도(케이블카)에서 그는 두 장의 사진을 꺼내놓았다. 그는 아내와 아들의 그 절반을 찢고는 또 나의 사진의 빈 부분을 찢었다. 그리고 못 박힌 듯 앞만 바라보더니 천천히 입을 열었다.

"나는 이렇게 할 수 있소. 당신이 그러기를 바라는지는 모르겠지만…"

나는 그 반으로 찢어진 가족사진을 다시 합쳤다. 너무도 잘 어울리는 풍경이었다. 눈물이 저도 모르게 두 볼을 타고 줄줄 흘러내렸다. 다른 말이 필요 없었다. 그가 나를 위해 이혼하려 하는 이상, 나의 고독을 메워주려는 이상, 나는 일생을 부드러운 정으로 그이를 위안해 줄 것이었다.

그는 두 팔로 나를 꼭 끌어안았다. 나는 그의 가슴에 기대었다. 울고 싶었다. 하지만 나는 분명 너무너무 행복했다. 지나친 행복감으로 훨훨 날고 싶었다. 삭도에서 뛰어내려 분신쇄골이 되는 것으로 이 시각의 행복을 영원한 기념으로 남기고 싶었다.

하지만 그는 정말 이혼하려 하지는 않았다. 언제나 이런저런 이유로 얼버무리곤 하였다. 나는 성재가 아내가 있는 남자란 것을 분명 알면서도 전처럼 그의 품에 안겼다. 벌써 죄책감으로 얼굴을 들 수가 없는데 무슨 낯으로 그더러 처자를 버리라고 하겠는가? 나는 그저 무한정 기다릴 수밖에 없었다. 그가 우연히 시간을 내어 나와 함께 외식하고 험담하는 것에 만족했고 3~5개월 한 번씩이나마 실현될 수도 없는 승낙을 하기를 기다렸고 그가 일하는 틈에 가끔 머리를 들어 나를 바라보는 것에 감지덕지하면서 나날을 보냈다.

열정은 기다림 속에서 서서히 식어갔다. 그는 나에 대해 갈수록 담담해졌고 각박해졌다. 그리고 나는 또 긴장할수록 더 경황없고 자주 실수했다. 어느 한번은 비행기 시간을 까맣게 잊어버리고 향항(□港, 홍콩) 관광단을 마중하지 않아 회의에서 성재에게 단단히 욕을 먹었다.

퇴근 후 나는 혼자서 박물관 1호갱에 왔다. 색깔이 얼룩덜룩한 병마용을 바라보면서 희미하게 생각했다. 이것들이 땅속 깊이 묻혀 있었더라면 본래의 아름다운 색채를 보존할 수 있었을 텐데 사람들이 그것들을 파내어 태양 아래에 들추어냈기 때문에 칠이 떨어져 천편일률의 검은 도자기 인형으로 변해버린 것이다. 나는 피곤한 감이 들었다. 나는 어느새 방 언니가 가만히 내 곁에 와 선 줄도 몰랐다.

언니는 요즈음 어떻게 지내느냐고 물었다. 그러더니 갑자기 화제를 돌려 단도직입적으로 물었다.

"너 성재를 사랑하지?"

나는 입속으로 얼버무렸다.

"네."

"넌 그의 애인이 될 거니?"

나는 멍해졌다. 솔직하게 말하면 나는 이제까지 '애인'이란 단어를 생각해 본 적이 없었다. 그가 이미 결혼한 몸이라는 것을 명백히 알고 있으면서도 그를 사랑했다. 벌써 자책감이 들었지만 나는 그가 이혼할 것이라고, 우리의 사랑은 순결하다고 극구 자신을 위해 변명했다. 애인이 된다고? 그것은 제 손으로 자기의 지조를 마음대로 짓밟으라고 그의 발밑에 들이대는 것이 아니고 무엇인가? 하지만 나는 그를 사랑했다. 그가 이혼하든 안 하든 사랑할 것이었다.

"네가 그의 유일한 애인이 아니라면?"

방 언니는 더 바로 들이댔다.

"그럴 수는 없어요. 언니, 도대체 뭘 알고 있어요?"

방 언니는 머리를 절레절레 흔들었다.

"나는 아무것도 몰라. 넌 좋은 애야. 자중하길 바란다."

방 언니의 말은 나에게 검은 그림자를 던져주었다. 나는 성재가 나에게 텅 빈 승낙이나마 해주길 바랐다. 하지만 그는 눈코 뜰 새 없이 바삐 보냈다. 한 회사에서 일했지만 며칠씩 그이 얼굴을 못 볼 때도 많았다.

나는 매일 제일 먼저 회사에 나왔다가 제일 나중에 회사를 떠났다. 그가 손님 때문에 늦게 돌아갈 때면 나는 언제나 그의 옆방에서 타자를 치며 문을 살며시 열어놓고 내가 안에 있다는 것을 암시했다. 나는 귀를 기울여 그의 목소리를 들었고 그의 웃음소리에 온통 혼을 빼앗겼다. 만약 그가 손님을 바랜 후 나의 사무실에 들어와 나와 뒷마디 하면서 내 어깨를 가볍게 다독여 주었더라면 나는 무한히 행복했을 것이다.

하지만 그는 나를 거들떠보지도 않고 문을 쾅 닫고 바람같이 사라져버렸다. 그 요란한 문소리와 함께 세계가 온통 산산이 부서지는 것 같았다. 나의 마음도 갈가리 찢기는 것 같았다.

나는 언제나 기다림 속에서 잠들었다. 희미한 꿈속에서 그가 웃음을 머금고 나의 머리를 쓰다듬어 주었다. 나는 눈물을 흘렸다. 그가 시끄러워하며 손을 뿌리치고 나가버리자 나는 바삐 그를 쫓아 나갔다. '탕' 머리가 책상에 부딪혔다. 나는 극도의 아픔과 함께 잠에서 깨어났다. 이마에서는 피가 줄줄 흐르고 있었다. 나의 가슴속에서도 피가 흘러내리고 있었다.

나는 서로의 거리가 점점 멀어지고 있다는 것을 직감적으로 느꼈다. 나는 끝내 사직서를 냈다. 그날 밤, 내가 이불 속에서 흐느끼고 있는데 전화벨이 울렸다. 성재였다.

"내려오오, 난 층집 아래에 있소."

나의 마음은 둥둥 떴다. 나는 옆방에서 쉬고 있는 부모님들을 깨울까 봐 신을 벗어 쥐고 살금살금 집 문을 빠져나갔다. 그는 차 문 옆에

서서 담배를 피우고 있었다. 그는 나를 보자 담배를 던져버리고 웃으면서 두 팔을 벌렸다. 나는 모든 것을 불구하고 그의 품에 안겼다. 나의 눈물은 그의 옷섶을 흠뻑 적셨다. 그는 끝없이 나의 긴 머리를 쓰다듬으며 탄식했다.

"바보 같은 게, 사직은 무슨 사직이야? 당신도 날 아끼고 나도 당신을 아끼잖아?"

그는 나의 눈을 바라보면서 말했다.

"당신은 내 거야, 당신은 나를 떠나지 않지? 그렇지?"

나는 그를 바라보면서 머리를 끄덕였다.

"그래요. 전 당신 것이에요."

나는 점점 더 깊은 소용돌이 속에 빠져들어 갔다. 나는 고통스러웠다. 나는 타락하는 동시에 점점 더 명석해졌다. 새로운 한 해가 왔지만 나의 생활에는 조금도 새로운 것이 없었다. 쾌락은 물 위에 쓴 글자와 같아서 씻기면 그뿐이었지만 고통은 연장되고, 깊어지고, 영원히 마음속 깊이 가라앉아 있었다.

초여름, 나는 손님들을 모시고 멀리 백두산으로 갔다. 길에서 나는 성재가 심근경색으로 병원에 입원했다는 소식을 들었다. 나는 혼비백산하게 놀랐지만 관광단을 두고 떠날 수도 없어 겨우 관광이 끝날 때까지 기다려서 서안으로 돌아왔다. 돌아오는 길에서 나는 얼마나 많은 눈물을 흘렸는지 모른다.

꽃을 들고 그의 병실 앞에 이른 나는 창문으로 한 여자가 그의 침대 곁에 앉아 있는 것을 보았다. 그의 아내일까? 나는 조금 긴장했다. 마음을 가다듬은 후 나는 가볍게 문을 밀고 들어갔다. 문소리에 그 여자가 얼굴을 돌렸다. 그 여자는 살구씨 같은 눈에 앵두 같은 입술을 가졌으며 매끈하고 아름다웠다. 나보다도 더 어린 것 같았다. 나는 속으로 놀랐다.

"전 여행사의 안내원이에요. 사장님이 입원했다는 소식을 듣고 왔어요."

그 여자는 머리를 끄덕이고는 병상에 누워 있는 성재를 가리키며 목소리를 죽였다.

"금방 잠들었어요. 앉으세요."

그 여자는 내 손의 생화를 받아 꽃병에 꽂았다. 나는 침대 옆에 앉아 멍하니 성재의 모습을 바라보았다. 저렇게 창백한 모습을 하고 잠들다니, 나는 눈시울이 젖어 올랐다. 나는 황망히 머리를 돌렸다.

그 여자는 가볍게 내 어깨를 쳤다.

"밖에 나가 걸을까요?"

우리는 병원 정원으로 걸어 나갔다. 그녀는 조용하게 말했다.

"전 아가씨를 알고 있어요. 아가씬 그이와 2년 동안 좋아하던 그 여자지요? 그인 이제까지 아가씨를 진정으로 가지지 못했다면서요? 하지만 아가씨도 진정으로 그이를 얻지 못했지요. 그렇지요?"

머릿속의 윙 하는 소리와 함께 눈앞에는 수많은 오색영롱한 비누 거품이 날아다니는 것 같았다. 나는 멍하니 서서 여자를 바라보면서 귀를 의심했다.

"그럼, 아가씨는?"

"저 말이에요? 전 책을 얼마 읽지 못했어요. 전 다른 걸 안 따져요. 하긴 저는 그이를 얻었어요."

"아가씨는 성재를 안 지 얼마나 됐어요?"

"우리 1년 동안 동거했어요. 그인 저를 아주 잘 대해줘요. 밤마다 저를 동무해 줘요."

1년? 나는 그이를 장장 2년 동안이나 사랑했다. 줄곧 그의 인생의 주연이 되기를 바랐다. 오늘에야 나는 내가 조연도 아니라는 것을 알게 되었다. 젖 먹던 힘까지 다했지만, 그는 마지막 1년을 줄곧 다른 여자와 동거한 것이다. 그럼 나는 무엇인가?

나는 어떻게 병원을 나섰는지 기억나지 않는다.

이튿날 아침, 나는 병원 문을 열자마자 과일이며, 영양품이며, 신문이며, 생화를 들고 갔다. 성재는 나를 보자 창피해했다. 그 여자는 눈치 있게 자리를 비워주었다. 성재는 더듬거리며 말했다.

"그 여자는…"

나는 즉시 그의 말을 잘랐다. 나는 웃음을 머금고 세상사를 이야기했다.

사흘날, 나흘날… 나는 매일 아침 병원으로 달려갔다. 생화며, 과일이며, 영양품들을 사 들고 갔다. 나는 그동안 저금했던 돈들을 죄다 써 버렸다.

한 달 후 성재는 퇴원했다. 여행사의 종업원들이 모두 나가 환영했지만 나는 나가지 않았다. 나의 책상 위에는 정연하게 작성해 놓은 사직 보고와 사업기록이 놓여 있었다. 나는 이미 남행열차에 앉아 있었다. 그날은 1995년 6월 18일이었다. 나는 서안을 떠났고 평생에서 제일 고통스러운 사랑을 떠났다.

벌써 2년이라는 세월이 흘렀다. 이 2년 동안 나는 나와 똑같은 경험이 있는 여자들이 한둘이 아니라는 것을 놀랍게 알게 되었다. 세상에는 원래 색다른 이야기가 없는 것 같았다. 인물과 시간, 지점을 바꾸었을 뿐 정절은 똑같았다. 하지만 눈먼 여자애들은 자기만은 특별하다고 환상하는 것이다. 아니, 그럴 수 없다. 사랑하지 말아야 할 사람을 사랑하는 것은 처음부터 씨가 붙지 않은 콘크리트 바닥에 물을 주는 격인데 무슨 수확이 있을 수 있겠는가?

우리는 영원히 모두 자기 이야기의 연출가다. 쉽사리 함부로 다른 사람의 연극에 뛰어들어 아무 배역이나 담당하지 말아야 한다.

젊은 시절 조롱으로
빚어진 인생 희비극

　1964년 가을, 성 중점(명문)학교의 하나인 사천성 만현시의 만현 1중은 신입생들로 인해 환락의 분위기로 들끓었다. 고중 1학년 1학급의 고범은 충현의 한 농촌에서 왔는데 너무 멋지게 생겨 첫날부터 학생들의 이목을 끌었다. 행동거지도 아주 대범했고 말수 또한 적어 더구나 매력적이었다.

　그런데 며칠 지나고 보니 학습 성적이 학급에서 꼴찌인 데다 글씨도 밉게 쓰는 치명적인 약점이 있었다. 하지만 16살, 한창 사춘기 나이인 여학생들은 그 약점을 개의치 않았다. 잘생긴 덕으로 고범은 여학생들 속에서 꽤 인기가 있었다. 여학생들은 특별히 고범에게 관심을 가졌다. 자습 시간이면 다투어 '보도'해 주는 것으로 고범과의 접촉을 시도했다.

　여학생 맹령은 운양현 운양진에서 왔는데 집에서 곱게 받들려 자라서인지 아니면 학급에서 공부를 제일 잘해서인지 그녀의 몸에서는 도도한 그 무엇이 풍기었다. 그녀도 고범에게 마음이 쏠렸지만, 아닌 척하고 있었다. 가정 조건을 보아도 그렇고 학습 성적을 보아도 고범은 자기와 비길 바 못 되는데 내가 왜 먼저 그를 따른담? 그리고 자기의 생김새에 그다지 자신이 없는 것도 문제였다. 곱게 생기지 못한 데다 피부 또한 가무잡잡하고 작은 키에 몸도 실한 편인지라 만약 주동적으로 다가갔다가 고범의 거절을 당하면 너무 창피한 일이라고 그녀는 생각하고 있었다.

맹령은 몇 번이나 고범이 수학 문제를 풀지 못해 낑낑거리는 것을 보고 그가 자신에게 묻기를 은근히 기다렸다. 그런데 번번이 다른 여학생들이 '희생정신'을 발휘하는 바람에 기회를 놓치고 말았다.

1965년 봄, 학교에서는 충현의 '석보채'로 들놀이를 가게 되었다. '석보채'는 위엄 있게 치솟은 산들로 이름이 높다. 동학들은 앞서거니 뒤서거니 하며 산꼭대기에 올랐다. '천자전'에 올라서니 기운차게 동쪽으로 흐르는 장강이 한눈에 안겨들어 가슴을 후련하게 만들었다. 이때 고범이 의기양양하여 이렇게 말했다.

"우리 충현을 봐, '석보채'가 있을 뿐만 아니라 '정방각'도 있단 말이야, 정말로 우리 충현은 위대해!"

여학생들이 그의 말에 환성을 보냈다.

맹령은 어쩐지 속이 뒤틀렸다. 그녀는 여학생들 앞에서 고범의 기세를 꺾어놓으려 작심했다.

"충현이 위대하든 말든 너와 무슨 상관이니? 네가 위대하다면 몰어도 괜찮겠지만…"

여학생들에게 떠받들리는 데 습관이 된 고범은 이 뜻밖의 공격에 어쩔 줄을 몰라 "너, 너…"하고 말도 못 했다. 고범의 낭패한 얼굴을 보며 맹령은 고소해 한술 더 떴다.

　　　　　　　　　　　　　중국과 한반도의 미래

"내가 어쨌단 말이니? 네가 쓴 글은 줄줄 읽어 내려갈 만하니? 네 글씨를 보면 꼭 닭이 헤집어 놓은 것 같단 말이다. 그러고도 부끄러운 줄을 모르니…"

"글씨를 잘 쓰고 못 쓰고 무슨 상관이야. 대학에 가는 데는 아무런 영향도 없단 말이야."

고범이 골이 나 내뱉었다.

맹령은 언짢다는 듯 웃더니 "네가 대학에 간다구? 네가 대학에 가면 나 이 맹씨 성을 거꾸로 쓸 테다."

"맹령, 너 그런 눈으로 사람을 깔보지 말아."

고범은 붉으락푸르락해서 이 말을 내뱉고는 산에서 내려갔다.

1966년 문화대혁명이 시작되었다. 대대서기인 고범의 부친이 '주자파'로 몰리는 바람에 아들인 고범도 연루되어 학교를 떠날 수밖에 없었다. 얼마 후 학교에서 공부를 중단했던 맹령도 운양진으로 올라가 철로의 '륜환공(바퀴 수리공)'이 되어 성곤선 건설에 투입되게 되었다.

눈 깜박할 새에 몇 년 세월이 흘렀다. 대대의 통계원으로 된 맹령도 시집갈 나이가 되었다. 해마다 집으로 놀러 갈 때면 충현을 지나치게 된다. 증기선(汽船)이 '석보채'를 지날 때면 맹령은 증기선(汽船) 앞에 붙어서 집중하여 산을 바라보곤 하였다. 기적이라도 나타나 고범이 그 위에서 자신을 향해 손을 젓기를 바랐다.

1974년 봄, 맹령은 뜻밖에도 산서 교통(상업)대학에서 보내온 편지를 받게 되었다. 편지를 꺼내보는 순간 그녀는 놀랐다. 고범이 보내온 편지였다. 고범은 노농(노동자 농민)병 학원을 졸업하고 학교에서 교편을 잡고 있었다. 편지에서 고범은 고중 생활을 회상하면서 여러 동창생의 정황을 물었다. 나중에 맹령의 안부를 묻는 것도 있지 않았다. 맹령은 흘러내리는 눈물을 금할 수 없었다. 얼마나 바라던 일인가. 맹령은 그 자리로 다섯 장에 달하는 회답 편지를 썼다. 이 몇 년간의 생활 그리고 '석보채'에서의 일을 성근하게 반성함과 아울러 양해를 구했다. 마지막으로 고범의 혼인 상황에 대해 은근슬쩍 묻는 것을 잊지 않았다.

편지를 띄우고도 답이 미지근하여 맹령은 연속하여 편지 두 통을 더 날렸다. 가슴속에 그들먹하게 올라온 흥분을 어쩔 수 없어 맹령은 친구들에게 이 일을 말했다. 친구들은 제 일처럼 기뻐하면서 맹령에게 주동적으로 사랑 공세를 들이대라고 부추겼다.

3년 같은 하루를 보낸 며칠 후 고범에게 아주 열정적인 회답 편지가 날아왔다. 사업에 참여한 이후 결혼 문제를 고려했지만, 마음에 드는 처녀를 만나지 못해 여태껏 독신이라는 것, 그리고 맹령처럼 재간 있는 여자가 곁을 지켜주면 얼마나 좋겠는가 하는 속마음을 비쳐왔다.

맹령은 잠을 이룰 수 없었다. 온몸의 피가 끓어 번지는 것만 같았다. 10년간 가슴속에 간직했던 사랑이 화산처럼 폭발했다. 맹령은 자신이 얼마나 고범을 사모해 왔으며 고범이 없으면 맹령은 살 수 없다는 회답 편지를 보냈다. 고범은 어렸을 때는 이다음 커서 꼭 예쁜 처녀를 아내로 맞아들이려고 생각했었지만 지금 생각해 보면 예쁘고 안 예쁜 것은 마음에 있지 외모에 있는 것이 아니라는 자신의 관점을 밝혀 편지로 보내왔다. 맹령은 철로신선공지로 고범을 초청했다. 고범은 학교 업무가 바빠 여유가 없으니 결혼 후에 꼭 공지로 가보겠다는 편지를 보내왔다.

　알게 모르게 반년이란 세월이 흘렀다. 고범은 국경절에 결혼하자는 청혼 편지를 보내왔다. 맹령이 응하지 않을 리가 없었다. 고범은 자기 집은 결혼 준비가 다 되었으니 신부의 지참품은 갖출 필요가 없으며 이제 한곳에 모인 다음 물건들을 사놓아도 늦지 않으니 결혼 증명서만 전보로 보내오라고 했다. 공정대에서는 맹령의 결혼을 적극 지지해 주었다. 공정의 상황이 좋지 않았지만 특별히 그녀에게 말미를 주어 결혼 준비를 하게 하였다.

　고범은 9월 27일, 중경의 조천문 부둣가에서 신부 맹령을 맞아 함께 충현으로 가자는 편지를 보내왔다. 27일 아침 일찍 맹령은 조천문 부둣가에 나가 그렇게 보고 싶던 신랑-고범-을 기다렸다. 갈라진 지 10년이 된 고범은 더구나 의젓하고 멋졌다. 맹령은 가슴이 터질 듯한 행복감으로 자신을 억제하지 못하고 고범을 끌어안았다. 그 당시만 해도 이 행동은 상상할 수 없는 것이었다. 고범은 조금 난처해했다.

　상봉 후 둘은 식당으로 들어갔다. 음식이 상에 올랐지만 맹령이 식사를 하지 않자 고범은 왜 먹지 않느냐고 물었다.

　"당신이 곁에 있으면 사흘을 굶어도 배고프지 않을 거예요."

　맹령의 말에 고범은 웃음을 터뜨렸다. 그리운 이야기 끝에 둘은 혼인에 관해 이야기했다.

　"우리 집에서는 이번 혼인을 되는대로 치르려 하지 않소. 나더러 꼭 운양에 가 당신을 맞아와야 한다오. 그러니 내일 나는 충현에서 내리고 당신은 운양까지 가도록 하오. 내일 내가 맞으러 가지."

고범의 말에 맹령은 고개를 끄덕였다.

"그게 옳아요. 저도 운양에 가 지참품들을 갖고 가야지요."

맹령은 집으로 돌아온 후 친구들을 초대했다. 부모들은 딸의 혼사 준비로 바삐 돌아쳤다.

이튿날 아침, 맹령은 일찍 신부 화장을·마치고 고범을 기다렸다. 하지만 밤중이 되도록 고범의 그림자도 얼씬하지 않았다. 맹령은 몇 번이나 동생들을 부둣가로 내보냈다. 속이 달아오른 맹령은 대뜸 입가에 물집이 잡혔다. 그날 저녁 맹령은 한시도 눈을 붙이지 못했다. 이튿날도 눈이 빠지게 기다렸건만 신랑 소식은 감감했다.

9월 30일, 맹령은 더는 앉아서 기다릴 수 없었다. 고범에게 꼭 무슨 사고가 난 것이 분명했다. 그렇지 않고서야 어찌 이렇게 무소식일 수가 있는가? 불길한 징조로 가슴이 재가 된 그녀는 고범을 찾아 떠났다. 맹령은 고범의 집을 가본 적이 없었다. 하지만 이것저것 고려할 여지가 없었다. 여기저기 물어서 마침내 고범의 집을 찾게 되었다.

고범의 집 문 앞에 다다른 맹령은 고범이 무사하기를 속으로 빌고 빌었다. 노크 소리에 문을 열고 나온 이가 바로 고범이었다. 별 탈이 없었다. 그제야 맹령은 숨을 확 내쉬었다. 뒤이어 속에서 주먹 같은 것이 올라왔다. 멀쩡하게 있으면서 왜 이러고 있는가? 하지만 맹령이 성을 내기도 전에 고범이 웃으며 먼저 말을 뗐다.

"안녕하오? 맹령 동무, 마침 잘 왔구먼."

말과 함께 그는 집안에 대고 누군가를 불러냈다. 20여 세쯤 되어 보이는 한 예쁜 처녀가 나왔다. 이건 무슨 꿍꿍이람? 맹령이 의혹에서 헤어 나올 새도 없이 고범이 그 여자를 소개했다.

"이분은 나의 고중 동창생 맹령이고 이분은 금방 결혼한 나의 새 각시 형옥분이요."

고범의 새 각시? 맹령은 자기의 귀를 의심할 지경이었다. 하지만 형옥분이 방그레 웃음 짓고 손을 내미는 것이었다. 맹령은 온몸이 부들부들 떨려왔다.

"고범, 도대체 무슨 연극을 하는 거야? 나를 놀리는 거야?"

고범은 역시 입가에 웃음을 띤 채 대답했다.

"어찌 감히, 맹령 동지는 실로 건망증이 심하구먼, 10년 전 동무 절로 말하지 않았소? 내가 대학에 붙으면 맹씨 성을 거꾸로 쓰겠다고? 지금 나는 대학에 붙었을 뿐만 아니라 졸업하고 대학교 강사로 되었단 말이요. 그런데 맹씨 성을 거꾸로 쓰지도 않았구먼. 나와 혼인을 논하다니 너무 나를 사람으로 보지 않는구먼?"

맹령은 이를 갈았다.

"고범, 사나이로 생겨서 그렇게 속이 좁을 줄 몰랐다. 두고 봐, 너보다 학문이 높은 사람이 아니면 이 맹령은 시집가지 않을 거야."

맹령은 크게 앓았다. 그녀는 죽고만 싶었다. 하지만 혈육, 친구들의 위안 속에 맹령은 보란 듯 살아야겠다는 신념을 갖게 되었다. 그녀는 점차 아픈 상처를 아물어 갔다. 그녀가 놀림을 당한 일이 공정대에서 화제가 된 것은 두말할 것도 없다. 그녀를 동정하는 사람, 남을 조롱했기에 갚음을 받았다는 사람, 모두가 제 나름대로 이 일을 의논했다. 맹령은 한 해 한 해 나이를 먹어갔다.

1982년에 노처녀인 맹령에게 혼처가 났다. 신랑감은 북경 모 대학에서 교편을 잡고 있는데 22년간 우파로 몰리다가 혼인이 늦어졌다고 했다. 이미 50세인데 사업을 회복한 지 오래되지 않고 수입도 적어 지금 같은 것은 운운할 여지도 없다고 했다. 그의 요구는 높지 않아 여자가 문화 수준과 직업이 있으면 된다고 했다.

이때 맹령은 34세 노처녀였다. 맹령은 마침내 신부가 되었다. 1년 후 그녀는 남편이 있는 북경으로 전근 가게 되었다. 이젠 맹령과 고범의 일도 끝난 듯했다. 하지만 전생에 맺은 인연이라도 있는 듯 그들의 이야기는 또다시 이어졌다.

맹령을 조롱한 일로 고범은 부모들의 훈계를 면치 못했다. 처음 얼마간 고범은 자신이 공들여 설계한 그 일을 두고 만족했었다. 하지만 날이 감에 따라 그는 후회가 늘었다. 필경 지나쳤으니 말이다. 하지만 엎지른 물이었다.

이듬해 아내 형옥분은 아들을 낳았다. 온 집안 식구가 희열에 잠긴 것은 두말할 것도 없었다. 하지만 얼마 안 가 그들은 아들이 눈뜬 맹인이란 것을 알게 되었다. 이는 받아들이기 어려운 타격이었다. 아내는 그가 남을 지독하게 모욕했기에 죄를 입어 이렇게 되었다고 원망했다. 고범은 인과응보를 믿지는 않았지만 자기의 행위에 대해서는 은근히 반성하고 있었다.

고범은 철저히 변화하기 시작했다. 아내, 아들에게 무한한 사랑을 주는 것은 두말할 것 없고 낯모를 사람이 어려움에 봉착해도 서슴없이 팔을 걷고 나서곤 하였다. 그는 그렇게 묵묵히 '속죄'를 하는 것이었

중국과 한반도의 미래

다. 몇 년 후 운양으로 놀러 갔다가 맹령이 결혼한다는 소식을 들은 고범은 묵직한 선물을 부쳤다. 하지만 '이런 사람을 찾지 못했다.'라는 쪽지가 붙어 소포가 되돌아왔다. 맹령이 자신을 용서하지 않는다는 것을 고범은 알 수 있었다.

1995년 여름, 맹령이 폐암 말기라는 소식이 고범의 귀에 들려왔다. 고범은 마음이 좋지 않아 어쩔 줄을 몰랐다. 그는 가족들을 데리고 맹령이 입원한 북경 해방군 923병원으로 갔다. 맹령이 자신을 어떻게 욕하고 쫓아도 개의치 않고 맹령 앞에서 잘못을 빌려고 다짐했다. 그러지 않고서는 마음속의 십자가에서 해탈될 수 없을 것만 같았다.

고범의 뜻밖의 방문은 병실의 안온한 분위기를 깨뜨렸다. 고범과 형옥분은 맹령과 그녀의 남편 그리고 딸애 앞에 무릎을 꿇었다.

무릎을 꿇은 고범 부부를 보면서 맹령은 흘러내리는 눈물을 어쩔 수 없었다. 맹령의 남편은 어쩔 바를 몰라 쩔쩔맸다. 맹령은 그들더러 일어나라고 손짓했다.

"지나간 일을 다시 입에 올려서는 뭘 해요. 일은 저 때문에 그렇게 된 거예요. 제가 먼저 고범 씨에게 상처를 주었지요."

맹령은 침대 곁에 붙어선 여자애를 불러 인사를 시켰다.

"란이야, 외삼촌이야. 인사해라."

란이는 엄마 말대로 고범을 '외삼촌'이라고 살뜰히 불렀다.

고범도 바삐 아들애를 끌어당겼다.

"빨리 고모에게 인사를 드려라."

고범은 처량하게 웃음을 지었다.

"이 아인 앞을 못 보오."

"진작 들었어요."

맹령은 한숨을 내쉬었다.

"우린 그때 너무 철부지였어요…"

이때 맹령의 남편 왕 교수가 끼어들었다.

"당신네가 오기를 잘했습니다. 그렇지 않아도 찾으려던 참입니다."

고범은 의아해졌다. 맹령이 뒷말을 이었다.

"란이 아버지와 의논이 있었어요. 내가 죽은 다음 저의 각막을 고범 씨의 아들애에게 주려고요."

고범은 가슴이 막히는 것만 같았다. 말도 나오지 않았다.

"우리의 일은 끝이 없는 것 같아요. 내세가 있다면 또 만나면 좋겠어요. 이건 저의 진심의 말이에요."

1995년 겨울, 맹령은 47세로 북경에서 사망했다. 그의 유언에 따라 그의 각막은 고범의 아들 명에게 이식되었다. 명이는 그로 하여 오색 찬란한 세상을 보게 되었다. 고범은 아들의 몸에서 맹령의 그림자를 느끼곤 한다. 맹령의 제삿날이거나 청명이 되면 그는 꼭 향을 태워 맹령에 대한 애도의 정을 표시하곤 한다.

중국과 한반도의 미래

사랑의 힘

1992년 초여름의 어느 날, 20살인 나는 학교 동무들과 함께 성도 중의학원(한의대)의 기숙사 416호 침실에서 성도의 어느 한 방송국에서 방송하는 '친구 찾기(펜팔)' 대목을 경청하고 있었다. 들을수록 싱숭생숭해진 처녀들은 친구 찾기 편지를 띄우기로 결심했다. 편지는 그 침실의 소천이 썼다. 5월 8일, 그렇게 그들의 편지가 방송되었다.

순간 성도 교외의 노동교양소에서 한 특수신분의 청중이 이 대목을 듣고 있었다. 대건이라 부르는 그는 절도, 갈취 죄로 이미 철창 속에서 3년 세월을 보냈다. 어릴 적 그는 화농성 감염으로 오른손을 잃었다. 가정형편이 어려운 데다 선천적인 부족은 그를 진취적인 아이로 만들었다. 공부를 잘한 것은 물론 왼손으로 멋진 글씨를 써낼 수 있을 뿐만 아니라 땅파기, 모내기, 자전거 타기… 별로 못 하는 일이 없어 동네에서는 대건은 불구이지만 앞날이 보인다고 입을 모았다.

하지만 고중생이 되자 사회의 어중이떠중이들과 친해지는가 싶더니 변하기 시작했고 결국 고중 졸업 후 절도죄로 붙잡혔다. 석방된 후 교훈을 찾은 대신 되려 서창시에서 공개적인 강탈을 감행함으로써 결국 9년의 징역형을 받고 철창 속 생활을 하게 되었다.

"아들아, 너만 감옥살이하는 게 아니라 사실 아버지와 어머니도 너와 함께 감옥살이하는 거다."

가슴에 맺혀오는 아버지의 통탄이었다. 대건은 꼭 철저히 개조하여 새사람이 되리라 마음먹었다. 감옥에서 그는 여러 차례 공을 세워 사법부와 쓰촨성 영도 동지들의 치하를 들었고, 저명한 영국 국적 작가인 한소음의 취재를 받기까지 했다. 감옥에서는 그를 문체대로 옮겨 '유신보'의 편집을 담당하게 하였다. 총명한 데다 문학을 몹시 사랑하는 그는 이 사업을 아주 사랑해 날이 갈수록 신문을 출중하게 꾸려갔다.

그날 저녁 무심하게 416호 침실의 '친구 찾기' 방송을 듣게 된 대건은 마음이 움직였다. 하지만 '소천'이란 두 글자를 쓰고 나니 저도 모르게 긴장이 됐다. 가슴은 마구 방망이질을 해댔다…

내가 아가씨의 친구가 될 자격이 있는지 없는지,
쓰지 말아야 할 편지를 쓰는 건 아닌지 모르겠습니다.
저는 감옥살이를 하는 죄수이며 오른손이 없는 불구입니다…

길고 긴 편지는 아주 성실했다. 그리고 아주 자기 연민에 젖어 있었다. 이 편지 역시 많은 편지와 마찬가지로 416호 침실로 날아왔다. 416호 침실로 날아온 편지들 대부분은 남자들이 보내온 것인데 처녀들은 그 편지들을 읽으며 즐거운 기분으로 웃고 떠들었다. 하지만 감옥에서 날아온 편지가 그들의 앞에 나타났을 때 침실은 대뜸 쥐 죽은 듯 조용해졌다.

중국과 한반도의 미래

"그가 무거운 형벌을 받아선 안 돼."

"그도 존중받아야 해."

"회답 편지를 써서 친구로 사귈 의향이 있다고 알리자."

편지를 다 보고 나서 모두 중구난방으로 떠들어 댔다. 회답 편지는 물론 소천이 썼다. 그가 속지를 봉투에 넣는데 문득 학견이 곱게 접은 갈매기를 끼워 넣었다.

이튿날 그 편지는 고스란히 대건의 손으로 날아갔다. 대건은 그녀들이 자신과 친구로 사귀려 할 줄은 생각지도 못했었다. 그런데 회답 편지가 오다니. 대건은 곱게 접힌 갈매기를 폈다.

지나간 일들은 잊으세요. 길은 자기의 두 발로 걸어야 하지요.
갈매기로부터.

대건은 마음이 개운했다. 그날 저녁, 그는 소천에게 편지를 띄워 갈매기와 직접 연결해 달라는 부탁의 편지를 띄웠다. 얼마 후 소천으로부터 갈매기에게 보낼 편지가 있으면 학견이라고 밝히되 주소는 변경하지 않아도 된다는 회답이 왔다.

대건은 즉시 갈매기에게 편지를 썼다. 며칠 후 편지가 왔는데 속지는 또 곱게 접은 갈매기였다.

당신의 성실성은 저를 몹시 감동하게 했어요…

그로부터 두 사람 사이에는 거의 매일 편지가 오갔다. 두 사람의 사이는 날이 갈수록 가까워졌다. 어느 날 대건은 학견이 보내온 녹음테이프를 받게 되었다.

"…대건 씨, 전 어제 〈마지막 겨울〉이란 소설을 읽었어요. 소설은 영국의 어느 한 시골 부부의 이야기로 엮어져 있어요. 그들은 몹시 어려운 나날을 보내고 있었지만, 몹시 사랑해 서로 한시도 떨어지지 않으려 했대요. 그런데 어느 겨울날 아침 남편이 눈을 뜨고 보니 아내가 없더래요. 남편은 아내를 찾아 하루 종일 헤맸지요. 저녁 늦게야 아내가 집으로 돌아왔어요. 남편에게 스웨터를 떠주려고 시내로 털실을 사러 갔던 것이었어요. '당신, 무슨 돈으로 그걸 샀소?' 의아하게 여긴 남편이 물었어요. '시계를 팔았어요. 제가 시계를 해서 뭘 하겠어요.' 남편은 눈물을 머금고 아내에게 키스했어요. 남편은 아내가 떠준 스웨터를 입고 따뜻하게 겨울을 날 수 있었어요. 하지만 그 아내는 60일 후 세상을 떠났어요."

학견은 울며 그 이야기를 하고 있었다. 대건도 눈물을 흘렸다. 그는 갈매기의 마음을 알 수 있었다. 이때부터 대건은 갈매기를 만나고 싶은 욕망에 마음을 졸이게 되었다.

1992년 10월 20일, 원고를 마무리한 후 치약을 사러 갔다 온다며 말미를 얻고 노동교양소를 벗어난 대건은 자전거를 빌려 타고 중의학원으로 달렸다. 그때의 초조하고 착잡한 그의 마음을 무엇이라 표현할까. 그는 페달을 힘껏 밟았다. 십자길(사거리)에 이르렀는데 돌연 동풍자동차가 나타났다. 거리가 가까운 데다 속도가 빨랐던 탓에 대건은 미처 핸들을 꺾지 못해 차에 치여 콘크리트 바닥에 쓰러졌다.

놀란 운전사는 어쩔 줄 몰라 했다. 대건은 이를 악물고 일어섰다. 오

중국과 한반도의 미래

른쪽 발에서 피가 흘러 흰 양말을 흥건히 적시고 있었다. 그는 자전거를 세우고는 가까스로 운전사에게 웃어 보이고는 놀란 사람들을 헤치고 자전거에 올랐다. 교문 앞에 이른 그는 땀을 닦고 옷매무새를 다듬었다. 꽃 파는 사람이 눈에 띄자, 그는 빨간 장미 한 송이를 샀다.

학견의 동창들은 1992년 10월 20일의 그 일을 잊지 못한다. 조용한 기숙사 마당에 한 젊은이가 장미꽃 한 송이를 들고 기숙사를 향해 외쳤다. "갈매기ー." 그 외침은 억제할 수 없는 초조와 기대로 떨고 있었다. 호기심에 찬 무수한 얼굴들이 창밖으로 향했다.

"도대체 무슨 일이야?"

"갈매기, 여기로 내려오시오ー."

그 시각 대건은 여학생들이 보내는 의혹의 눈길 세례 속에서도 조금도, 주눅 들지 않고 열심히 갈매기를 불렀다. 그날 학견은 마침 레시바(이어폰)를 끼고 노래를 듣고 있다가 갈매기를 부르는 소리에 급히 창문으로 달려갔다. 마당에서 한 남자가 자기를 부르고 있지 않은가. 그녀는 성도 나고 급해지기도 했다. 이를 어쩌면 좋을지 궁리가 나지 않았다. 오면 안 된다고 했는데 이런 방식으로 나타나다니. 불구의 노동개조범을 내가 정말로 사랑하고 있는 걸까? 그 편지들을 사랑의 편지라고 일컬을 수 있을까? 부모들은 어떤 태도일까…

"갈매기ー."

침실의 친구들이 그녀를 지켜본다. 학견은 마음을 굳게 먹고 마당에 나섰다. 등 뒤가 따가웠다. 두근두근 뛰는 심장 소리가 들릴 듯 말 듯 한 것만 같았다. 하지만 대건의 앞에 이르는 순간 학견은 평온을 찾았다. 그녀는 미소를 머금고 대건의 앞에 섰다. 그러자 되려 대건이 긴장해졌다.

"…아가씨가 갈매기요?"

학견은 머리를 끄덕였다. 대건은 그녀에게 꽃을 내밀었다. 학견은 조용히 그에게서 꽃을 받았다. 대건은 저녁 식사를 함께하자고 청했다. 학견은 원래 거절하려고 했었지만 대건의 눈길에서 진심을 엿보는 순간 머리를 끄덕이고 말았다. 이는 그녀가 처음으로 한 남자와 단둘이 하는 식사였다.

"…갈매기, 끝내 당신을 만나게 되었구먼. 당신의 편지를 받은 그날부터 나는 당신을 보고 싶었소. 나의 머릿속으로 당신의 초상화를 그리고 또 그렸소. 당신의 편지들을 줄줄 암송할 수도 있고…"

학견은 머리를 숙이고 말없이 듣기만 했다.

"…나의 오늘 걸음을 오해하지 마오. 우리 사이가 너무 멀다는 걸 나는 잘 알고 있소. 하지만 난 이 인연에 몹시 감사한 마음이요. 결말이 어떻든 간에 난 당신을 영원히 기억할 거요. 갈매기…"

학교로 돌아올 때는 이미 등불이 밝혀진 때였다. 마당에 발을 들여놓는 순간 대건은 멈칫했다. 경찰차 한 대가 마당에 세워져 있는 것이다. 경찰 두 사람이 그들을 향해 걸어오자 대건은 도망쳐 나왔다는 사실을 나직이 학견에게 알렸다. 학견의 얼굴은 백지장이 되었다. 목소리마저 울먹였다.

"하필이면 이럴 건 뭐예요."

대건이가 경찰차에 압송되어 떠날 때 학견은 얼굴을 감싸고 울기 시작했다. 대건은 7일 감금의 책벌을 받게 되었다. 그 7일간 쓴 편지들은 모두 길고 길었다. 일곱 번째 편지에다 그는 '이생에서 당신은 나의 아

중국과 한반도의 미래

내가 틀림없소.'라는 말을 써넣었다.

학견은 이튿날 대건을 찾아 성도 노동교양소로 찾아갔으나 면회 날이 아니어서 만나지 못하고 돌아왔다.

고민에 빠진 그녀를 보고 친구들은 의아해했다.

"대건의 무엇이 너의 마음을 끌었니?"

친구들의 물음에 학견은 잠깐의 침묵 끝에 편지를 꺼내 들었다.

"그는 나더러 자기의 아내가 되어달라고 했어. 난 그의 아내가 되어줄 거야. 그의 성실함과 선량함이 나의 마음을 끌었어. 그보다 더욱 중요한 것은 나를 사랑하는 그의 마음이야."

1992년부터 1994년 사이, 학견은 대건에게 뻔질나게 다녔다. 그들의 사랑은 감옥의 미담이 되었다. 사랑은 모든 것을 구한다. 적극적인 태도로 대건은 1년 6개월을 감형받았다. 1993년 12월 26일은 학견의 22살 생일날이었다. 그녀는 대건의 몇몇 친구들과 함께 감옥에서 생일을 쇠었다. 1994년 6월 1일 성도시 중급인민법원에서는 대건의 태도를 근거로 5년을 앞당겨 대건을 가석방했다. 고향 로현으로 돌아간 대건은 한 중외 합자 기업의 직원이 되었다. 열심히 뛴 덕에 얼마 안 되어 대건은 공소과 과장으로 임명되었다.

양가의 부모들은 그들의 사랑을 두고 근심을 앞세웠다. 대건의 아버지는 소학교 교원이다. 어느 날 그는 아들을 앞에 불러 조용히 타일렀다.

"애야, 넌 한 번 착오를 범했다. 또다시 착오를 범해서는 안 돼. 넌 그 처녀를 해쳐서는 안 된다."

학견의 부모님들은 더구나 마음을 놓을 수 없었다.

"그는 죄를 짓고 옥살이를 한 사람이라는데…"

대건과 학견은 부모들의 심정을 이해할 수는 있었지만 그들의 뜻을 따를 수는 없었다. 그들은 서로 너무 사랑했으니까.

"부모님의 마음을 알 만합니다. 만약 저에게도 딸이 있다면 옥살이를 한 불구자와 결혼하는 걸 반대할 것입니다. 하지만 두 분께서는 꼭 시름을 놓으십시오. 꼭 따님을 행복하게 해줄 겁니다."

1996년 여름, 대학을 졸업한 학견은 성도의 한 큰 병원에 배치받은 것도, 부모님이 계시는 악산시로 배치받을 수 있는 것도 마다하고 대건이 있는 로현 우탄진의 향촌 의사가 되었다.

그들이 결혼하는 날 친척, 친구 500여 명이 모여 그들의 백년해로를 축복했다. 행복에 겨워하는 아들, 며느리를 두고 대건의 부모들은 사람들 앞에서 눈물을 떨구었다.

동방화촉의 밤, 신혼부부만이 남았다.

"학견이, 나의 요구를 들어줄 수 있소?"

"얘기하세요. 들어줄 수 있어요."

"절 세 번 받아주소. 첫 절은 당신이 나를 개조해 준 덕분이고, 두 번째 절은 당신이 나의 아내가 되어줬기 때문이고…"

특별한 인연으로 만난 두 사람은 행복한 앞날에 대한 동경으로 가슴이 두근거렸다.

중국과 한반도의 미래

한 여자를 사랑한 두 친구

리성과 왕천명은 동갑이고 한 마을에서 컸다. 그들은 어려서부터 사이좋은 친구였는데 12살 나던 해 그들은 강에 나가 헤엄치다가 왕천명이 물에 빠져 죽을 뻔한 것을 리성이 구해주었다. 천명은 리성의 아버지를 찾아가 절을 올리고 그의 양아들이 되었고 리성을 형으로 모시게 되었다. 천명의 아버지는 물자국 국장이었는데 그 덕분에 리성의 아버지는 물자국에 가서 보일러 불을 때게 되었고 늘 가난에 쪼들리는 리성이네는 천명이네 도움을 받게 되었다.

어느덧 그들은 고중생이 되었다. 천명은 훤칠한 체격을 가진 젊은이로 컸다. 반장에다 학교 농구단 단원인 천명은 쾌활하고 명랑한 성격이었지만, 키가 크고 여윈 리성은 과묵한 성격이었다. 오단은 바로 그들과 한 반에서 공부하는 여자애였는데 예쁘고 활발한 그녀를 남학생들은 모두 좋아했다. 천명도 오단을 좋아했다. 매번 오단이 교실로 드나들 때면 천명은 사뭇 뛰는 가슴을 움켜쥐고 달아오르는 얼굴을 숙였다.

고중 3학년 때였다. 천명은 리성에게 한 가지 부탁을 했다.

"나 대신 한 가지 일을 해줄래? 넌 성적이 좋으니 꼭 대학에 갈 거야. 하지만 난 아무리 해도 공부가 되지 않아. 집에 가면 아버지가 일자리를 얻어주겠지, 뭐. 너 나 대신 연애편지 써줘라. 나 오단을 사랑해!"

리성은 가슴이 무너지는 것 같았다. 아니, 오단을 사랑한다고? 리성은 놀란 가슴을 가까스로 진정하며 이내 얼굴에 웃음을 띠었다.

"난 연애편지 같은 것은 써본 적이 없어서…"

"아니, 너 작문을 그렇게 잘하는데 편지도 꼭 잘 쓸 거야. 제발 부탁한다."

리성은 자기를 기숙사에 가두고 고통스레 연필을 들었다. 그는 천명을 위해 자신의 감정을 죽이려고 했다. 하지만 오단을 사랑하고 있는 리성에게 이는 얼마나 잔혹한 징벌이며 감정 배반인가!

오단은 리성이 쓴 연애편지를 여섯 통이나 받았다. 어느 날 오단은 끝내 그 열정에 넘치는 편지에 매혹되어 천명에게 이런 쪽지를 넘겼다.

저녁 8시 영화관 앞에서 만나자.

그날 저녁 천명은 오단을 만나고 와서 흥분으로 마구 들떠 있었다. 그는 어떤 일이 있어도 리성과 술 한잔을 하고 싶다면서 시내로 끌고 나갔다.

"형이 편지를 얼마나 잘 썼는지 오단인 그걸 받고 깊이 감동되었대. 속되지 않고 진지한 사랑으로 넘쳤대. 형은 참말로 필력이 좋아…"

리성은 그 말을 듣고 그저 웃어넘길 수밖에 없었다. 천명은 리성에게 꼭 이 비밀을 영원히 지켜달라고 부탁했다. 그리고 자기를 도와 좋은 일을 끝까지 해달라고 했다. 돕기 시작한 일은 끝까지 해야 할 것이 아니냐고 말이다.

　　　　　　　　　　　중국과 한반도의 미래

대학교 입학시험에서 천명과 오단은 모두 낙방이 되었다. 하지만 리성은 합격선에 들었다. 그런데 리성은 신체검사에서 합격이 되지 않아 대학에 가지 못했다. 리성은 너무 낙심하지 않았다. 그는 길가에서 잡화를 팔았다.

오단과 천명이 약혼식을 하게 될 즈음, 그들은 리성을 불러 함께 술을 마시자고 했다. 그날 술을 과음한 리성은 취중에 그만 자기도 오단을 사랑했노라고, 그 편지는 자기의 마음을 다 바쳐 쓴 것이라고 말했다. 그러고는 울었다.

결국 오단은 천명과 약혼을 단호히 거절했다. 연애편지란 마음을 주고받는 것인데 천명인 남을 시켜 편지를 쓰게 했으니 이는 기만이란 것이었다.

"난 정말 리성도 오단을 사랑하고 있는 줄 몰랐어. 정말이야!"

오단은 아무런 주저도 없이 리성을 사랑했다. 1990년 가을, 결국 오단과 리성은 결혼했다. 결혼 준비를 위해 천명은 앞뒤로 뛰어다니며 바삐 보냈다. 결혼연회에서 천명은 정신없이 술을 마시고 곤죽이 되어 너털웃음을 웃으며 그곳을 떠났다…

천명은 사랑이란 자연스러워야지 억지로는 안 된다는 것을 알고 있었다. 하지만 리성과 오단이 서로 사랑하는 모습 앞에서 그는 여러 번 절망과 회의를 느꼈다. 그래서 때론 리성을 증오하기까지 했다. 하지만 그는 리성이도 자기와 오단이 서로 사랑을 속삭일 때 이런 고통을 씹어 삼켰다고 생각하니 맘이 가라앉았다. 리성의 아버지는 아들이 천명의 미혼녀(약혼녀)를 빼앗았다고 생각하여 홧김에 아들의 뺨을 때렸다. 하지만 리성은 아무런 해명도 하지 않았다. 아버지가 어찌 그들 사이에 있는 그 모든 사연을 알 수 있으랴!

다행히 천명이 책임 있게 해명하고 그 긴긴 이야기를 해드렸다.

"아버지, 노여워 마세요. 리성 형과 오단이 서로 사랑한다면 동생 된 나도 아주 기쁘고 행복합니다. 더욱이 나의 목숨을 구해준 게 리성 형이 아닙니까?"

리성의 아버지는 그래도 천명이 똑똑한 애니 그렇지 어쨌든 제 아들은 나쁜 자식이라고 욕했다. 천명은 이런 감정의 소용돌이에서 하루속히 헤어 나오려면 어서 여자친구를 사귀는 것이 방법이라고 생각했다. 하지만 누구도 그의 맘속에 자리 잡은 오단을 대신할 수 없었다. 의정이란 처녀도 예쁘고 귀여운 애였지만 늘 이유 없이 천명의 냉대를 받고는 결국 천명과 갈라졌다. 그녀는 천명이 신경병이 있는 게 아니냐고 의심했다.

천명이 잔칫날 술에 취해 연회석을 뛰쳐나간 후 그대로 쓰러져서 정신 없이 오단의 이름을 불렀다는 말을 듣고 리성의 맘은 칼로 에이는 듯 아팠다. 리성은 붉은 꽃을 단 신랑 모습 그대로 천명이네 집에 달려가 쓰러진 천명을 부축했다.

"리성 형, 어서 가봐. 나 괜찮으니까."

천명은 가까스로 평온한 표정을 지었지만 리성은 "내 동생!"하고 한마디밖에 하지 못했다. 첫날밤, 리성은 실패했다. 아무리 오단이 부드럽게 그를 위로했지만, 그는 자기가 오단과 한자리에 누운 것마저 죄악처럼 느껴졌다.

그 후 천명은 리성이의 집에 놀러 왔지만 언제나 두 사람이 다 있을 때 와서는 조금 앉아 있다 가버리곤 했다. 오단도 천명에게 여자들을 소개해 주었다. 하지만 그는 얼마 사귀어 보지 않고 머리를 흔들었다. 리성이와 오단의 딸 비비가 한 돌이 다 되어갈 때도 천명은 여전히 총각이었다. 어느 날 리성은 천명에게 이렇게 말했다.

"천명, 네가 지금도 이렇게 혼자로 지내니 난 어디다 얼굴을 두면 좋을지 모르겠다."

"리성 형, 그렇게 생각하지 마. 내가 이렇게 지내는 것은 형과 아무 상관 없어. 혼인이란 억지로 구해서 얻어지는 게 아니잖아. 난 형의 맘을 다 알고 있어. 하지만 그렇다고 어찌 내가 사랑하지 않는 여자와 결혼하겠어. 그러면 그 여자한테도 상처가 아니고 뭐야. 형, 우리는 좋은 형제지간이지? 절대 맘 놓으라고, 이제 2년만 있으면 난 꼭 장가갈 것이니 걱정하지 마."

리성은 그런 천명에게 다른 말을 더 할 수가 없었다. 오단도 천명이 혼자 있는 게 심리상 큰 부담이 아닐 수 없었다. 천명은 이 모든 것을 감지하고 자신의 이런 끊을 수 없는 미련은 리성에게나 오단에게 모두가 무형의 상처라는 것을 시인하지 않을 수 없었다. 그래서 그는 하루속히 분발해서 새롭게 시작하기로 결심했다.

마침 그때 오단이 친정 나들이를 가게 되었다. 그러자 리성은 천명을 불러다 이야기를 나누고 싶었다. 그들은 이야기하다 저도 모르게 술 얘기가 나왔고 그래서 술을 마셨다.

"어쩌다 둘인데 오늘 저녁 취하게 마시자꾸나."

"그래, 실컷 마시자!"

그런데 술을 마시기 시작하자 그들은 말이 없어졌고 그렇게 침묵이 흐르다가 리성이 울기 시작했다. 아무 말 없이 우는 리성을 보자 천명은 속이 끓었다. 이때 리성의 아버지가 들어왔다.

"애, 너 술을 너무 많이 마셨구나."

"아버지, 상관 마세요. 오늘 저녁 난 천명과 취할 때까지 마시기로 했어요. 천명아. 우리 오늘 저녁 사발로 마시자."

그러고는 과연 사발에다 술을 가득 부었다. 리성과 천명은 사발을 마주치곤 들이켰다.

"천명아, 우린 의좋은 형제가 맞지?"

"그래."

그런데 갑자기 리성이 그 자리에 푹 고꾸라지며 인사불성이 되었다. 천명은 취한 술이 삽시에 깼다. 그는 인사불성이 된 리성을 안아 일으켰다. 천명과 리성의 아버지는 위급한 리성을 부랴부랴 병원으로 호송했다. 하지만 병원인들 숨지는 사람을 만류할 수 있으랴. 병원으로 가는 길에서 리성은 겨우 띄엄띄엄 이렇게 말했다.

"천명… 동생, 오단과 비비를… 동생에게 맡겨… 너도 오단을 사랑하니까…"

리성은 심장마비로 저세상 사람이 되었다. 오단은 하늘땅이 캄캄했다. 천명도 비통하기 그지없었다. 하지만 죽은 사람은 땅에 묻혀야 했고 산 사람은 살아가기 마련이었다. 리성이 천명이와 함께 술을 마시다가 목숨을 잃었으니 오단은 천명이 원망스럽지 않을 리 없었다.

하지만 그렇다고 두 사람 사이를 알고 있는 오단은 천명이 리성을 해치려고 그런 건 아니라고 믿을 수밖에 없었다. 리성의 아버지는 오단에게 "이젠 리성은 갔다. 이 늙은것이 눈물을 감추는 것도 네가 너무 비통해할까 감출 수도 없구나. 살아갈 길이 아직은 먼데 어떻게 홀로 지내겠니? 천명이가 좋은 애니까…"라고 하고는 말끝을 잇지 못했다.

"아버지, 리성은 갔지만 저는 아버지께 효도하면서 비비를 키우며 살겠어요…"

리성의 아버지는 또 천명에게 가서 권했다.

이렇게 리성이 가고 2년 후인 1994년 9월 천명은 리씨네 집의 신랑이 되었다. 천명은 좋은 남편과 좋은 아버지가 되려고 노력했고 그 의무를 다하려고 노력했다. 그런데 오단은 아직도 옛 혼인의 환각 속에서 헤어 나오지 못하고 있었다. 어떤 남자도 아내 전남편의 허울이 되는 걸 달가워하는 이는 없을 것이다. 오단은 객실에도 침실에도 리성과의 결혼사진을 그대로 걸어두고 있었다.

어느 날 천명이 오단에게 그 사진을 이젠 우리의 결혼사진으로 바꾸면 안 되겠느냐고 물었다. 하지만 오단은 동의하지 않았다. 천명은 오단과 부부가 되었지만 자기의 위치를 찾을 수가 없었다.

1996년 비비는 5살이고 천명과 오단의 자녀인 남남이가 2살 되던 해, 오단은 끝내 천명에게 떠나고자 하는 마음을 전하게 된다. 천명은 혼신의 애정으로 오단을 사랑했지만 오단의 이해를 받지 못하고 있었다. 그는 여태껏 오단의 사랑을 기대했다.

법관의 말은 오단의 마음을 깨우쳐 주었다. 그녀는 법원을 나오자마자 천명의 회사를 찾아갔다. 하지만 천명은 없었다. 회사의 직원이 그녀에게 천명의 편지를 전해주었다.

오단, 만약 당신이 어느 날 나를 새롭게 마주할 수 있을 때면

내 다시 당신 앞에 나타나겠소…

너무도 짧은 편지였다. 오단은 비 오듯 흐르는 눈물을 멈출 수가 없었다… 두 남자의 관계 속에 일관된 태도였던 여자 오단. 그녀는 끝내 두 차례의 혼인에서 현실을 직시해야 한다는 것은 무엇을 두고 하는 말인지를 뒤늦게야 깨달았다.

하긴 천명이 자처해서 판결을 기다리는 맘이나 오단이 감히 기소하는 것이나 모두 그들 영혼의 거울을 볼 수 있고 모두 충성스러운 사람들임에는 틀림이 없지만 말이다…

〈동양(중국)식 결투〉

서양에는 사랑하는 한 여자를 두고 두 남자가 서로 결투를 벌여 이기는 쪽이 여자와 결혼하는데, 동양에서 한 여자를 두 남자가 사랑하면 여자가 한 남자를 선택하여 결혼하고 다른 남자는 평생 독신으로 산다. 이것이 동양(중국)식 결투다.

중국과 한반도의 미래

2장

—

혈육의 정(情),
온기 가득한
이야기 속에는

중국의 가족문화는 유교라는 틀에서 수천 년을 걸쳐 형성된 문화다. 유교 사상가인 공자와 맹자는 중국의 가족문화 발전을 위해 삼강오륜 (三綱五倫)이라는 사상을 제시했고, 이러한 사상적 배경을 바탕으로 중국은 다양한 민족의 특징을 융합해 그들만의 독특한 가족문화를 형성해 왔다. 중국은 전통 가족문화를 통해 경로(敬老)와 화목한 가족을 이상적으로 여겼고, 이러한 이상은 중국 사회를 보수적이며 종속적인 경향성을 띠게 하였다.

　　그렇다면 구체적으로 유교가 중국의 가족문화 형성에 어떠한 영향을 미쳤고, 현대에는 어떤 변화 과정을 거치며 계승 발전하게 될까?

공자의 가르침,
중국 가족문화의 근본

　　　　　　　　유교는 중국 철학자인 공자(孔子, B.C.551~B.C.479)의 가르침에 기초하고 있다. 그의 가르침은 인(仁), 의(義), 예(禮), 지(知)와 같은 개인의 덕목 함양과 더불어 사회적 화합과 윤리적 지도자 양성의 중요성을 강조하였다. 공자는 개인이 고전을 공부하고 의식을 행하며 자신의 인격을 계발함으로써 도덕적 완성을 이룰 수 있다고 믿었다.

유교는 한나라 시대에 중국의 지배적인 철학 및 윤리 체계가 되었으며 이때 공식적으로 국가 이데올로기로 채택되었다. 한나라 황제는 관리를 선발하기 위해 유교 경전에 대한 지식을 테스트하는 과거 시스템을 구축했다. 이 시스템은 1,000년 이상 유지되었고 중국 사회에 지대한 영향을 미쳐 국가의 정치 사회 구조를 형성했다.

유교는 또한 중국에서 가족과 사회관계를 형성하는 데 중요한 역할을 했다. 효도, 연장자에 대한 존경, 사회계층과 같은 유교적 가치는 가족, 교육 및 일에 대한 중국인의 태도에 영향을 미쳤으며 교육과 사회적 조화에 대한 강조는 중국 사회에서 학업 성취도를 중요시하는 데 기여했다.

특히 효도(孝道)는 중국 문화와 전통에 깊이 뿌리내린 개념이다. 이것은 중국 사회에서 개인의 행동과 사회적 상호 작용의 핵심 가치 중 하나로 널리 인식되어 왔다. 효는 유교에서 유래한 개념으로 개인의 도덕적 덕목 함양의 중요성을 강조하는 가운데 효도는 가장 기본적인 덕목으로 여겨진다. 고대 중국 사회에서 효는 가족제도와 밀접하게 연결되어 부모와 자식, 형제자매 및 기타 친척 간의 관계를 지배했다.

이처럼 중국에서 연장자에 대한 존중과 효 문화가 정착된 데에는 그들의 가족 형태에서 기인한 측면이 크다. 중국은 전통적으로 한 지붕 아래 여러 세대가 함께 사는 관습이 있었다. 이 관습 때문에 사촌들은 형제처럼 자랐고, 실제로 중국인들은 어린이를 특정 부모의 자식이라기보다는 주로 같은 연령대나 세대의 구성원으로 여겼다. 한 가정의 많은 아이들은 연장자의 보살핌 아래 세상을 배워나갔고, 이러한 전통은 농촌의 농업 기반 경제적 여건에서 대가족이라는 긴밀한 협력 단위가 필요했기 때문에 자연스럽게 만들어졌다. 중국은 수천 년간 이러한 집단 가족제도를 바탕으로 형성되어져 왔기에 생활윤리 규범인 유교에서도 어른에 대한 공경과 아랫사람에 대한 사랑을 강조했고 가까운 가족 간의 끈끈한 유대관계를 유지할 수 있었던 것이다.

특히 집단 가족제도에서 효의 실천은 사회의 안정과 질서를 유지하는 방법이었으며 중국인의 도덕적, 윤리적 가치관에 깊이 뿌리 박혀 있었다. 조상숭배와 같은 효와 관련된 의식과 풍습은 대를 이어 전승되어 오늘날에도 널리 행해지고 있다.

개혁개방,
중국 가족문화의 변화

그런데 일각에서는 이러한 중국의 혈연 중심적 생활양식과 가치관이 자국 내에서 근대자본주의가 발전하지 못하게 만든 배경이 되었다는 주장도 있다. 중국인은 가족 중심 관념 때문에 사랑에 차별을 두었으며 이러한 영향으로 교역이 아주 공평하게 이루어질 수 없었고, 완전하게 개방될 수도 없었다는 것이다.

물론 중국의 가족문화가 시장경쟁을 기초로 하는 자본주의에는 약점으로 작용할 수도 있었다. 자유롭게 차별 없는 공평한 경쟁을 통해 사회경제적 관계가 형성되는 자본주의와 중국의 가족문화는 상이한 측면이 크기 때문이다.

하지만, 중국도 문화대혁명을 거치고 개혁개방 이후 가족문화에 큰 변화를 겪는다. 특히 도시의 가족은 전통사회 가족과 다르게 급격히 단절되었다는 견해도 있다. 가족생활의 형태에서도 핵가족의 비율이 급속히 증가해 부부 중심의 가족관계가 정착되고, 여성도 가족 내에서 많은 권리를 획득했다는 것이다. 이에 반해 농촌에서는 아직도 중국 고유의 가족문화가 존재하며 남편의 노부모에 대한 부양이 일반적인 형태다.

중국은 '관계(關係)'의 사회라고 할 수 있는데, 사회에서 존재하는 개인은 각종 '관계(關係)'를 통해서 인간관계망을 형성하여, 관계 속에서 사회질서가 생긴다. 특히 도시와 농촌 간 가족관계는 매우 다르게 나타난다. 도시에서는 더욱 서구적인 핵가족 형태가 많은 반면, 농촌에서는 부모 봉양의 규범이 존재하고 가족이 생산 단위이자 활동 단위로 여전히 자리 잡고 있다.

2장에서는 가족 사이에서 벌어지는 삶의 애환과 중국인 특유의 끈끈한 유대관계를 잘 보여주는 이야기를 담았다. 유교 문화의 토대에서 중국인들의 부모를 공경하고 사랑하는 마음, 자녀를 위해 어떠한 희생도 아끼지 않는 다양한 이야기를 통해서 혈육의 정이 얼마나 위대하고, 가족의 가치가 얼마나 아름다운지 다시금 깨닫게 한다.

중국과 한반도의 미래

아버지와 딸

    장춘시에서 용정 시골에 지식 청년으로 내려온 신철은 그 마을의 예쁜 처녀 미옥이를 사랑했다. 미옥이도 쾌활하고 남자다운 신철을 사랑했다. 사랑했던 청춘남녀는 얼마지 않아 결혼했고 딸 신미를 보았다. 서로를 깊이깊이 사랑했던 그들은 각자의 이름 첫 글자를 따서 딸애의 이름을 지었다.

    개혁개방이 시작되자 신철은 심수로 떠났다. 한번 자기 능력을 시험해 보고 싶었다. 신철을 무작정 믿어주고 신철의 뜻을 따라주는 미옥은 신철의 선택을 두말없이 지지해 주었다. 신철의 재간이 뛰어난 때문인지 아니면 미옥의 믿음이 성공을 불러왔는지 신철은 5년 사이에 자그마한 자기 회사를 갖게 되었다. 신철은 기뻤고 미옥이도 기뻤다. 그런데 어느 날 미옥이가 갑작스레 이혼을 제기할 줄이야.

    “이유가 뭐요?”
    “당신이 싫어졌기 때문이에요.”
    “다른 남자가 있는 게 아니요?”
    “좋도록 생각하세요. 신미는 당신이 가지세요. 재산도 싫어요. 집도 싫고요. 그저 제 옷만 가지고 이 집을 나가겠어요. 신미를 잘 키워주세요."

신철이가 아무리 꿇어앉아 빌어도, 신미가 어머니 목에 매달리며 그렇게 애달프게 울어도 미옥은 한번 먹은 마음을 굽히지 않았다. 결국 신철이와 미옥은 이혼하고 말았다.

신철이와 신미는 미옥이가 자기들을 배반하고 버렸다고 믿었다. 신철이는 미옥이가 자기 곁을 떠나갔다는 것이 암만해도 믿어지지 않았다. 그 어느 날 미옥이가 문득 찾아올 것만 같았다. 그래서 그는 미옥이가 있었을 때의 집 꾸밈새를 조금도 고치지 않고 고스란히 그대로 두고 있었다. 신미는 어머니가 한없이 미웠고 아버지가 못 견디게 불쌍했다. 어머니 없는 신미를 신철이는 더 끔찍이 사랑했다.

1년 후 어느 날 신미는 거리에서 우연히 어머니를 보았다. 그 사이 어머니의 머리는 새하얗게 세 있었다. 파파노인처럼 돼버린 어머니를 보는 순간 1년 동안 내내 키워온 미움은 가뭇없이 사라지고 말할 수 없는 연민의 정이 신미의 가슴을 못 견디게 했다. 어머니는 신미를 발견하지 못하고 있었다. 신미는 가만히 어머니 뒤를 밟았다. 어머니는 병원으로 들어갔다. 어머니가 진찰실에서 나오기를 기다려 신미는 진찰실로 들어갔다.

"안녕하세요. 말씀 좀 물읍시다. 금방 나간 환자가 무슨 병에 걸렸어요?"

"환자와 어떻게 되는 사이인데?"

"딸이에요."

"그 환자는 백혈병이요. 이제 걸린 지 1년 반이나 되는데 집에서 모르고 있었소?"

순간 신미의 머리는 몽둥이에 얻어맞은 듯 멍했다.

'어머니가 백혈병에 걸린 지 1년 반이니, 그럼 이혼하기 전에 걸린 거란 말인가, 어머닌 아버지와 나 때문에 이혼한 거구나. 아니, 어머닌 백혈병이 아닐 거야. 아니야.'

신미는 어떻게 아버지 회사로 찾아갔는지 몰랐다.

딸한테서 자초지종을 듣고 난 신철은 자기의 머리를 잡아 뜯었다. '나처럼 못난 남편도 있을까, 아내가 병에 걸린 것도 모르고 있었다니. 미옥은 나를 위해 이혼한 거였구나!'하며 자책했다.

신철이와 신미는 그길로 미옥을 찾아갔다.

"어머니, 왜 여태껏 우릴 속였어요, 네? 말해봐요."

신미는 어머니 품에 와락 안기며 목 놓아 울었다.

"여보, 당신한텐 미안하오."

신철이가 미옥 앞에 무릎을 꿇었다.

"그런 말씀 마세요. 저 스스로 선택한 길이니깐요. 제 병 치료를 하게 되면 당신은 파산할 거예요. 가망도 없는 병 치료에 가산을 탕진할 게 있어요. 그러면 당신과 신미는 어떻게 살겠어요?"

"아니, 난 당신이 없으면 안 되오. 신미한테도 당신이 있어야 하오."

"여보. 고마워요. 제 병은 제가 알아요. 이젠 전 고향 용정에 돌아가겠어요. 고향에 돌아가 묻히고 싶어요."

"제발 돌아가지 마오. 우리 한번 병을 치료해 보기로 해요. 꼭 치료할 수 있을 거요. 천진 혈액 중심병원에 가서 치료하면 나을 수 있을 거요."

"당신도 참 쓸데없는 돈을 쓰려고 하는군요."

"어쨌든 당신은 돌아가선 안 되오. 절대 보내지 않을 거요."

그날부터 신철이는 미옥의 병 치료를 위해 좋다는 약을 다 구해왔고 용하다는 의사는 다 찾아갔다. 천진 혈액 중심병원에도 찾아갔지만, 의사들은 너무 늦었다며 머리를 흔들었다. 그래도 신철은 희망을 버리지 않고 뛰어다녔다.

회사 일은 아예 돌보지 않았다. 미옥은 사흘에 한 번씩 피를 수혈해야 했다. 점차 집 재산은 거덜이 났고 회사도 파산되어 갔다. 그런데도 미옥의 병은 낫기는커녕 위중해지기만 했다. 결국 그녀는 파산에 직면한 남편과 귀여운 딸을 남겨두고 영영 눈을 감았다. 백혈병에 걸린 지 꼭 4년 만이었다.

신철에게는 집 한 채밖에 남지 않았다. 미옥의 체취가 남아 있는 집이었다. 신철은 어떠한 일이 있어도 그 집만은 팔 수 없었다. 신철은 빈집에 우두커니 앉아 미옥을 그렸다.

'미옥이, 어쩌면 그렇게 무정하게 날 혼자 두고 갈 수 있소. 죽어도 같이 죽고 살아도 같이 살자고 맹세하지 않았소. 당신 참 신용 없는 여자야. 약속을 어기다니. 신미가 불쌍하지 않소? 미옥이, 미옥이도 고독하오? 난 정말 고독하오. 미옥이가 그립소. 당신도 내가 그립소? 제발 돌아와 주오…'

어머니를 잃은 신미는 자신이 한없이 불쌍하게 여겨졌다.

'어머니, 무정한 어머니, 어쩌면 아버지와 나를 두고 그렇게 가실 수 있어요? 이 딸이 미워서인가요? 보고 싶은 어머니, 불쌍한 어머니.'

신미는 흐느끼며 하염없이 어머니를 그렸다. 하지만 어머니 사진을 앞에 놓고 우두커니 앉아 있는 아버지, 식사도 하지 않고 종일 그리움과 슬픔에 젖어 있는 아버지를 보자 자기보다 아버지가 더 불쌍하단 생각을 했다. 어떻게 하면 아버지를 슬픔에서 해방되게 할 수 있을까. 이대로 놔두면 아버지마저 잃을 것 같았다. 어머니를 잃어 이미 한쪽 날개가 부러진 신미는 아버지마저 잃을 수 없었다. 그녀는 드디어 아버지를 구할 생각을 했다.

신미는 그길로 홍철이를 찾아갔다. 심수에서 내로라하는 부잣집 도련님인 홍철이는 신미를 죽자 살자 따르고 있었다.

"이봐요, 홍철 씨, 우리 결혼해요."

그 말에 홍철이는 눈이 휘둥그레져서 자기 귀를 의심했다. 여태껏 그렇듯 사랑 공세를 들이대도 들은 척 않던 신미가 제 발로 찾아오다니.

"정말이요? 신미. 거짓말은 아니겠지?"

"정말이에요."

"와, 만세! 신미 만세!"

홍철이는 너무 좋아 신미를 안고 빙 돌렸다.

"그런데 조건이 있어요."

"뭔데?"

"우리 아버지 회사를 살려주세요."

그 말에 홍철이 얼굴은 굳어졌다. 한동안 머리를 숙이고 말이 없던 홍철이는 드디어 머리를 들었다.

"그러지."

"약속해요."

"그래, 약속하겠소."

집에 돌아온 신미는 아버지보고 결혼하겠다고 했다.

"넌 아직 어리다. 20살밖에 안 되는데 벌써 결혼하려느냐? 그래 그
총각이 누구지?"

"홍철 씨예요."

"너 진짜 사랑하는 거냐?"

아버지가 조심스레 묻자, 신미는 해죽 웃으며 머리를 끄덕였다.

결혼 후 홍철이는 약속대로 신철의 파산된 회사를 다시 살려냈다.
신철은 사위가 신미를 너무 사랑한 까닭에 장인의 일도 제 일처럼 생
각해 준다고 믿었다. 그런데 우연히 신미의 일기책을 보게 된 신철은
모든 것을 깨달았다.

내가 정말 효성스러운 딸인가? 아버지를 위해 맘 없는 결혼을 한
나는 지금까지 아버지 앞에서 행복한 척 꾸민다. 아무것도 모르시
는 아버지는 내 행복을 진심으로 기뻐하신다. 아버지를 속이는 딸
을 효성스럽다고 할 수 있을까. 하지만 나는 아버지 앞에서 사실의
진상을 말할 수 없다. 그러면 아버지가 얼마나 실망하고 불안해하
실까. 아버지께서 성내실 거야. 딸의 행복과 바꾼 회사를 내놓으시
려 할 거다. 강직한 아버지는 꼭 그러실 거다. 그러면 구천에 계신
어머니가 얼마나 근심하실까…

중국과 한반도의 미래

신미의 일기를 읽은 신철은 모든 것을 알게 되었다. 정말 딸한테 미안했고 사위 보기가 부끄러웠다. 이런 것도 모르고 결혼한 사위가 불쌍했다. 신미의 처사가 너무나 가슴을 후벼팠다. 어쩌면 자기 행복을 아버지를 위해 이렇게 희생한단 말인가. 조숙한 딸이 이럴 때는 오히려 얄미웠다. 되려 철딱서니 없이 놀았으면 더 마음 편할 것 같았다.

'신미야, 불쌍한 내 딸아, 네 처사가 아버지 마음을 얼마나 아프게 한다는 걸 넌 모르느냐? 딸의 행복이자 아버지의 행복이란 것을 정말 모른단 말인가. 구천에 간 미옥이가 알면 얼마나 나를 나무랄까.'

신철은 통곡했다. 무능한 자신을 저주하며 통곡했다. 조숙한 딸이 불쌍해서 통곡했다. 딸에게 속임 당한 사위가 가엾어 통곡했다. 자신을 버리고 간 아내가 야속해서 통곡했다.

그러던 며칠 후 홍철이가 신철이를 찾아왔다.

"아버님, 전 신미와 이혼하렵니다."

"자네 보기 미안하네. 내 이날이 있을 줄 알았지. 걘 나 때문에 자네를 속이고 결혼했네. 욕하려면 날 욕하게나."

"아버님, 신미는 속이지 않았어요. 그녀는 결혼할 때 이미 말했습니다. 제가 알면서도 결혼한 건 그녀를 너무너무 사랑했기 때문입니다. 결혼한 후 사랑해 주면 신미의 사랑을 얻을 수 있으리라 생각했습니다. 하지만 오산이었습니다. 지금도 전 신미를 사랑합니다. 하지만 그녀가 고통스러워하는 것을 보고 전 갈라서기로 마음먹었습니다. 사랑하는 여자에게 행복을 주지 못하고 오히려 고통을 줄 바엔 일찌감치 자유를 주는 게 낫지요."

"그 앤 철딱서니 없어 그러네."

"아닙니다. 그녀는 사랑하지 않기 때문에 그런 겁니다. 신미를 욕하지 마십시오. 모든 것은 제가 원해서 한 것이니깐요."

그들의 일을 안 홍철의 집에서는 신철의 회사를 망하게 하겠다고 펄펄 뛰었다. 그런 것을 홍철이가 나서서 말렸다. 아버지를 위해 신미는 여자한테서 제일 고귀한 정조를 바쳤는데 그 이상 우리가 그녀한테 무엇을 요구할 수 있겠느냐고 말하자 홍철이네 식구들은 모두 입을 다물었다.

이혼한 홍철이와 신미는 마지막으로 다방에 마주 앉았다.

"홍철 씨, 감사해요. 그리고 미안해요. 영원히 당신을 잊지 않을 거예요."

"그런 말 마오. 신미를 아내로 맞았던 그 순간이 있었다는 것만으로도 나는 기쁘오. 이 3년 동안 신미는 아내로서 의무를 다했소. 고맙소. 신미가 행복하길 바라오."

홍철이는 신미의 손을 꼭 쥐었다. 홍철에게 손을 맡긴 신미는 흐느꼈다.

"홍철 씨, 미안해요. 미안해요… 흑흑."

홍철이 아무리 말려도 신철은 고집스레 회사를 처분했다. 그 돈으로 홍철이 대신 물어준 빚을 그대로 갚았다.

아버지와 딸은 행복과 슬픔을 준 도시 심수를 떠나 새로운 생활을 개척하기로 했다. 신미는 해외 유학의 길을 택했고 신철은 동북아에 가서 무역업을 하기로 했다.

아버지와 딸 앞에 또 어떤 운명이 기다리고 있을까?

잘못 걸린 전화

그해 11월 3일은 일요일이었다. 나는 갓 발급한 보조금을 주머니에 간직하고 신바람이 나서 우전국(우체국)으로 뛰어갔다. 나의 심정은 한시바삐 수화기를 잡고 내가 '우수 병사'가 된 기쁜 소식을 어머니에게 전하지 못하는 것이 한스러울 지경이었다. 곧 나는 가장 빠른 속도로 260010을 눌렀다.

"여보세요!"

수화기 저쪽에서 다정한 중년 부인의 목소리가 전화선을 타고 내 귀에 전달되었다.

"어머니, 안녕하세요!"

나는 수화기에 대고 기쁨에 겨워 소리쳤다.

"펑아, 펑아…"

갑자기 나는 멍해졌다. 펑이는 누구이고 이 중년 부인은 누구인가? 내가 전화번호를 잘못 눌렀는가? 나는 일부러 말끝을 길게 늘어놓았다.

"당신은…"

"펑아, 어머니다! 왜 반년밖에 안 지났는데 벌써 어머니 목소리마저 잊었나? 펑아, 여태껏 네 소식을 몰라 이 어머닌 애간장이 다 탈 뻔했단다…"

수화기에서 나지막한 흐느낌 소리가 울려 나왔다. 하지만 그 여인은 나에게 말을 붙여 볼 틈도 주지 않고 횡설수설 그리움만 토해냈다.

"펑아, 이 반년간 너는 몹시 바빴지? 저번 날 나는 병에 걸렸는데 종일 네 생각만 했단다. 아버지더러 네게 전보를 띄우라고 했더니 네 아버지 말이 네가 병원에 누워 있는 엄마를 보면 상심할 거라고 또 오느라면 사업에 영향이 있으니 병이 나을 때까지 참으라는 바람에 그만두었단다. 펑아, 난 지금 병이 다 나아 퇴원했단다. 그러니 꼭 한번 왔다 가거라, 응? 어머니는 네가 보고 싶어 죽겠어…"

나는 몇 번 입을 벌렸다가 아무 말도 못 하고 말았다. 나는 이 어머니의 심정을 알고도 남았다. 그녀의 아들도 나처럼 군인이고 반년간이나 집에 소식을 전해주지 못한 것이었다. 나는 아들을 그리는 어머니의 심정을 생각하며 저도 모르게 다정한 목소리로 말했다.

"어머니, 지금 우리 부대는 긴장한 훈련단계에 들어갔어요. 이 고비가 지나가면 꼭 한번 집에 가보겠어요."

그녀는 기뻐서 어쩔 바를 몰라 하는 것 같았다.

나는 이 통화를 어떻게 끝내면 좋을지 몰랐다. 나는 겨우 "어머니, 안녕히 계셔요. 이후 달마다 어머니에게 전화를 드릴게요."하고 한마디 했을 뿐이다. 전화비를 물을 때 보니 내가 금방 통화한 전화번호는 290010이었다.

그 후 나는 매달 그 '어머니'에게 전화하는 걸 잊지 않았다. 차츰차츰 나는 그녀의 아들 이름이 펑이며 집에 있을 때면 기타를 안고 노래를 부르기를 즐긴다는 것과 부대의 문예 골간(문화예술 인재)이라는 것들을 알게 되었다. 그런데 그 펑이는 지금 어느 부대에 있을까? 왜 반년이나 집에 소식을 전하지 않았을까? 그 '집'은 또 어디에 있을까? 나의 머릿속에는 풀 수 없는 의문들이 가득 남아 있었다.

또 한 달이 지나갔다. 나는 약속한 대로 그 '집'에 전화를 걸었다.

"여보세요!"

난데없는 남성의 목소리가 들려왔다. 나는 말하기 거북하여 "저…한 가지 물어봅시다…"하고 우물거렸다.

"여보세요, 당신은 누구십니까?"

수화기 저쪽에서 시끄럽다는 듯 소리를 질렀다.

"미안합니다. 전화를 잘못 걸었는가 봅니다."

나는 그 소리에 위축되어 다급히 수화기를 놓으려 했다. 그때 수화기 저쪽에서 다급한 외침 소리가 울려 나왔다.

"가만, 당신은…"

보아하니 그 남성은 뭔가 짚이는 데가 있는지 목소리가 한결 부드러워졌다.

"미안합니다. 저는 펑이의 아버집니다. 당신이 매달 펑이 어머니에게 전화를 걸었습니까?"

"네, 당신들 가정엔 도대체 무슨 일이 생겼습니까? 펑이는 지금 어디에 있습니까? 무엇 때문에 그는 집과 연락이 없습니까?"

나는 수많은 의문을 한꺼번에 터트려 놓았다.

원래 펑이는 그들의 외자식이었는데 입대하여 두 달 만에 그의 어머니가 백혈병 말기 진단을 받았다고 한다. 그런데 화는 홀로 오지 않는다고 입대한 지 반년 만에 펑이가 홍수막이 전투에서 그만 19살이란 어린 생명을 끝마치게 되었다.

"펑이는 줄곧 아내의 정신적 기둥이었습니다. 조금이라도 더 살아서 한 번이라도 더 아들의 얼굴을 보기 위하여 아내는 병마와 완강히 싸웠습니다. 그런데 내가 어떻게 펑이의 죽음을 알린단 말입니까…"

여기까지 말하고 굳세고 단단하던 부친은 울음에 잠기고 말았다.

"저, 어머니더러 전화를 받게 해주세요!"

어느새 나의 두 눈에서는 눈물이 샘솟듯 솟구쳤다.

"그 사람은 엊저녁에 병이 재발하여 병원에 실려 갔습니다. 혼수상태에서 깨어나자 첫 마디가 나더러 빨리 집에 돌아가 아들의 전화를 기다리라는 것이었습니다…"

나는 너무나 큰 슬픔에 목이 꺽 막혔다. 한참 후에야 나는 울먹거리며 말했다.

"어머니께서 퇴원하면 제가 또다시 전화를 걸겠습니다."

가련한 소녀의 깨어진 꿈

화화는 불행한 소녀였다. 7살 때 소아마비로 오른쪽 다리는 불구가 되었다. 하지만 그녀는 힘겹게 산길을 오르면서 소학교를 마치고 중학교에 진학했다. 열심히 공부한 그녀는 학급 성적이 우수하여 선생님의 칭찬을 한 몸에 받고 있었다.

1991년 봄, 화화는 현에서 개최하는 물리 경연에 참여할 수 있는 자격을 얻게 되었다. 그녀는 밤낮으로 복습에 들어갔다. 그런데 뜻밖의 불행이 그녀에게 닥쳤다. 어느 날 저녁 늦게까지 공부하던 그녀는 등잔불을 앞에 놓고 그대로 엎드려 잠들었다.

그런데 그만 등잔이 넘어지면서 그녀의 얼굴에 불이 붙었다. 집 식구들이 비명을 듣고 달려왔을 때는 화화는 이미 온 얼굴이 형태 없이 타버린 뒤였다. 불구인 그녀에게 있어서 이번 물리 경연이 얼마나 큰 위안이었던가! 그런데 그 꿈도 깨졌거니와 얼굴까지 망가진 그녀는 그만 생활의 용기를 잃고 말았다. 몇 번이나 죽으려고 했지만 밤낮으로 혈육들이 그녀 곁을 지켜주어 그녀는 어쩌지 못했다.

"화화, 고난은 하늘이 내려준 거다. 누구에게나 고난이 없는 사람이 없다. 우린 누구나 그런 인생을 말없이 묵묵히 걸어가야 하는 거다."

어머니와 친인들이 타이르며 말했다. 16살 때에 화화는 더는 공부를 계속할 수 없어 학교를 떠나 산골 집으로 영영 돌아오고야 말았다. 같이 공부하던 동창들이 늘 그녀를 보러 왔으며 번번이 그녀에게 책을 가져다주었다. 화화에게 동생이 둘이나 있었지만 부모는 의연히 화화를 특별히 사랑해 주었다. 화화는 더는 눈물을 흘리지 않았다. 얼굴이 훼손되고 다리는 불구였지만 그녀는 새롭게 생활을 시작하고자 노력했다.

이듬해 가을이었다. 소학교에 다니는 동생이 학교에서 잡지 한 권을 가져왔는데 그 잡지에 친구 찾는 광고(펜팔)가 실려 있었다. 그녀는 그것을 보는 순간 가슴이 뛰었다. 고독하고 단조로운 자기 생활에 뭔가 색다른 위안을 받고 싶었다. 그녀는 아무도 모르게 그 잡지사에 편지를 띄웠다.

그 잡지는 전국각지에 널리 발행되는 영향력 있는 잡지였다. 그 때문에 친구를 찾는 범위도 그만큼 넓었다. 화화는 이렇게 그 넓은 교우망 속으로 발을 들여놓게 되었다. 잡지사에서는 화화에게 교우 명단을 보내왔다. 화화는 그 명단 속에서 왕강이란 남자애를 선택했다. 왕강은 남방의 어느 자그마한 집에서 살고 있는 문학청년이었다. 낭만적이고 호방한 왕강은 한창 20세 청년의 아름다운 꿈을 가꿔가고 있었다. 시를 쓰기 좋아하는 그는 큰 시인이 되는 것이 꿈이었다. 화화의 편지를 받은 그는 금방 격정이 끓어올라 화화에게 회답 편지를 썼다.

시를 쓸 줄 모르는 화화는 읽어도 무슨 뜻인지 알 수 없는 시는 시가 아니라고 우겼고 왕강은 시란 원래 그런 것이라고 우기면서 편지로 한동안 논쟁하다가 끝내는 왕강이 투항했다. 그는 화화에게 "이제부터 우리 매주에 편지 한 통씩 서로 보내기요. 그래서 앞날 우리 함께 두 곳에서 쓴 편지를 책으로 출판하기요."라는 약속을 보내왔다.

그때부터 화화의 하늘은 파랗고 맑았다. 오고 가는 편지는 그녀의 구겨진 맘을 살뜰히 펴주었다. 비록 장애가 있는 소녀였지만 맘까지 불구인 것은 아니었다. 불안하던 마음도 어느덧 사라졌다. 서로 편지로만 통하고 있으니 서로 만나볼 걱정도 없고, 다리가 불구인 것도 얼굴이 훼손된 것도 더는 걱정할 필요가 없었다. 그녀는 자기 삶과 아름다운 꿈을 모두 그 편지 속에 담아 쓰고 또 썼다.

화화가 사는 집 동남쪽에는 산이 있었는데 그 산꼭대기에 벼랑 하나가 있었다. 화화는 동네 늙은이들에게 그 벼랑의 이름이 뭐냐고 물었다. 이름이 없다는 대답을 듣고 화화는 못내 기뻐했다. 그녀는 그 벼랑 이름을 '낭군 벼랑'이라고 달고는 동네 어린애들에게 가르쳐 주었다. 화화는 이렇게 동남쪽의 그 벼랑에 아름다운 소망을 담고 남모르게 그 벼랑에서 기적이 일어나기를 기다렸다.

화화는 이런 환상적인 행복 속에 빠져 시간이 가는 줄도 모르고 지냈지만, 어느덧 1년이란 시간이 흘렀다. 1994년 봄, 화화는 왕강의 편지를 받고 갑자기 우울해졌다. 왕강은 화화와 사귀면서 벌써 멋진 총각의 모습을 담은 사진을 여러 장 보내왔다. 그는 먼 곳에 있는 처녀의 모습을 진작 보고 싶었다. 하지만 번번이 화화가 완곡하게 거절하는 바람에 그 소원을 이루지 못하고 있었다.

화화는 나와 상봉하는 날 나에게 크나큰 기쁨을 주려고 감추는 게

아니요? 화화의 그 아름다운 글에서 나는 진작 화화의 모습을 읽었소. 그대는 귀엽디귀여운, 아름답고 익살스러운 여자, 빨간 수건을 날리며 푸른 청산 속의 오솔길로 제비처럼 달리는 여자일 것이오. 그대는 꼭 그런 여자지? 제발 나에게 사진 한 장을 보내주오. 내가 화화를 찾아갈 때 첫눈에 알아볼 수 있게 말이요…

그 편지를 읽으면서 화화는 속이 바질바질 탔다. 교우망에 참가할 때는 단지 정신상 의지할 곳을 찾자는 것이었지 절대로 현실 생활 속의 접촉을 원하는 것이 아니었다. 그런데 왕강의 이런 편지를 받고 그저 침묵할 수도 없었다. 만약 왕강이 진실을 알게 되면 얼마나 분노할까? 자기를 속이고 편지를 보내는 이 못난 여자를 그가 용서할 수 있을까? 냉혹한 현실은 아직도 환상 속에서 놀고 있던 화화에게 선택을 기다렸다. 그런데 화화는 더욱 우둔한 결심을 내렸다. 그녀는 한마을에 있는 옥용이란 여자애의 사진을 보내주었다.

왕강은 화화가 보낸 사진을 받고 가슴이 두근두근 뛰었다. 그리고 너무도 기뻐서 어쩔 줄 몰랐다. 그녀가 이처럼 아름다울 줄이야… 크고 고운 눈, 동그스름한 얼굴, 희디흰 살결, 매끈한 몸매…

왕강은 참으로 자기와 그토록 오랫동안 편지를 주고받은 처녀가 이렇게 미인일 줄은 미처 몰랐다. 화화는 옥용이란 처녀의 사진을 보내놓고는 맘이 조금 놓였다. 화화는 자기가 왕강과 짝이 될 수 없다는 것을 알고 있기에, 그리고 이런 편지 교환은 다만 신기루와 같은 연애이기에 이렇게 남의 사진을 보내도 괜찮다고 생각했다.

또 한해가 지났다. 화화는 부모의 권고로 시집가는 것에 동의했다. 조금도 맘에 없고 가슴에 성에가 끼는 듯했지만 멀리서 온 왕강의 편지를 손에 들면 얼었던 가슴이 녹아내리는 것 같았다.

화화와 약혼한 남자가 명절이라고 미혼처(약혼자)의 집으로 부모를 보러 왔다. 신랑감은 솔직하고 고집스러우며 얼굴이 검고 키 작은 남자였다. 화화는 찾아온 신랑감과 마주 앉아 있고 싶지 않아 혼자 밖으로 나갔다.

혼자 화화의 방에 남은 그 남자는 호기심에서 화화의 이불 귀퉁이를 살며시 들춰보았는데 뜻밖에도 한 묶음이나 되는 편지와 사진이 나오는 게 아닌가. 그는 깜짝 놀랐다. 급한 김에 그 남자는 그 편지와 사진을 품속에 감추고 화화를 찾으러 나간다고 하고는 집으로 돌아갔다. 식사 시간이 되었는데도 그 남자가 오지 않자 이상하게 생각한 화화가 자기 방에 들어가 보니 편지와 사진이 몽땅 없어진 것이다. 부모들의 거듭되는 질문에 화화는 더는 숨길 수 없다는 것을 알고 모든 것을 실토했다. 부모들은 몹시 불쾌해하며 말했다.

"너 안 될 줄 뻔히 알면서도 이게 무슨 망신이니? 우리 집엔 이제껏 이렇게 남들에게 웃음거리가 된 일이 없었다."

다행히 중매꾼이 양쪽 집 사이를 오가며 잘 해명해서야 겨우 혼사는 깨어지지 않았다. 하지만 마을에서는 화화에 대해 뒷말이 분분했다.

"참, 한치 사람 속을 알 수 없다더니… 화화 같은 애가 본분을 지킬 줄 모르다니…"

이 일은 화화에게 심중한 타격이 아닐 수 없었다. 아무도 모르게 마음에 숨겨두었던 비밀이 남들에게 까밝혀지자, 소녀의 자존심은 극도로 상했다. 그녀는 자기가 이름 지은 그 '낭군 벼랑'을 찾아가서 생각하고 또 생각했다.

'나도 어려서 다리가 불구로 되지 않고 또 그런 재난에 얼굴이 훼손되지 않았더라면 오늘과 같이 이런 일이 있을 수 없지 않은가?' 그러자 눈물이 비 오듯 흘러내렸다. 그녀는 며칠 전 왕강에게서 온 편지를 손에 들고 한없이 울었다. 산바람은 그녀의 귀밑머리를 쓸어주었지만, 적막한 벼랑은 아무 말이 없었다. 화화는 끝내 결심을 내렸다. 더는 가망이 없는 이런 유희를 끝내려고 말이다.

그 후 화화는 왕강에게 보내는 편지 횟수를 줄였다. 그에게 너무 급작스러운 타격이 될까 봐 천천히 그에 대한 감정을 냉각시켰다. 그러면서도 자기의 진실한 정황에 대해서는 말하지 않았다. 허영심은 그녀가 자신의 진면모를 왕강 앞에서 실토할 용기를 잃게 했다.

그런데 그녀의 노력은 헛되었다. 왕강은 화화의 급작스러운 변화에 처음엔 어안이 벙벙해졌다. 하지만 뒤이어 그녀를 만나볼 강렬한 욕망이 생겼다. 도대체 무엇 때문인가? 도대체 그녀가 무엇을 생각하고 있는지 알지 않고서는 견딜 수가 없었다. 화화는 왕강의 결심이 담긴 편지를 받고 더욱 놀랐다. 그녀는 왕강이 자기를 찾아오는 것을 한사코 말렸다. 그러자 그녀를 만나고자 하는 왕강의 욕망은 더 확고해졌다. 화화는 어쩔 수 없이 왕강과의 편지를 중단할 수밖에 없었다.

왕강은 전보로 화화에게 1997년 정월 대보름에 화화를 보러 간다고 알려왔다. 화화는 막다른 골목에 이르렀다. 정초면 정혼이 된 처녀가 미래의 시집으로 인사 가는 것이 상례였으나 그때까지 성이 풀리지 않

은 신랑감은 그만 먼 곳으로 품팔이를 나가버렸다. 시집에 가 숨어 있
으려던 생각도 막히고 말았다.

　정월 대보름이 닥쳐왔다. 화화는 처음으로 산골을 나와 명광시장 거
리 버스 정거장에서 이틀이나 기다렸다. 자기를 찾아오는 왕강을 그곳
에서 돌려보내려고 그녀는 사방을 두리번거렸다.
　갑자기 눈에 익은 모습이 나타났다. 화화는 심장이 목구멍으로 튀어
나오는 것만 같았다. 왕강이었다. 그녀는 그 남자의 뒤를 따라 버스에
올랐다. 그리고 그의 옆자리에 앉았다. 화화는 숨을 죽이고 눈을 감았
다. 한참이나 스스로 진정한 후 그녀는 조심스레 물었다.
　"어디로 가시는지요?"
　"간계로 갑니다."
　두드러진 남방 말투였다. 과연 왕강이 옳았다. 그 남자는 화화를 한
번 흘끔 돌아보고는 이내 고개를 돌려 창밖을 내다보았다. 화화는 가
슴이 바질바질 탔다. 하지만 다시는 돌아보지 않는 그에게 어떻게 실
토한단 말인가? 천리를 마다하고 찾아온 여자가 자기와 같이 못생긴
여자인 줄 안다면… 화화는 잠시라도 그 남자의 마음을 깨고 싶지 않
았다. 버스가 간계에 도착하자 두 사람은 모두 차에서 내렸다. 화화는
다시 기회를 타서 물었다.
　"주영으로 가는 게 아닙니까?"
　왕강은 놀랍게 그녀를 돌아보며 물었다.
　"내가 주영으로 간다는 것을 어떻게 아오?"
　화화는 억지로 웃음을 지으며 말했다.

"전 화화의 친구인데… 그 여자를 찾아가지 마세요. 그 앤 지금 여기에 없어요."

왕강은 더욱더 놀랍게 그녀를 바라보았다. 흉측하게 생긴 이 여자의 말은 무슨 뜻인지? 왕강은 가슴이 두근거렸다. 그는 이 여자를 정신병자로 여기고 더는 아는 체하지 않고 갈 길을 서둘렀다.

"가지 마세요! 화화가 만나주지 않을 거예요…"

왕강은 그녀의 외침을 듣고 더욱 공포를 느끼며 부지런히 발걸음을 옮겼다. 화화는 달려가서 왕강의 앞길을 막고 싶었지만, 잰걸음으로 가는 왕강의 뒤를 따를 재간이 없었다. 순식간에 왕강은 그녀를 멀리 떨어뜨려 놓았다. 화화는 왕강을 따라잡을 수가 없자 맥을 버리고 숨을 돌렸다. 그녀는 집으로 갈 수 없어 남산의 그 낭군 벼랑으로 갔다. 산중의 바랑 바위에 기대고 앉으니 화화의 맘은 갑자기 평온해졌다. 연 며칠 긴장에 싸여 있던 신경이 마음을 놓자 그만 피곤으로 바뀌어 화화는 벼랑 바위 옆에 쓰러져 잠이 들었다. 따뜻한 햇볕이 그녀의 얼굴을 비춰주었다. 그녀는 꿈속에서 웃고 있었다. 갑자기 뭔가 그녀의 불구가 된 다리를 힘껏 찼다. 눈을 떠보니 노기등등한 옥용이 그녀 앞에 서 있지 않겠는가.

"이 뻔뻔스러운 애야. 아무리 남자를 꾀고 싶다 한들 어찌 다른 사람의 사진을 가지고 꼬시려 드니?"

왕강은 주영에 도착하자마자 옥용의 사진을 들고 이 여자를 찾아달라고 했다. 그리하여 그는 옥용이네 집으로부터 화화네 집으로 오게 되었고 옥용은 화화가 늘 남산 벼랑에 잘 다니는 것을 알고 있는지라

　　　　　　　　　　　　　　중국과 한반도의 미래

곧장 이리로 찾아온 것이었다. 심한 모욕을 느낀 옥용은 어서 마을 사람들 앞에서 자기의 결백함을 증명해달라고 화화의 뒷덜미를 끌었다.

"어서 가서 네 입으로 말해라…"

화화는 겁을 먹고 부들부들 떨었다. 한마디 말도 못 하고 다만 옥용이 어떻게 자기를 밀치고, 당기고 해도 그대로 죽은 듯이 있었다. 그녀는 옥용이 잡아끌자 가엾게 땅에 엎드려 바위 모서리를 부여잡고 놓지 않았다. 말 없는 눈물이 비 오듯 흘렀다. 굴욕이 담긴 눈물이, 존엄을 담은 눈물이, 가당치 않은 사랑을 갈망했던 후회를 담은 눈물이 흐르고 또 흘렀다… 그렇게 한참이 지났다. 성이 조금 내려가자 옥용은 화화가 측은해졌다. 겁을 먹고 잔뜩 웅크리고 있는 그녀가 불쌍했다. 그래서 이렇게 말했다.

"일이 이미 이렇게 되었으니 어쩌겠니? 우리 함께 내려가서 해명하자…"

옥용은 맘씨가 고운 애였다. 서로 비슷한 나이라 그녀는 화화의 맘을 이해할 수가 있었다. 그래서 한참이나 화화를 위로한 후 화화가 조금 진정이 되자 집으로 가자고 권했다. 그런데 화화는 죽어도 왕강을 만나려 하지 않았다. 일이 이 지경까지 되니 그녀는 더욱 왕강을 만날 면목이 없었다. 옥용이 돌아와서 왕강에게 모든 정황을 말하자 왕강은 이렇게 말했다.

"일이 이렇게 된 것은 어쩌겠습니까? 우린 누구도 화화를 나무라지 맙시다. 그녀는 지금 누구보다도 관심이 필요하니까요. 우리 함께 화화를 보러 갑시다."

옥용은 왕강의 말에 동의했다. 이제껏 화화와 왕강 사이엔 많은 편지가 오갔으니 어쩌면 왕강의 말이 화화에게 자기의 말보다 훨씬 큰 도움이 될지도 모른다고 생각되었다. 선량한 두 젊은이는 함께 남산으로 올라갔다. 그런데 그들 모두 잘못 생각했다. 화화는 먼 산길로 두 사람이 걸어오는 것을 보았다. 아니, 한 사람은 왕강이 아닌가! 그들 둘은 벼랑 끝에 선 화화를 보고 다정하게 소리쳤다.

"화화…"

아무런 마음의 준비가 없던 화화는 왕강에게 자기를 보여줄 수 없다는 생각뿐이었다. 그녀는 어쩔 사이 없이 산 아래 벼랑으로 몸을 날렸다… 두 사람은 그 광경에 그만 아찔해졌다. 화화는 그렇게 갔다…

화화는 그렇게 가지 말아야 했다. 그런데 그녀는 끝내 세상을 버렸다. 심리학자들은 심리 건강의 문제로부터 그녀의 죽음의 원인을 찾지만, 화화의 죽음은 되레 우리에게 어떻게 남을 관심하고 사랑하며 어떻게 생명을 참답게 대해야 하겠는가 하는 경종이 되고 있다.

낳은 정 키운 정

1971년 4월, 왕란은 해산이 임박해 심양시 모 병원에 입원했다. 병실에는 그녀 외에 두 여인이 있었는데 통성명도 없이 서로 1호, 2호, 3호라고 불렸다. 공교롭게도 2호 산모의 동생이 3호 산모의 제자여서 세 여인은 쉽게 어울렸다.

이튿날 세 여인은 거의 동시에 순조롭게 몸을 풀었다. 왕란과 2호가 아들을 낳고 3호가 딸애를 낳았다. 사흘 후 퇴원하게 되자 간호원이 남자아기를 안아왔다. 왕란은 아기를 들여다보고 놀라 부르짖었다.

"잘못 데려왔잖아요. 머리칼이 없는 걸 보니 이 아긴 저의 아기가 아니에요."

아기가 태어나자 간호원이 그녀에게 보여주었을 때 아기 머리칼이 까맣게 나 있는 걸 분명 보았기 때문이다. 그 간호원은 멍해 있는 것 같더니 아차 하여 다른 아이를 안아왔다. 이번에도 왕란은 어쩐지 미심쩍었다. 한참이나 들여다보던 왕란은 참지 못하고 또 한마디 했다.

"제 아이가 틀림없는가요?"

그 간호원은 대뜸 눈살이 꼿꼿해졌다.

"어떻게 또 틀릴 수 있어요. 장난인가요?"

간호원은 문을 꽝 닫고 나가버렸다.

아기를 아무리 들여다봐도 알아낼 수 없었다. 아기가 바로 영아실로 옮겨진 데다 금방 태어난 아기라 여느 아기나 비슷비슷해 도무지 닮았는지 가려낼 수 없었기 때문이다.

왕란의 남편이 모자를 데려가려고 차를 갖고 온지라 3호 모녀도 그 차의 신세를 지게 되었다. 차가 민족영화관에 이르자 3호 여인은 길가의 층집(아파트)을 가리키며 자기네 집이 거기에 있다면서 감사하다는 인사를 하고 내렸다. 집으로 돌아온 왕란은 자기 품속의 아기를 두고 미심쩍은 생각을 버릴 수 없었다.

"여보, 우리가 아기를 잘못 안아온 것은 아니겠죠."

"무슨 헛소리를, 둥실둥실한 놈이 꼭 내 상상 속의 아들임에 틀림이 없소."

아기가 무척 건강한지라 이름을 장이라고 지었다.

세월은 쏜살같이 흘러 장이도 10살이 되었다. 그사이 왕란은 아들 하나, 딸 둘을 더 낳았다. 1981년 5월, 왕란 부부는 네 아이를 거느리고 동물원 구경을 갔다. 돌아오는 길에 사진관에 들러 가족사진을 찍게 되었다. 이렇게 저렇게 애들의 자세를 바로잡아 주던 촬영사가 장이를 가리키며 느닷없이 농담을 했다.

"이 아인 참 달라요. 엄마도 아빠도 안 닮았으니 얻어다 키운 것 아니겠지요?"

중국과 한반도의 미래

말하는 사람은 무심해도 듣는 사람은 새겨들었다. 밤이 깊었으나 왕란은 도무지 잠들 수 없었다. 살그머니 일어난 그녀는 아이들이 자는 방으로 들어가 아이들을 눈여겨보았다. 가는 눈썹, 가는 눈매의 두 딸은 틀림없이 아빠를 닮았고 둥근 얼굴에 큰 눈을 가진 작은아들은 엄마를 꼭 빼닮았다. 유독 장이만이 부모를 닮은 데가 없지 않은가. 그리고 장이의 행동거지도 웃고 떠들어 대기 좋아하는 세 동생과는 판이했다. 장이는 과묵한 아이였다.

　이틀 후 왕란은 아이들을 데리고 혈액검사를 해보자고 남편을 졸랐다.

　"남의 말 한마디에 무슨 부산을 그렇게 떠오."

　남편이 성을 내도 왕란은 고집을 꺾지 않았다. 아니나 다를까 검사 결과 그들 부부와 세 자식은 O형인데 장이만은 A형이었다. O형의 부모는 절대로 A형의 자녀를 낳을 수 없단다. 꼼짝없이 장이는 잘못 안아 온 아들이었다. 왕란 부부는 한참이나 숨도 바로 쉴 수 없었다.

　'10년을 키운 장이가 친아들이 아니라니, 그럼 내 아들은? 내 아들을 찾아야지.'

　왕란은 집요하게 스며드는 그 생각을 떨쳐버릴 수 없었다.

　왕란은 입원하고부터의 일들을 곰곰이 생각해 보기 시작했다.

　"앤, 도대체 누구를 닮은 거요? 우리를 안 닮지 않았소."

　2호 산모의 남편이 하던 말이 떠올랐다. 2호 산모를 찾아야지. 왕란은 병원으로 찾아갔다. 하지만 그때는 '문화대혁명' 시기라 혼란한 것은 물론 서류가 파손되고 없어진 것도 많아 앞길이 막막했다. 그 간호원도 찾을 길 없었다. 세월이 많이 흐른 데다가 간호원의 이름도 모르고 또 병원의 사람들도 너무 바뀌었으니 말이다.

며칠 밤을 뜬눈으로 새운 왕란은 3호 여인과 2호 여인이 안면 있는 사이였고 민족영화관 부근에 살고 있다는 생각이 떠올랐다. 기억을 더듬어 그 층집을 찾았으나 어느 현관, 어느 층에 살고 있는지, 더구나 성명마저 모르는지라 어떻게 할 방법이 없었다. 그녀는 몇몇 집주인들을 찾아 10살짜리 여자애가 있는 집을 물었다. 그런 집도 대여섯 집 되는데 누구를 찾느냐는 물음에 그녀는 말문이 막혔다.

그날부터 왕란은 아예 퇴근하면 그 층집으로 달려가서 드나드는 사람들을 지켜보았다. 보름이 지나도록 3호 여인을 찾지 못하자 왕란은 얼마 동안 실망이 컸다. 이미 이사를 하지 않았을까? 하지만 왕란은 포기하지 않았다. 아들을 찾을 수 있는 유일한 선택은 3호 여인이니까. 끝내 열여덟 날 만에 왕란은 그 여인을 만났다. 그녀는 류소연이라고 했는데 왕란의 말에 조금 난감해했다. 워낙 그녀도 2호 여인의 동생과 관계가 끊어진 지 오래된 데다 그런 딱한 일이라 선뜻 나서려 하지 않았으나 나중에는 왕란의 애절한 요구를 못 이겨 알아보겠다고 했다.

한 달 후 류소연이 2호 여인은 이추화라고 하며, 시교의 어느 곳에 살고 있다는 기별을 왕란에게 전해왔다. 그날 저녁 왕란은 몇 번 차를 갈아타고 이추화가 살고 있다는 주민구 골목에 이르렀다. 이때 그 골목으로부터 한 무리 애들이 쏟아져 나왔다. 맨 뒤의 아이, 저 애다. 왕란은 첫눈에 그 애를 짚었다. 그 애도 몇 번이나 그녀를 돌아보는 것이었다. 왕란은 이추화네 집으로 가려다 말고 발길을 돌렸다. 이렇게 무턱대고 찾아가는 것이 도리가 아닌 듯싶어서였다.

결국 이튿날 왕란 부부는 이추화네 집으로 찾아갔다. 아들애의 이름은 평이란다. 이추화네 부부는 외독자인 평이를 금과옥조로 키우고 있었는데 더구나 할머니는 평이를 목숨처럼 여겼다.

눈물을 줄줄 쏟으며 찾아온 뜻을 밝히는 왕란 앞에서 아무런 심적 준비도 없었던 이추화는 어쩔 바 몰라 했다. 하지만 그녀는 시인하지 않을 수 없었다. 아들 평이는 이 눈앞의 여인을 너무나도 꼭 빼닮았으니 말이다. 사실이 그럴지라도 이추화네는 아들 평이를 내놓으려 하지 않았다. 어떻게 키운 아들인데…

이추화는 워낙 아들애에 대해 조그마한 의심도 하고 있지 않았다. 그 10년 동안 아들애가 이 가정에 가져다준 행복은 말로 표현할 수 없는 것이었다. 이제 와서 사랑하는 아들을 빼앗아 가려 한다니, 절대로 안 돼. 이추화가 밤잠을 자지 못하고 내린 결론은 아들을 돌려주지 못한다는 것이다.

그 후부터 왕란은 자주 이추화네 집으로 찾아갔다. 그 사이 이추화도 왕란의 집으로 가 장이를 보았다. 내성적이고 말수가 적은 장이는 이추화에게 별로 좋은 인상을 남기지 못했다. 사실 장이는 이추화를 닮았었다.

"아이를 잘못 데려다 키웠다는 것이 판명된 이상 서로 제 자식을 찾읍시다."

끝내 왕란이 이렇게 자기 의사를 밝혔다.

"생김새만 가지고 어떻게 그렇게 판단을 할 수 있어요. 이렇게 된 바에는 평안을 깨지 말고 그냥 이대로 삽시다. 친척 집이 하나 늘어난 것으로 하면 되잖아요. 아이들이 다 큰 다음 알려주면 상처도 덜 받을 것 아니겠어요."

하지만 왕란은 양보하려 들지 않았다. 생김새로 판명하지 못하면 혈액검사를 하자는 것이었다.

"펑이는 할머니의 명줄이에요. 이제 와서 아이를 찾아간다면 그것은 우리 집의 노인을 죽이는 것과 마찬가지일 거예요."

이추화의 태도는 아주 견결했다. 아들은 찾았지만 자기 곁으로 데려올 수 없어 왕란은 미쳐버릴 것만 같았다.

어느 날 휴식 시간에 누가 찾아왔다며 선생님이 펑이를 불렀다. 자기 집으로 와서는 자기한테서 눈을 떼지 못하던 그 아줌마―왕란―였다. 선생님의 동의를 얻고 펑이를 데리고 학교 부근의 골목으로 온 왕란은 아이를 와락 끌어안았다.

"애야, 날 엄마라고 불러라. 내가 너의 친엄마란 말이다."

펑이는 놀란 나머지 '와'하고 울음을 터뜨렸다. 처음으로 이 아줌마를 보았을 때 아주 익숙한 감이 들었다. 펑이는 내심 이 아줌마를 좋아하고 있었지만 이럴 줄은 꿈에도 상상할 수 없었다. 이 아줌마가 친엄마라면 자기를 그토록 아껴주는 집의 엄마는 누구인가. 펑이는 그 길로 집으로 향했다.

"누가 내 엄마예요?"

눈물범벅이 되어 이런 질문을 들이대는 아들애를 보면서 이추화네 부부는 대뜸 연유를 알 수 있었다. 왕란이 아들애를 찾아갔었구나.

"애, 펑이야, 그 아줌마는 정신이 나간 사람이니까 이후 다시는 만나지 말아라."

중국과 한반도의 미래

결국 어린아이인지라 어른들이 달래니 금방 넘어갔다. 평이를 찾은 후부터 왕란은 도무지 마음의 평온을 찾을 수 없었다. 왕란은 짬만 있으면 맛있는 음식물을 사 들고 학교로 찾아가곤 했다. 그녀의 이 행동은 이추화 가정의 평온도 깨뜨려 놓았다. 직장에서도 나서서 그녀를 고집스럽게 말렸지만 막무가내였다.

평이는 이추화의 말대로 왕란이 학교로 찾아오면 말없이 피해버렸고 왕란이 주는 물건은 절대로 받지 않았다. 그때마다 왕란이 눈물이 글썽이면서 돌아서는 모습을 볼 때면 평이도 가슴이 아팠다.

1984년 왕란은 법원에 소송을 걸어 법률의 힘으로 해결하려 들었다. 이추화는 아이를 잘못 데려왔다는 것을 절대로 인정하려 하지 않았다. 게다가 당시 혈육 감정을 하려면 상해로 가야 했는데 이추화 부부가 협조해 주지 않는지라 사실 근거를 내세울 수 없었다. 결국 법원에서는 왕란의 기소를 기각했다. 왕란이 다시 항소했지만 중급법원의 판결도 원판결을 유지한다는 것이다.

왕란은 이에 그치지 않았다. 병원, 위생국, 법원… 그녀는 발바닥이 닳게 찾아다녔으나 증거가 부족하다는 이유로 그녀가 원하는 결과를 가져올 수 없었다. 심신의 고통으로 왕란은 때 이르게 늙어갔다. 사람들은 왕란의 집착을 두고 나무랄 수도 있다. 오늘날 서양에서는 수양자식을 두는 것이 풍속으로 되었다는데 잘 자라는 아들애를 두고 그럴 필요가 뭐냐고 말이다. 하지만 모성애란 때로는 상식으로 이해되지 않을 수도 있는 것이다. 더구나 중국에서는 많은 사람들이 혈연관계를 더 없이 중하게 보고 있지 않은가.

왕란은 아들을 찾기 위해 목숨을 내걸다시피 했지만 양자인 장이에 대해서 절대 홀대하지 않았다. 오히려 왕란 부부는 다른 세 자식보다 더 장이에게 마음을 주었다. 왕란이 아들을 찾기 위해 동분서주하는 사이 세월은 흘러 펑이는 중학교를 졸업하고 2년간 군인 생활을 했다. 1994년 3월, 제대하여 온 펑이는 수도공사에 배치받아 계량기 검사 직원이 되었다.

어느 날 저녁 왕란이 저녁을 지어놓고 식구들을 기다리고 있는데 밖에서 물 계량기를 검사하러 왔다는 소리가 들려왔다. 문을 열고 내다보던 왕란은 그만 멍해졌다. 펑이가 아닌가. 장성한 아들을 앞에 두고 왕란은 또 눈물을 금할 수 없었다. 펑이도 왕란을 알아보았다. 어릴 때 늘 학교로 찾아오던 그 아줌마가 아닌가.

저녁에 퇴근하여 집으로 돌아온 펑이는 이 공교로운 일을 엄마 이추화에게 말했다.

"이건 아마 하늘의 뜻인가 보다. 내가 이제 더 고집을 부려서는 안 되지…"

이런 생각이 들자 이추화는 흘러내리는 눈물을 금할 수 없었다. 펑이는 여태껏 엄마가 눈물을 흘리는 걸 본 적이 없었다. 펑이는 눈물을 쏟으며 엄마 앞에 무릎을 꿇었다.

"엄마가 절 키워준 은혜는 영원히 잊을 수 없어요. 전 영원히 엄마의 아들이에요. 하지만 그분도 너무 불쌍해요. 저 때문에 백발이 되었더군요. 엄마는 좋은 분이지요. 우린 당연히 그분을 도와야 해요. 그리고 어떻게 되든 그인 저를 낳은 엄마예요. 그녀가 고통스럽게 지낸다면 저도 고통스러워요. 엄마는 제가 고통스럽게 지내는 걸 바라지 않겠지요."

이튿날 이추화 부부는 아들 펑이를 앞세우고 왕란의 집을 찾아갔다.

"오늘 아들을 돌려주러 왔어요. 펑이야 엄마께 인사를 드려라."

펑이는 왕란의 앞에 무릎을 꿇었다… 격동된 왕란은 말 한마디도 하지 못하고 펑이의 머리만 어루만졌다. 그러던 왕란은 홀연 이추화 앞에 무릎을 꿇더니 감사하다고 인사를 올렸다. 어느 사이 왕란의 남편이 장이를 데리고 들어섰다. 장이 역시 자기의 친부모께 인사를 올렸다. 저녁 두 집은 연회를 차려 이 뜻깊은 모임을 경축했다.

"펑이는 아줌마가 낳았지만 제가 길렀지요. 오늘 돌려준다고 해서 저의 아들이 아닌 건 아니에요."

이추화의 말에 펑이와 장이가 일어섰다.

"두 분 다 저의 어머님입니다. 우리를 위해서 너무 수고가 많으셨습니다. 오늘부터 부모님들을 더는 고통스럽게 하지 않을 것입니다."

술상이 파할 무렵 펑이가 입을 열었다.

"저와 장이는 서로 원래의 집에 있기로 약속했습니다. 우린 서로 원래의 집에 습관이 되었거든요."

양가 부모들은 자식들의 선택에 동의를 표했다.

"사실 난 펑이를 내 자식으로 인정하고 싶어서였어요. 낳은 정보다 키운 정이 더 크니깐 펑이는 엄마를 꼭 잘 모셔야 한다."

이는 왕란의 진심의 말이었다.

그때부터 두 집은 한집 식구처럼 보냈다. 사실 그들에게는 잘못이 없었다. 그들을 고통의 심해로 몰아넣은 것은 그 병원이었다.

1995년 가을, 왕란과 이추화는 연명으로 그 병원을 기소했다. 증거를 내기 위해 그들은 중국 의과대학 부속병원에 가서 친자감정을 해야 했다. 그 감정을 하려면 4,000원이 있어야 했다. 보통 서민으로 말하면 적은 액수가 아니었지만 그들은 주저 없이 나섰다. 결과는 불 보듯 뻔한 것이었다. 펑이는 왕란의 아들이고 장이는 이추화의 아들이라는 것이 판명되었다. 당연히 일을 그르친 그 간호원을 찾지 못한지라 그 병원이 책임을 져야 했다.

법원에서는 심양시 모 병원에서 26년 전 병원 직원의 실수로 아이가 바뀌었는데 이로 하여 피고는 원고 왕란에게 인민폐(중국화폐)로 4만 원의 배상금을, 이추화에게 인민폐로 3만 원의 배상금을 지불하게 하였다. 동시에 법률적으로 펑이는 왕란의 친아들이고 장이는 이추화의 친아들이라는 결론을 내려줌으로써 이 일도 결말을 보게 되었다.

중국과 한반도의 미래

하늘 같은 은혜
바다 같은 정

나는 뜻밖에도 어머니의 일기책을 읽게 되었다. 그 일기책은 작은 나무갑 속에 넣어두었던 것인데 아마 근 18년은 그 안에 있었다. 한번은 어머니께 저 갑 속에는 무슨 보배가 들어 있느냐고 물은 적 있다. 어머니는 보배 중의 보배가 들어 있다면서 그 갑을 더욱 높은 곳에 올려놓는 것이었다. 어느 날, 나는 궤 위에 놓인 책을 내리려다가 그만 그 나무갑을 땅에 떨어뜨렸다. 나무갑이 박살이 나며 그 속에서 '보배'가 나왔다. 뜻밖에도 어머니의 첫사랑을 적은 일기책이었다.

어머니의
첫사랑

그것은 1976년의 봄날에 생긴 사랑 이야기였다. 밤 일거리를 하는 어머니는 늘 그 어두컴컴한 골목길을 한참 지나야 했는데 가로등도 없는 그 길에서 언젠가는 무서운 강탈 사건이 벌어졌었고 그 길을 지나는 어머니는 머리칼이 곤두서곤 했단다. 어머니의 일기는 이렇게 쓰여 있었다.

골목길에 들어설 때마다 난 그가 내 뒤를 따르는 것을 발견했다. 그러다가도 골목길만 벗어나면 금방 사라지곤 했다. 아마 공무집행 중이겠지, 그러나 몇 날 며칠 저녁을 빠짐없이 그렇게 내 뒤를 따르자 갑자기 나를 바래다주느라고 그러는 게 아닌가 하는 생각이 들었다. 그날 저녁도 그는 또 내 뒤를 따랐다. 나는 가던 걸음을 갑자기 멈추고 물었다.

"경찰 아저씨, 제가 특무(간첩)인가요?"

그는 여남은 발자국을 사이에 두고 멈춰 서서 나를 바래다주느라 그런다고 대답했다.

"그런데 전 아저씨를 모르는데요? 가짜 경찰은 아니겠지요?"

그러자 그는 몇 발짝 다가와서 차렷하고 경례하며 "인민을 위해 복무하는 것은 나의 직책입니다."하는 것이었다.

집으로 돌아와서 곰곰이 생각해 보니 혹시 이것이 사랑이란 게 아닐까? 하는 생각이 들며 갑자기 밝은 대낮에 그를 만났으면 하는 욕망이 생겼다. 과연 어느 날 낮에 나는 그를 만났다. 둥근 모자 아래 준수한 얼굴, 아마 그도 나를 알아보았는지 다가오면서 물었다.

"나를 찾습니까?"

나는 당황한 나머지 급히 머리를 저었다. 그는 나의 당황한 얼굴을 보고 밝은 미소를 지었다. 그의 얼굴에는 조금도 계급투쟁의 화약 냄새가 없었다. 나는 저도 모르게 나는 출신이 좋지 못한 여자, 부모가 모두 5.7 간부학교에 가 있는 사실이 생각났다. 아이참, 그와 나를 비길 건 뭐람? 아무렴, 내가 그렇게 간단하게 그를 사랑한단 말인가? 그 후 그는 나에게서 이 말을 듣고 바로 그것이 사랑의 신호라고 했다. 난 믿어지지 않았다.

"흥, 첫사랑인데도 왜 난 조금도 가슴이 뛰지 않을까요?"

그는 이렇게 말했다.

"난 란이를 보는 첫 순간 가슴이 뛰었소. 밤길을 홀로 걸어가는 그 모습을 보고 좋아했단 말이요. 참으로 란이가 밤 일거리를 할 수 있는 게 감사하고 이 골목길에 가로등이 없는 게 고마웠소…"

기억하고 있으세요? 지난번 우리가 함께 나의 친구 새별을 찾아갔었던 일을 말이에요. 새별이와 나는 친자매처럼 친한 단짝이었어요. 그 애의 부모들도 모두 '구린내 나는 아홉째'로 몰리던 중이라 우린 신세가 비슷했어요. 그 앤 당신에게 85점을 매겨주더군요.

"왜 이렇게 좋은 남자가 나한테는 나타나지 않았을까? 나의 남자 친구 존중이와 바꾸지 않을래?"

"얘, 그 경찰 아저씨가 널 족쇄로 채워버리면 어쩌려고 그러니?"

내가 이렇게 대답하자 새별이는 눈을 찡긋했어요. 우린 서로 끌어안고 뒹굴며 웃었어요. 한참 웃고 떠들다가 새별이가 말하더군요.

"얘, 이다음에 우리가 아기를 낳으면 서로 사돈 하자, 응?"

내가 이런 이야기를 당신께 다 해드렸더니 당신은 웃으면서 "여자들은 참 이상하지, 연애를 금방 시작했는데 벌써 아기 이야기부터 하니 말이요."라고 하더군요. 난 그만 창피해서 당신의 가슴을 쥐어박았어요. 당신이 너무나도 흐뭇해서 하하, 간질여 주는 게 좋다고 하더군요.

어머니의 일기는 이렇게 자유로이 써 내려갔다. 난 아버지가 원래 경찰이었다는 것을 이제껏 몰랐었다. 나는 어머니의 일기를 훔쳐본 것이 조금은 미안하였지만 고의가 아니었기에, 그리고 어머니한테도 그런 첫사랑이 그토록 귀중하게 숨겨져 있다고 생각하니 괜히 어머니가 대단해 보였다.

어느 날 아버지가 정주로 가신 후(아버지는 정주분 회사의 상무 대표로 그곳에 주재해 있었다) 어머니와 나만이 집에 남았을 때 난 어머니와 첫사랑의 감정을 교류하고 싶었다. 마침 방학이라 나는 어머니가 퇴근하기 전에 밥을 지어놓고 기다렸다.

"아이구, 이게 웬일이람? 해가 서쪽에서 뜨겠네."

어머니는 그렇게 나를 칭찬해 주었다.

저녁 식사가 끝나자 나는 부지런히 설거지하고 나서 어머니를 끌고 침실로 들어갔다. 나는 큰 잘못이나 저지른 듯이 울상을 하고 어머니께 사죄했다. 내가 조심하지 않아 어머니의 보배가 담긴 나무갑을 깨뜨렸다고 말이다. 뜻밖에도 어머니는 깨진 나무갑 조각을 어루만지며 그토록 비통해하고 슬퍼하셨다. 난 어머니의 그런 모습에 깜짝 놀랐다. 나는 이제야 부랴부랴 설명했다.

"어머니, 제가 고의로 깨버린 게 아니에요. 책을 찾다가 부주의로 떨어뜨려서 깨진 거예요."

어머니는 나를 바라보았다. 그런데 그 눈길은 아주 먼 옛날로 돌아가신 듯 몽롱했다.

"얘야, 너 그 일기책을 보았니?"

"네, 보았어요. 어머니 첫사랑의 아름다움을 제가 함께 나누어 보았다고 나무라시진 않겠지요? 어머니…"

어머니는 소리 없이 우셨다. 나는 갑자기 이 일기 속에 무슨 말할 수 없는 고통이 숨겨져 있는 게 아닌가 하는 생각이 들었다. 아버지가 지금까지 경찰이었단 말을 들어본 적이 없었던 기억이 그런 의심을 더해주었다.

그날 저녁 난 어릴 때처럼 어머니의 팔을 베고 누웠다. 어머니는 말씀하셨다.

아마 이젠 너에게 알려주려던 그 가슴 아픈 이야기를 들려줄 때가 됐나 보다. 오랜 세월이 흘렀지만 어머닌 아직도 그이를 잊지 않고 있단다. 지금 아버진 너의 아버지가 아니다. 너의 아버지는 경찰이었다. 넌 그 이야기의 시작을 이미 읽어보았지? 그래 얼마나 아름다운 이야기냐? 하지만 그 이야기의 발전과 결말은 어머니 맘속에 담아두고 쓰지 않았다. 너의 아버지 이름은 안소해라 불렸다. 훗날 그는 열사로 추인되었다. 처음 나와 그의 연애는 비밀이었다. 후에야 나는 그이를 따라 그의 집으로 갔는데 그들 부자는 모두 경찰이었다. 그의 아버지는 공안국장이었어. 그의 식구들은 모두 나를 반겨주었다. 그때는 아직도 계급투쟁이 심한 때여서 혼인도 계층을 따졌다.

하지만 그의 아버지는 이 문제상에서 우리의 사랑을 속박하지 않았다. 그런데 그 국의 한 부국장이 나와 소해의 연애를 문제 삼아 꼬집기 시작했는데 알고 보니 그 화살이 국장한테 돌려지고 있었다. 그래서 아버지는 이렇게 말씀하셨다.

"란란이, 방법이 없구나, 내가 감당해 낼 수가 없구나. 너와 소해가 잠시 만나지 않는 게 어떠냐? 내가 너희들을 갈라놓으려고 그러는 게 아니다. 1~2년 지났다가 형세가 좋아지면 다시 만나는 게 어떠냐?"

난 아버지가 실로 방법이 없어서 그런다는 것을 알았기 때문에 동의했다. 그런데 소해가 화를 내면서 아버지 벼슬이 내 행복보다 더 중하냐고 대드는 것이었다. 아버지는 낯빛이 검어지면서 말씀하셨다.

"넌 아직도 세상 무서운 줄 모르는구나. 감투만 뒤집어쓰는 날이면 무슨 볼 게 있다고 그러니? 매일 거리로 끌려다니며 비판 투쟁을 받아야 하는데…"

나는 급히 소해를 말렸다.

"소해, 아버지와 그렇게 말하면 난 다신 소해를 아는 체하지 않을 거예요."

그 말에 아버지는 갑자기 눈물을 흘리시더라. 나와 소해는 의연히 서로 사랑했다. 우린 아무도 모르게 은밀히 사랑했지.

우리가 약속한 지점인 수림에 이르렀을 때다. 그 부국장이 의연히 우리에 대한 감시를 늦추지 않고 있다는 것을 모르고 있는 나와 소해는 수풀 속에서 서로 껴안았다. 그때 그 부국장이 나타났다. 그는 아주 예사롭게 "너희들이었구나!"하고 한마디 하고는 가버렸다. 이상하게도 훗날에도 아무 소문도 없지 않겠니? 알고 보니 소해가 그 부국장이 한

피해자 가족과 내통하는 것을 본 적 있었는데 이렇게 서로 눈감아 주는 것으로 그들 사이 계급투쟁은 마침내 사라졌다.

소해의 아버지는 이 일을 몰랐다. 소해와 그 부국장은 그 후로 아주 친형제처럼 사이가 좋아졌어. 어느 한번 범죄자를 나포하는 임무를 집행하다가 소해는 범죄자의 총에 희생되었다. 추도회에서 부국장은 소해가 자기를 엄호하다가 희생되었다고 하면서 그의 아버지의 손을 잡고, 이제부터 자기를 소해처럼, 아들처럼 여겨달라고 하며 눈물을 흘렸다. 소해는 열사로 추인되었다. 그날이 1976년 6월 7일이었다. 우리 결혼식 날짜와 얼마 멀지 않은 그날, 소해는 먼저 갔다. 누구도 그때 내가 이미 임신하고 있다는 것을 모르고 있었다. 나는 이 일을 누구에게도 말할 수가 없었다. 영웅이 어찌 결혼하지 않고 먼저 동거할 수 있단 말인가? 그렇게 고상한 사람에게 있을 수 없는 일이었다. 나는 고통을 혼자 씹어 삼키며 배 속의 아기를 위해서 살았다…

어머니의 얼굴로 눈물이 비 오듯 흘렀다. 그 눈물이 내 얼굴을 차갑게 적셨다.

"어머니, 그 아기를 낳으셨어요?"

"그래 낳았다. 그 애가 지금 내 곁에 누워 있단다."

나는 어머니를 꽉 부둥켜안았다…

"아버지는 제가 누군지 알고 계셔요?"

어머니는 그 일기책을 잘 싸서 다시 자기의 옷상자 속에 깊이 넣었다. 그 신성한 모습을 묵묵히 지켜보는 나의 마음은 한없이 쓰라렸다.

"이 같은 이야기를 아무리 잠가둔들 무슨 소용이 있다고 그래요?"

"혜아, 넌 이 일을 잊어버려, 이 일을 더는 생각하지 말아라. 우린 얼마나 행복하게 살고 있니? 그리고 아버진 너를 얼마나 사랑하고 계시니? 안 그래?"

나의 눈물은 또다시 줄 끊어진 구술처럼 마구 쏟아졌다. 나를 18년 간이나 키워준 아버지, 당신은 제가 누군 줄 아세요? 나는 다시는 어머니께 더 묻지 않았다. 그이의 아픈 맘을 다시 건드리고 싶지 않았다. 하지만 어찌 아버지께 이 크나큰 비밀을 감춘단 말인가? 이는 아버지에게는 얼마나 불공평한가. 나는 오랜 세월의 흐름 속에서 어느 날 어느 순간에 아버지가 나한테 일정의 냉대라도 없었는지 생각해 보았지만 끝내 찾아낼 수 없었다. 나한테 뺨 한번 친 적 없었으니 말이다.

어머니도 그랬다. 그들은 서로 얼굴 한번 붉힌 적 없이 기막히게 사랑하며 다정히 지냈다. 정말 뭇사람들이 다 부러워할 지경이었으니까. 그러니 아버진 꼭 내가 누군 줄 모르고 계심이 분명하다. 나는 갑자기 아버지한테 가기로 했다. 나는 아버지께 나의 출생의 비밀을 말씀드리기로 작심했다. 어머니의 잘못을 빌면서 용서를 얻으려 했다. 혹시 아버지께서는 분노하실지도 모른다. 하지만 내가 어찌 이런 비밀을 심중에 숨겨둘 수 있단 말인가?!

나는 어머니께 종이쪽지를 남겼다. 친구네 집에 놀러 가니 며칠 걸릴 거라고 말이다. 나는 열차에 올랐다. 악양에서 정주까지 몇 시간 걸려 도착했다. 나는 아버지께 전화를 드렸다. 아버진 내가 왔다니 기뻐하시며 말씀하셨다.

"혜아, 네가 아버질 보러 오다니? 안 그래도 난 짬을 타서 대학 입시

중국과 한반도의 미래

시험을 치른 고역을 겪은 너에게 위문 가려고 했는데…"

그날 저녁 나는 아버지와 한방에 앉아 이야기를 나누었다.

"제가 아버지께 한 가지 비밀을 알려드릴게요. 어떤 일이 있더라도 전 아버지께 꼭 이 비밀을 말씀드려야겠어요. 아버진 세상에 둘도 없이 좋은 아버지니까요."

"아니 무슨 약사발을 그렇게 길게 올리며 그러니? 어서 그 비밀이나 말할 것이지." 아버진 웃으셨다.

"아버지 안소해란 사람이 누군 줄 아세요?"

아버진 갑자기 얼굴빛이 흐려지다가 뒤미처 웃음을 담으며 대답하셨다.

"그분은 열사이시다. 우린 그분의 영웅 사적을 따라 배웠으니까."

"그럼, 아버진 제가 누군 줄 아세요?"

"누구긴? 넌 혜아이지. 내 딸이지."

"그래요. 아버지의 딸이 옳아요. 그런데 나를 낳은 아버지가 누군 줄 아세요?"

아버지 얼굴빛이 또다시 흐려졌다.

"누가 너에게 이런 걸 알려주었니?"

난 아버지의 얼굴을 뚫어지게 지켜보며 물었다.

"그럼 아버진 이 일을 알고 계셨겠어요."

아버진 마음이 몹시 두근거리는 모양이었다. 그인 눈물을 닦으시며 어머니가 알려주더냐고 물으셨다.

"전 어머니의 일기책을 보았어요. 그래서 어머닌 저에게 알려준 거예요."

"혜아, 넌 어머니의 심정을 알아야 한다. 그는 너의 훌륭한 어머니며 나의 훌륭한 아내다."

"하지만 아버지, 아버진 이 모든 것을 첫 시작부터 알고 계시면서도 어머니를 조금도 나쁘게 생각하지 않으셨어요? 아버지의 의무를 감당하시면서 평정을 갖고 계셨어요?"

"그땐 넌 아주 어렸어. 난 어머니더러 아기를 하나 더 낳으라고 권했다. 하지만 어머닌 우리에게 혜아가 있으면 족하지 않으냐고 하셨다. 난 그때 너의 어머니를 너무 이기적이라고 했었다. 하지만 시간이 지남에 따라 난 이해했어. 이 봐, 우린 지금 널 대학생으로 키우고 있거든…"

난 아버지의 어깨에 엎드려 흐느꼈다. 아버진 나의 등을 어루만지며 말씀하셨다.

"원래 우린 늙은 다음에 너에게 알려주려고 했는데… 이젠 네가 이런 현실을 받아들일 수 있다는 게 아버지로선 정말 기쁘구나."

나는 어머니께 정주에 다녀왔다고 말씀드렸다.

"네가 그리로 갔으리란 짐작을 했단다. 너 아버지께 고발하러 갔댔지?"

"네, 이미 비밀이 아닌 비밀이더군요. 아버지는 참으로 훌륭하신 분이셔요. 난 아버지를 통해 긍지를 느껴요. 아버지의 흉금은 바다 같아요."

어머니는 웃으셨다. 아마 어머니도 뿌듯한 자랑을 느끼는가 보다. 일생에서 출중한 두 남자를 만난 어머니시니까.

여름방학은 하루하루 흘러갔다. 나는 아버지 안소해의 무덤을 찾아가기로 했다. 난 어머니를 다시 괴롭히고 싶지 않았다. 난 옛날 아버지가 사업하시던 그 공안 분국을 찾아갔다. 안 국장을 찾는다고 하니 한참이나 얼떨떨해 있던 그 사람은 그분은 이미 이직한 지 오래니 노간부국에 가보라는 것이었다. 난 노간부국에서 나의 할아버지 안명양의 집 주소를 찾아냈다.

내가 문을 두드리니 백발이 성성한 노인이 날 맞아주었다. 나는 두 늙은이를 대하자, 뭐라고 말을 시작해야 할지 입이 떨어지지 않았다. 그저 두 노인을 유심히 바라보면서 그사이 흘러간 세월 속에 담긴 사연에 목이 멜 뿐이었다.

"할아버지, 할머니!"

나는 그렇게 한마디 부르고는 눈물이 비 오듯 흘러 뒷말을 이을 수가 없었다. 두 늙은이는 깜짝 놀라며 집을 잘못 찾아온 게 아니냐고 했다.

"아니에요. 전 당신의 손녀 혜아예요."

"아니 그럴 수가… 우리 소해는 진작 우리 먼저 갔는데 손녀라니?"

"저, 란란이란 처녀를 기억하세요? 전 소해와 란란이의 딸이에요."

난 마음이 급해져서 할아버지가 국장으로 일하실 때의 일을 죽 이야기했다. 할아버지와 할머니는 이런 생각지도 않던 뜻밖의 기쁜 일에 눈물로 옷깃을 적시였다. 난 이 몇십 년간의 일을 낱낱이 말씀드렸다.

"참으로 너의 어머니를 고생시켰구나. 왜 그사이 너의 어머니는 한 번도 우릴 찾아오지 않고 혼자서 고생하였다니? 원래 너의 어머니는 란란이가 아니라 혜혜였다. 후에 이름을 고쳤구나."

나는 두 노인과 함께 아버지의 묘비를 찾아갔다. 난 생화 한 묶음을 아버지 묘지 앞에 드렸다. 난 차디찬 비석을 어루만지며 속으로 말했다.

'아버지 고이 잠드세요.'

두 노인은 만류하였지만 나는 그길로 집으로 돌아왔다. 그런데 이튿날 두 노인이 이른 새벽에 차를 타고 우리 집을 찾아오실 줄이야. 어머니는 아직 출근 전이였다. 할머니는 어머니의 손을 잡았다.

"혜혜, 우리 늙은이가 이제 자넬 보러 왔네. 그새 얼마나 고생이 많았댔나?"

어머닌 두 늙은이를 자리에 모시고 더운물을 따라드렸다. 그런데 할아버지가 어머니를 눈여겨보시더니 "아니, 자네 혜혜가 아니구먼."하고 놀라셨다.

"제가 혜혜가 맞습니다."

"아니, 자네 혜혜가 아니구먼. 혜혜의 미간엔 기미가 있고 그 애 얼굴은 갸름했었는데…"

어머니는 차를 따르던 손을 멈추지 않고 찻물이 넘치는지도 모르고 계속 부었다. "자네, 이 늙은이에게 이게 무슨 일인가를 알려줄 수 없겠나? 혜혜는 지금 어디에 있나?" 어머니는 마치 돌부처나 되어버린 듯 꼼짝하지 않고 서 있다가 천천히 대답했다.

"혜혜는 지금 이 세상에 없어요. 그는 혜아를 해산하고 하혈이 멈추지 않아…"

난 눈앞이 온통 새빨개지며 나를 위해 마지막 피 한 방울까지 다 흘린 그 여인을 떠올렸다…

어머니가 그 옛날의 이야기를 다 하자 할머니와 할아버지는 어머니 앞에 무릎을 꿇고 어머니의 그 은혜에 목이 메어 말을 잇지 못했다.

"소해가 희생된 후 혜혜는 혜아를 위해 건강하게 살았어요. 그녀는

중국과 한반도의 미래

몸이 아리기 시작하자, 시골에 있는 저의 친구 집으로 내려갔어요. 그의 해산일이 다가오자 저와 존중이는 낙양에서 시골로 달려갔어요. 그때 우린 결혼한 지 반년이 되었어요. 그녀는 소해의 이름을 부르며 아기를 낳았어요. 그런데 하혈이 멈추지 않았어요. 결국 우리가 그녀를 병원으로 옮긴 후 사흘 만에 이 세상을 떠났어요. 그녀는 떠나가면서 말했어요. '란란이, 난 간다. 이 애를 네가 맡아줘. 나를 대신해서 키워줘. 정 어려우면 이 애 할머니와 할아버지께 보내고. 하지만 소해는 영웅인데 어찌 그이에게 사생아를 남겨줄 수가 있겠니? 너희들의 그 은혜를 내세에 가서라도 꼭 보답하겠으니 이 애를 잘 키워다오… 그리고 우리 부모들께 전해줘. 이 딸은 불효막심하여 먼저 간다고…' 란란이 부모들은 혜혜가 그렇게 저세상으로 갔다는 것을 알고 아기를 자기네가 부양하겠다고 했어요. 하지만 우리는 그녀의 마지막 부탁을 기억하고 동의하지 않았어요."

그 이야기를 듣고 할머니, 할아버지는 무거운 노구를 끌며 문을 나섰다. 나는 그 자리에 쓰러졌다. 알고 보니 나는 고아였다. 비록 어머니, 아버지는 나에게 진정한 사랑을 주었지만 결국 나에겐 나를 낳아준 부모가 없었다!

"어째서 나를 속였어요? 왜 이런 아름다운 이야기를 꾸며서 나를 위안하는가요?"

"다만 네가 아무 근심 없이 즐겁게 크라고 그런 거다. 넌 어째서 네 이름이 란혜아인지 아느냐? 넌 란란이와 혜혜의 아이란다. 너의 아버지와 나는 진작부터 약속했다. 너에게 절반의 사실만을 알려주자고 말이다. 그래서 소해는 희생되었지만 너에게 란란이란 친어머니만은 남겨주려 했단다. 너 새별이란 여자애가 누군지 아느냐? 그게 바로 나야. 혜아, 넌 이젠 너의 출생의 비밀을 다 알았다. 넌 이젠 컸다. 넌 어머니와 너의 아버지 고심을 이해할 수 있겠지? 그러면 나도 너의 어머니께 미안하지 않단다."

"어머니, 어머닌 영원히 나의 친어머니예요. 혜아의 훌륭한 어머니!"

이렇게 이번 방학은 다 지나갔다. 나는 여태껏 숨겨졌던 내 출생의 비밀로 숱한 눈물을 흘렸다. 그 숨겨진 비밀 속에는 얼마나 깊고 깊은 사랑, 헤아릴 수 없이 큰 은혜가 숨겨져 있었던가!

대학 입학통지서를 받고 북경으로 떠나던 날, 나의 아버지 소해와 어머니 혜혜의 친인들이 다 왔으며 나의 지금 부모의 양친께서도 다 오셨다. 처음으로 만난 그들은 서로 인사를 나누었고 나를 위해서 한자리에 모여주었다. 열차에 오를 때 나는 아버지와 어머니께 지금이라도 난 여동생이든 남동생이든 하나 있었으면 좋겠다고 했다. 두 분은 얼굴을 붉히며 말씀하셨다.

"너 못 하는 소리가 없구나!"

열차는 떠났다. 어머니, 아버지, 몸조심하세요! 난 점점 멀어져 가는 그들, 나를 향해 흔드는 손을 바라보며 또다시 솟구치는 눈물을 금할 수가 없었다.

사랑과 헌신, 그리고 생명의 기적

　　1987년 2월 1일 오전 해구시에 살고 있는 장미령은 남편 양문청과 함께 시병원에서 신체검사를 했다. 약 반년 전부터 그녀는 늘 가슴이 답답하고 피곤한 감을 느꼈다. 하지만 자기의 건강에 대해서만은 자신 만만했던 그녀는 개의치 않고 그저 약방에 가서 약을 사 먹었다. 그런데 병이 점점 더 중해질 줄이야.

　　며칠 후 검사 결과를 받아쥔 양문청은 하늘이 무너지는 것 같았다. 아내가 폐암으로 진단되었고 암세포가 벌써 유선과 목 부위에까지 전이되었다는 것이다. 양문청은 어떻게 진료실의 문을 나왔는지 몰랐다. 그는 세면실에 들어가서 한참 울고 난 후 겨우 눈물을 닦고 아무 일 없던 듯이 자기를 기다리고 있는 아내한테로 걸어갔다.

　　양문청은 상심하지 않고 아내의 병에 대해 의사들을 수없이 찾아다녔다. 하지만 의사들은 그녀의 상태를 안 후에는 치료를 거절했다. 한 나이 든 의사는 장미령이 기껏해야 한 달밖에 더 살지 못할 것이라고 했다.

　　비록 양문청이 줄곧 아내에게 비밀을 지키려고 했지만, 민감한 장미령은 남편의 처량한 눈길과 평소와 다른 거동에서 불길한 예감을 느꼈다. 양문청은 평소에 깔끔한 것을 좋아하는데 이 며칠은 언제나 머리가 부스스하고 옷차림도 꾀죄죄했으며 어떤 날에는 아침에 일어나서도 세수조차 하지 않았다. 그날 병원에서 돌아오는 길에 양문청은 벽에 머리를 부딪쳐 피까지 흘렸었다. 그녀가 끝까지 캐물어서야 양문청은 눈물을 하염없이 흘리면서 오랫동안 감추었던 비밀을 털어놓았다. 장미령은 눈앞이 캄캄해졌다.

생명이 경각에 이른 장미령은 사랑하는 남편과 귀여운 아이들을 위해 많은 일을 해놓고 가고 싶었다. 그녀는 여러 가지 천들을 사다가 매 아이들의 연령대별 몸매를 상상하면서 그들이 계절에 따라 입을 옷들을 지어놓았다. 단추나, 소매 등 쉽게 해지는 곳은 더 알뜰히 바느질하고 또 했다. 그는 집 식구들의 음식 습관에 맞게 북방 남새(나물)들을 사다가 짠지를 푸짐히 담가놓았다. 그리고 남편에게 어떻게 밀가루 반죽을 하고 만두를 찌는지를 낱낱이 가르쳐 주었다.

그녀는 예전과 다름없이 안주인이 해야 할 일을 다 하였다. 하지만 생명에 대하여 절망하지 않을 수가 없었다. 그녀는 가만히 수면제 한 병을 사놓았다. 정말 참기 힘들면 영원히 잠드는 것으로 고통에서 벗어나려 하였다. 3월 초, 그녀는 병환이 심해졌지만, 한사코 병원에 가려 하지 않았다. 그녀는 돈을 무의미하게 쓰고 싶지 않았기 때문이다. 부득불 약으로 하루하루 지탱할 수밖에 없었다.

3월 8일 오후, 양문청은 또 병원에 약을 사러 갔다. 떠나기 전에 그는 아내의 몸을 닦아주고 그녀와 한참 동안 얘기를 하다가 떠났다. 그녀는 감격한 마음으로 남편이 문밖으로 사라지는 것을 하염없이 바라보았다. 이것이 남편이 그녀에게 마지막으로 남겨준 생기발랄한 모습일 줄을 그녀가 어찌 알았으랴!

양문청은 의사한테서 아내가 며칠 지탱하지 못할 것이라는 말을 듣고 머리가 울리듯 아픈 것 같았다. 그는 병원 앞에 자전거를 세워둔 일도 까맣게 잊은 채 한 걸음, 한 걸음 맥없이 집으로 발걸음을 옮겼다. 착잡한 심정으로 걸어가던 그는 어쩔 사이도 없이 미친 듯이 달려오는 차에 부딪혀 10미터 밖으로 떨어져 나갔다. 그는 피를 흘리며 쓰러져서도 아내에게 줄 약을 손에 꼭 쥐고 있었다.

장미령이 부축을 받으며 병원에 이르렀을 때 양문청은 온몸에 붕대를 감은 채 응급실에 누워 간신히 숨을 쉬고 있었다. 그녀는 가슴이 찢어지는 것 같은 비명과 함께 정신을 잃고 땅에 쓰러졌다.

장미령은 하남 개봉에서 태어났다. 그녀는 열 몇 살 어린 나이에 부모를 여의었다. 기댈 곳 없는 그녀를 오빠와 올케도 받아주질 않았다. 그녀는 어쩔 수 없이 홀몸으로 집을 떠나 사방으로 유랑하면서 고생이란 고생을 다 했다.

1980년 5월 그녀는 표도 안 사고 차에 기어올라 도중에서 빌어먹으면서 겨우 해구에 도착하였다. 부두에서 그녀는 또 나쁜 사람에게 구슬려져 돈과 짐을 몽땅 빼앗겼다. 절망과 분노로 마음을 끓이던 그녀는 끝내 부두 부근의 한 지붕 밑에 쓰러지고 말았다. 물 한 모금, 미음 한 숟가락 뜨지 못한 채 고열에 시달리고 있었지만 누구 하나 거들떠보는 사람이 없었다. 이틀 후 부근의 모 공장에서 일하던 양문청이 발견하고 숨이 간간한 그녀를 병원에 업어 갔다.

양문청은 순박하고 선량한 남자였다. 몇 년 전에 그의 아내는 남편과 네 자식을 버리고 다른 남자를 따라갔다. 양문청은 길거리에 쓰러진 이 젊은 여자를 아주 동정했다. 장미령은 처음에는 이 낯선 남자를 경계했지만 시간이 지남에 따라 그에게 크게 감동하였다. 그녀는 점차 생면부지의 이 남자를 오빠처럼 믿고 따르게 되었으며 자기의 마음속 고통도 서슴없이 털어놓게 되었다. 이렇게 그녀는 달갑게 그의 가정 보모로 들어가게 되었다.

양문청의 집에 들어선 그녀는 집안의 정경에 눈이 휘둥그레졌다. 식탁에는 씻지 않은 그릇들과 먹다 남은 반찬과 밥으로 지저분하기 그지없었고 어지러운 옷과 구멍 난 양말, 흙이 묻은 신들이 이리저리 널려져 있었다. 그리고 큰애가 금방 9살이고 작은애는 3살 반도 되지 않았으며 모두 남루한 옷을 걸치고 있었는데 그중 두 아이의 얼굴은 때와 콧물 범벅으로 금방 쓰레기통에서 기어 나온 것 같았다.

그녀는 한숨이 나왔다. 저녁 식사 후, 양문청은 진심으로 그녀에게 말했다.

"우리 집 형편은 보는 바와 같소. 조건이 나쁘고 애들이 어리고 철이 들지 못했소. 만약 우리 집에서 일하기 싫으면 일자리를 찾을 때까지만 집에 있으면서 거리 구경도 하고 그러오. 일자리는 내가 다시 방법을 찾아보겠으니 걱정하지 마오."

망설이고 있던 장미령은 양문청의 진정 어린 말에 감동되어 눈물을 흘렸다. 이렇게 그는 이 집에 남게 되었다.

선량하고 부지런한 장미령은 이 가정을 위하여 자기의 정성을 아끼지 않았다. 그녀는 가슴속 깊이에 자리 잡고 있던 모성애를 전부 양문청의 아이들에게 쏟아부었다. 아이들은 그녀를 친어머니처럼 따르고 좋아했다. 얼마 지나지 않아 그들은 서로 마음의 문을 열었고 이내 결혼하였다.

2년 후 그녀는 임신했다. 양문청은 그녀에게 아이를 낳을 것을 진심으로 권했다. 하지만 그녀는 눈물을 흘리면서 혼자 가만히 병원에 가서 임신중절수술을 했다. 그녀는 평온한 가정에 불안정한 요소를 가져다주고 싶지 않았다. 그리고 그녀는 벌써 양문청의 네 아이를 자기가 낳은 자식처럼 아끼고 있었다.

장미령은 늦게야 병원에서 집으로 돌아왔다. 집에 돌아와 보니 집은 난장판이었다. 물도 끓일 줄조차 모르는 애들은 하루 종일 따뜻한 물 한 모금도 마시지 못하고 있었다. 큰아들은 칼국수를 삶으려다가 가마를 엎질렀을 뿐만 아니라 하마터면 화재까지 날 뻔하였다.

아이들은 놀란 나머지 물난리가 난 주방에 쪼그리고 앉아 부들부들 떨고 있었다. 큰딸은 아버지가 다쳤다는 소식을 들은 후부터 줄곧 침대에 엎드려 울고 있었다. 그 애는 목이 다 쉬었다. 셋째는 배고픈 김에 묵은 밥을 먹은 것이 속탈이 났는지 배가 아파 데굴데굴 구르고 있었다. 개구쟁이인 막내는 벌집을 건드려 벌에게 쏘여 얼굴이 퉁퉁 부어 있었다.

집을 거두고 아이들을 잠자리에 눕히고 나니 벌써 새벽이 다 되었다. 그제야 그녀는 허기와 피곤함으로 하늘땅이 빙글빙글 돌아가는 것 같았다. 그녀는 눈물이 글썽한 눈으로 곤히 잠든 아이들을 바라보면서 하느님에게 빌었다.

'문청을 살려주십시오. 저를 문청이 일어설 때까지만 살게 해주십시오. 애들을 그에게 시름 놓고 맡길 수 있어야 제가 죽어도 눈을 감고 죽지요.'

그 후부터 그녀는 아침 일찍 일어나 애들이 하루 동안 먹을 음식들을 장만하여 가마솥 안에 넣고 행여 식을까 이불까지 덮어놓고서야 병원으로 향했다. 병원에서 그녀는 간호사들을 도와 남편에게 약을 갈아주고 남편의 몸을 닦아주었으며 치료비 때문에 사방으로 뛰어다녔다. 그녀는 병원에서 바삐 돌아다니면서도 애들 걱정에 마음을 놓을 새가 없었다. 애들이 밖에 나가 장난하지 않는지, 남에게 업신여김을 당하지 않는지, 무슨 일이 일어나진 않는지, 집에 밥은 있지만 배불리 먹는지, 맛있게 먹는지… 끼니때가 되면 그녀의 발걸음은 저도 모르게 집으로 향했다. 애들의 태평한 모습과 배불리 먹은 모습을 보고서야 그녀는 시름을 놓곤 했다.

한 달이 지나자 남편은 겨우 사경에서 벗어났다지만 대뇌 신경에 중상을 입어 식물인간이 되고 말았다. 장미령도 거의 넋이 나가는 것 같았다. 하지만 병상에 누워 있는 남편과 기댈 곳 없는 아이들을 보고는 마음속으로 다졌다.

'내가 지탱하는 날까지 이들을 돌보리라.'

남편은 퇴원한 후 걸핏하면 와들와들 떨곤 했는데 의사들도 그 원인을 몰랐다. 처음 얼마 동안은 발작이 빈번하여 늘 침대에서 떨어지곤 했다. 이런 환자들은 머리의 진동을 절대적으로 피해야 했다. 장미령은 집에 있는 이불과 요를 전부 침대 밑에 펴놓고 침대 주위에서 뱅뱅 돌면서 남편을 지켰다. 하지만 그래도 시름이 놓이지 않았다. 다시 발작할 때면 그녀는 젖 먹던 힘까지 다 내어 남편을 움직이지 못하게 하였다. 어느 한번 그녀는 버티다 못해 울면서 외쳤다.

"여보, 진정하세요. 전 견딜 수 없어요. 아이들이 수업을 마치고 돌아올 거예요. 아이들을 놀라게 하지 마세요…"

이렇게 몇 시간씩 허덕이고서야 남편은 평온해졌다. 그러고 난 후면 그녀는 침대에 엎드려 반나절씩이나 숨을 돌리지 못했다. 남편은 때로는 아무런 징조도 없이 발작하곤 했다. 어느 한번 그녀가 눈을 떠보니 남편은 거의 침대에서 굴러떨어지고 있었다. 미처 다른 생각을 할 사이도 없었다. 그녀는 자기의 몸으로 남편을 받았다. 140여 근(약 80kg) 되는 무게가 그녀의 몸에 실렸을 때 그녀는 눈에서 불꽃이 튀는 것 같았다.

그녀는 매일 10여 번씩 남편을 돌려 눕혔다. 허약해질 대로 허약해진 그녀는 때로는 까닥할 맥도 없었다. 중간에 잠깐씩 숨을 돌리고 나서야 일을 끝낼 수 있었다. 그녀는 늘 그의 몸을 닦아주면서 마음속으로 외쳤다.

"내가 살아 있는 한 당신의 몸은 언제나 깨끗할 거예요."

그녀는 남편의 의식을 회복시키기 위하여 갖은 노력을 다했다. 그녀는 아침부터 저녁 늦게까지 틈만 있으면 남편의 귀에 대고 그의 이름을 부르면서 아이들의 얘기를 해주었고 그가 좋아하는 경극 테이프들을 돌려주었으며 애들의 노래와 웃음소리를 녹음해서 들려주었다. 그녀는 자기가 얼마나 더 지탱할지 몰랐지만 자기가 죽기 전에 남편이 깨어나기를 진심으로 바랐다.

이날을 기다리기 위하여 그녀는 갖은 방법을 다하여 죽음과 싸웠다. 그녀는 아픔을 참을 수 없을 때면 조그마한 걸상으로 가슴을 지긋이 받치곤 하였다. 입술을 너무 깨물어서 입술이 만신창이가 다 되었다. 그녀는 더는 참을 수 없는 지경에 이르러서야 병원에 가서 페티딘 주사(마약성 진통제)를 맞곤 하였다. 하지만 후에는 그것도 버릇이 될까 봐 이를 악물고 버텨보기로 했다.

극도의 아픔에서 헤맬 때마다 그녀는 죽고 싶은 생각이 났다. 그녀는 그 수면제를 몇 번이나 꺼냈다 다시 넣었는지 모른다. 내가 죽으면 가족들은 어떻게 하는가? 그녀는 한 번 또 한 번 마음을 다잡았다. 어떻게 하나 참아보는 거다.

어느 날, 그녀는 더는 견딜 수가 없었다. 그녀는 겨우겨우 기어가 그 수면제를 꺼냈다. 그녀는 죽기 전에 자기의 꿈과 사랑이 깃들어 있던 이 집 안을 다시 둘러보았다. 그때, 그녀의 눈앞에는 어제 거리에서 보았던 유랑아가 떠올랐다. 아이는 굶주림을 참지 못해 음식점에 들어가 밥을 도둑질해 먹다가 들켜서 매를 맞았고, 피범벅이 된 얼굴로 아버지 어머니를 부르며 애처롭게 울고 있었다. 그제야 그녀는 다시 정신을 차렸다. 그녀는 끝내 그 죽음의 유혹에서 벗어났다. 그녀는 그 약병을 쓰레기통에 처넣었다.

반년이 지나자 남편의 병도 괜찮아졌고 아이들의 정서도 안정되었다. 하지만 장미령은 다시 새로운 고뇌에 빠졌다. 남편의 의료비는 4만 원이나 되었다. 공장에서는 일부분만 결산해 주었으며 집에 있던

중국과 한반도의 미래

얼마 안 되는 저금도 죄다 써버렸다. 공장에서는 정책에 좇아 달마다 200원의 생활비를 주었는데 그것마저도 경제가 나빠 제때 주지 못했다. 장미령은 매일 4원으로 여섯 식구의 생활을 유지하고 나머지 돈은 은행에 적금하였다.

가난한 집 애들이 일찍 철이 든다고 어려운 집 형편을 보고 맏이와 둘째는 어머니에게 학교를 그만두고 나가서 돈을 벌겠다고 했다. 그녀는 애들의 수척해진 얼굴을 하염없이 쓰다듬어 주면서 타일렀다.

"다른 생각을 하지 말고 공부에 열중해라. 너의 아버지가 은행에 정기저금을 하였던 돈을 찾아내지 못해 그렇지 그 돈을 찾으면 괜찮을 거다."

똑똑한 아이들은 어머니의 말이 거짓말이라는 것을 알고 견결히 퇴학하겠다고 했다. 그녀는 그들을 설득하다 못해 그래도 말을 듣지 않으니 뺨을 한 대씩 갈겼다. 애들은 마지못해 책가방을 메고 학교에 가면서 눈물이 글썽한 눈길로 어머니를 바라보았다. 그녀도 가만히 눈물을 훔쳤다.

1989년 3월 초, 그녀는 2월분 생활비에서 매일 50전씩 저금하여 모은 돈 145원으로 미역, 채소 등 반찬거리와 여러 가지 조미료들을 샀다. 그녀는 짠지를 버무려 팔 생각이었다. 집에서 버무리자니 애들이 군침을 흘릴 것 같아 그녀는 마음씨가 착한 이웃집에 가서 버무렸다. 버무려 놓고 보니 어디에 가서 팔 것인지 계획이 없었다. 그 아줌마는 그녀를 데리고 부근의 비어 있는 터에 나갔다. 그녀의 장사는 이렇게 어정쩡한 가운데서 시작되었다. 저울도 없고 그냥 주먹구구로 팔았다. 순식간에 짠지가 다 팔렸다. 잠깐 새에 10여 원을 번 그녀의 기쁨은 한

량없었다.

이렇게 시작한 장사는 날마다 규모가 늘어났다. 돈을 좀 벌자 그녀는 보모를 청해 집일을 돌보게 하고 자기는 모든 정력을 장사에 몰두했다. 그릇 몇 개를 놓고 달랑 시작한 장사가 이제 자그마한 음식점으로 발전하였다. 그녀는 돈을 번 후에도 의연히 소박하게 생활했다. 그녀는 애들이 1전 한 푼 쉬이 쓰는 것을 용서하지 않았다. 아이들은 어머니가 깍쟁이라고 입이 뿌루퉁해졌다. 결국 1990년 5월의 어느 주말에 끝내 일장풍파가 일어났다.

벌써 중학생이 된 맏이와 둘째는 학교 농구단에 뽑혔다. 그 애들은 큰마음을 먹고 어머니에게 명품 운동화를 사달라고 했다. 그들이 몇 번 말했지만 장미령은 끝내 사주지 않았다. 그 애들은 아버지 침대에 엎드려 슬프게 울었다. 장미령은 바늘로 찌르는 듯 가슴이 아팠다. 내가 만약 돈을 많이 모으지 않으면 내가 죽은 후 반신불수인 남편과 의지할 곳 없는 애들을 어떻게 하겠는가?

그날, 그녀는 보모를 보내놓고 애들을 아버지의 침대 곁에 불렀다. 그러고는 여기저기 감추어 놓았던 저금통장들을 꺼내다가 쫙 널어놓았다. 큰애와 둘째는 놀라서 감히 울지도 못했다. 애들은 어머니가 저금통장들을 다섯 몫으로 나누는 것을 눈이 휘둥그레져서 보고 있었다.

"너희들은 아직 어려서 잘 모를 거다. 나는 내가 죽은 후 너희들이 돈 고생을 할까 봐 이렇게 애를 쓰고 돈을 모으는 거다. 너희들이 날개가 굳어 날 수 있다면 이 저금통장들을 하나씩 가져가거라. 하지만 아버지의 몫은 건드리지 못한다. 그리고 앞으로 너희들이 돈을 벌면 아버지의 몫으로 더 저금해 주어야 한다…"

말하면서 그녀는 저금통장들을 애들의 손에 각기 쥐여주었다. 아이들은 무의식적으로 저금통장들을 받았다. 그들은 저금통장에 쓰인 자기들의 이름을 보고 어머니의 마음을 읽었다. 그들은 약속도 없이 어머니 앞에 무릎을 꿇고 앉아 저금통장들을 억지로 어머니에게 밀어주었다.

아이들에게 너무했다고 생각한 그녀는 후에 애들에게 아디다스 운동화를 사주었다. 아이들이 기뻐할 줄 알았는데 세상 물정을 모르는 막내만 입이 헤벌려져서 새 신을 신고 자랑하러 나간 것 외에는 누구도 신으려고 하지 않았다.

"어머니, 어머니가 우리에게 이 신을 사준 것은 아직도 우리를 이해하지 않는다는 것을 말해요."

그녀는 그 신을 물리지 않았다. 오늘까지 그 신은 여전히 그녀와 남편의 사진이 모셔져 있는 침실맡에 가지런히 놓여 있다. 오이처럼 쑥쑥 커가는 애들은 더는 그 신발을 신을 수 없게 되었다. 그 신발은 그들에게 영원한 추억으로 남을 것이다.

이후 장미령의 네 자식은 모두 어른이 되었다. 딸 양부는 어려서부터 의사가 되고 싶었다. 그녀는 의술을 배워 아버지와 어머니의 병을 치료하리라 마음먹었다. 그 애는 국내에서 의과 석사학위를 받은 후 또 미국에 가서 계속 박사학위를 공부했다. 큰아들 양장과 둘째 아들 양익균은 일터에서 중견으로 일하고 있으며, 막내아들은 대학교에 입학했다.

1996년 5월, 양부는 가장 선진적인 의료 설비와 기술로 어머니의 생명을 구하고자 어머니를 미국에 모셨다. 뉴욕국립의과대학의 교수들은 장미령이 시한부 판결을 받고서도 오늘까지 10년이나 살아왔다는 얘기를 듣고 그야말로 불가사의한 생명의 기적이라고 말했다. 양부의 아버지 양문청도 아내의 지극한 정성으로 끝내 혼돈의 세계에서 깨어났다. 하지만 남편이 깨어난 얼마 후 어느 밤, 장미령은 하늘의 별이 되었다.

지옥의 문 앞에서

대붕은 천상적으로 장사꾼의 기질을 타고난 것 같았다. 초중 시절부터 그는 자잘한 것들을 되팔아 학잡비를 마련했을 뿐만 아니라 소비할 돈을 푼푼이 쥐고 다녔다. 엄한 아버지의 눈길 밑에서 겨우 고중을 졸업했고 대학 시험에서 떨어지자 그는 되려 아주 기뻐하였다.

'이젠 더는 지긋지긋한 공부를 하지 않아도 된단 말이야.'

그의 아버지는 아들의 소행이 괘씸하여 시멘트공장에서 제일 힘든 일을 시켰다. 뜻밖에도 대붕은 흔쾌히 돌을 실어 나르는 일을 받아들이더니 석 달간 하고 나서는 자취를 감추고 말았다. 그는 천여 원 돈을 가지고 외지에 가서 자그마한 되넘기장사(중간유통업자)를 하였고 돈을 좀 벌자, 운전 기술을 배워 운수대에 가담하였다. 그는 남의 차를 몰아주는 한편 되넘기장사도 계속하였다. 2년 후 그는 아버지의 도움을 받아 낡은 차를 샀다. 얼마 후 그는 또 낡은 차를 팔아 새 차를 샀고 또 그 차를 팔아 승용차를 사서 남에게 세를 주고 자가용도 한 대 샀다.

그는 장삿길에 들어서자, 범에게 날개라도 친 듯 총명과 재질을 남김없이 발휘하였다. 당시 A현은 논공 산업이 신속히 발전하였는데 현성에는 가무청, 노래방, 술집들이 우후죽순처럼 땅을 차고 일어섰고 마약 사용도 재빨리 일종 유행으로 번졌다. 그의 차에는 흔히 세 가지 부류의 사람들이 타곤 하였는데 전문 아가씨들을 끼고 다니는 부자들, 부자에게 얹혀사는 기생충 여인들과 마약 사용자들이었다. 그들은 그가 부르는 대로 군소리 없이 차비를 줬고 때로는 큰돈을 주고 거스름돈을 받지 않았다. 그 때문에 그의 하루 수입은 때때로 보통 노동자의 한 달 노임과 맞먹었다.

1992년, 일정한 자금이 있게 되자 그는 당시에서 처음으로 되는 종이함공장을 앉히고 당당한 사장이 되었다. 그해 그는 24세밖에 안 되었다.

1991년, 택시를 몰면서 그는 A현 현위서기의 딸인 여여를 알게 되었다. 그들은 늘 무도청에 드나들었고 서로 깊이 사랑하게 되었다. 그러나 그들의 사랑은 여여 부모의 격렬한 반대를 받았다.

마음이 울적해진 그는 며칠 연속으로 우울한 나날을 보냈다. 그러던 어느 날, 그는 차에 앉은 마약 흡연자들의 그 편안하고 만족스러운 기색을 보고 자기도 한 모금 피워보고 싶은 충동을 느꼈다. 과연 그 한 모금은 은연중 그에게 형용할 수 없는 쾌감을 갖다주었다. 그 후부터 그는 괴롭거나 번민에 잠길 때면 마약을 피우고 싶은 욕망에 사로잡히곤 하였다.

어느 날 여여와 밀회하던 중 그는 실언하여 자기가 마약을 피운 일을 말해버렸다. 그런데 천만뜻밖에도 여여는 펄쩍 뛰며 반대를 한 것이 아니라 묘한 웃음을 흘렸다.

"마약을 피운다는 건 상류사회에 진출했다는 상징이에요. 그건 당신의 능력을 인정해 주는 거나 마찬가지예요. 마약은 누구나 피울 수 있는 게 아니니깐요."

확실히 그런 것 같았다. 그는 늘 일부 사람들이 마약을 피우는 것을 자랑으로 느끼고 으스대는 것을 봐온 것이다. 여여는 자기도 연회 석상에서 간혹가다 몇 모금씩 피우기도 했다고 고백했다. 그때부터 대붕은 마약을 경계하지 않았고 때때로 의식적 혹은 무의식적으로 남들에게 자기의 '고귀한' 풍채를 과시하곤 했다.

1992년 가을, 대붕의 부모들은 아들이 마약을 피운다는 것을 알게 되었다. 그들은 그 일 때문에 분개하고 속이 탔지만, 아들이 혼사 때문에 늘 고민에 잠기고 우울해 있는 것을 보고는 다른 뾰족한 수가 떠오르지 않아 그저 속으로 조바심만 낼 뿐이었다. 그해 가을, 아들이 마약에 깊이 빠진 것을 발견하고 더는 수수방관할 수 없다고 마음을 다잡고 있을 때 뜻밖의 기쁨이 그들의 마음을 약하게 만들었다.

그날 밤, 하늘에서는 싸락눈이 내리고 있었다. 그들이 텔레비전을 보고 있는데 갑자기 문 두드리는 소리가 급히 울렸다. 급한 걸음으로 달려가 문을 열어준 대붕의 어머니는 깜짝 놀라 그 자리에 굳어졌다.

"아니, 여여!"

문밖에는 눈사람이 된 여여가 금방 쓰러질 듯한 기색으로 서 있었다. 그녀는 집안에 들어서자, 노인의 품에 쓰러지며 울음보를 터뜨렸다. 원래 그녀는 대붕과의 혼사 때문에 자기 부모와 관계를 끊는 지경까지 이르렀던 것이다. 여여는 한바탕 앓고 난 뒤 며칠만 더 있게 해달라던 것이 1년 남짓 대붕이네 집에 머물렀다가 결국 결혼하고 분가했다.

그들의 혼사에 적극적인 반응을 보인 것은 대붕의 아버지였다. 혼인은 일생의 대사라는 것도 있겠지만 그의 마음 깊은 곳에는 남에게 말할 수 없는 한 가지 욕망이 있었으니, 그것이 바로 권력과 부귀에 대한 아부였다. 하지만 그가 어찌 생각이나 했으랴. 권세에 아부하려는 자기의 비정상적인 심리가 아들의 인생에 첩첩한 장애와 곤란을 가져다주게 되었으며 그 정도가 냉혹하고 잔인할 지경에 이르렀다는 것을. 여여와의 결합은 대붕에게 성취감을 가져다준 동시에 마약에 대한 경계심리를 늦추게 하였다. 달콤한 나날은 그에게 냉정과 의지를 찾을 수 없게 하였다.

대붕은 보금자리를 남관 부근에 지었는데 그 호화로운 정도가 현위 지도자들도 감히 쳐다보지 못할 지경이었다. 그 때문에 여여의 허영심과 물욕은 최대의 만족을 가져왔다. 그녀는 대붕에게 남시중을, 자기에게 여시중을 전부 두었고 또 안노인 한 분을 구해다 전문적으로 밥 짓고 빨래하는 일을 하게 하였다. 그녀는 단위(직장)에 장기휴가를 내고 귀부인과도 같은 생활을 누리기 시작했다.

그러나 향락과 사치의 나날은 1년 남짓밖에 지속되지 못했다. 그 시각 대붕은 이미 피골이 상접한 아편쟁이의 꼴로 변하였고 마약을 피우지 못하면 전신에 기운이 없고 헤 벌린 입으로 침을 질질 흘리는 마약 중독쟁이로 변하였다. 그때의 그는 이미 종이함공장의 운영에 신경을 쓸 상태가 못 되어 공장을 한 친척에게 도급해 주었는데 경영할 줄 몰라 수입은커녕 밑지지 않으면 다행일 지경에 이르렀다. 그 후 그는 그 공장을 팔아버리기로 했는데 그가 마약 때문에 돈을 급히 필요로 한다는 것을

중국과 한반도의 미래

알게 된 상대측에서는 값을 기껏 낮추어 버려 공장은 차 두 대의 값밖에 안 되었다. 물론 그 돈으로 A현에서 중등 수준에 이르는 생활 수준을 유지하자면 10년도 문제없을 테지만 그들은 돈을 쥐자마자 마약을 사 피우고 오락 장소에 드나들면서 2년 만에 탕진해 버리고 말았다.

1992년 2월, 그들에게 고용되었던 세 시중은 몇 달 동안 노임을 받지 못하는 바람에 사직하고자 했다. 그들이 그동안 밀린 노임을 주지 않으면 떠나지 않겠다는 바람에 대붕은 일부 가구들을 팔아 겨우 그들을 돌려보냈다.

대붕은 한때 '황제'질을 하였고 또 한때는 '거지'로 몰락하는 배역을 연출하였다. 언젠가 그는 여여와 함께 모 시의 오락 장소에 가서 근 만 원에 달하는 돈을 날려버림으로써 3시간 동안 '황제' 노릇을 하였으며, 또 언젠가 그는 집에 쌀 사 먹을 돈도 없어 어린 자식을 끌고 부모 집에 와 밥을 얻어먹기도 했다. 그들 부부는 돈 때문에 싸움질을 밥 먹듯 했고 여여는 퍽 하면 친정에 가버리곤 하였다.

언제부터인가, 대붕의 부모 집 앞에는 처참한 풍경이 보태졌다. 무기력해진 대붕이 입을 헤 벌리고 눈물을 질질 흘리며 어린 아들을 안고 대문 밖 멍석 돌에 앉아 세월을 보내는 비참한 장면이었다.

1995년부터 1996년 6월까지 대붕은 10차례나 마약을 끊으려다 성공하지 못했다. 한 번은 마약을 피우다 경찰에게 잡혀 마약중독자 강제 치료소에 들어가게 되었다. 그의 부모들은 이 기회에 마약을 끊으면 다행이다 싶어 공안국에 적극적으로 협조하려 하였다. 그런데 여여가 한사코 반대할 줄이야.

"생각해 보세요. 대붕이 잡혀 들어가 있으면 제 체면이 어떻게 되겠어요. 또 우리 아버진 현위의 지도자인데 감히 대붕을 붙잡다니, 우리 아버질 어떻게 보고 하는 짓인가요?"

그녀의 간섭으로 대붕은 세 번이나 마약중독자 강제치료소에 들어갔는데 세 번 다 사흘도 못 넘기고 나오고 말았다. 대붕의 어머니는 며느리의 소행이 불만스러워 아들을 집에 데려다 마약을 끊게 하였다. 하지만 여여는 시집에 찾아와 한바탕 난리를 피우곤 하였다.

"멀쩡한 사내가 집에만 들어앉아 있으면 우리 모자는 뭘 먹고 살아요?"

그러면서 그녀는 시어머니 몰래 대붕을 밖에 빼돌렸고 대붕은 금단증상이 나타나면 또 마약을 피우곤 하였다. 그렇게 대붕은 다섯 번 마약을 끊으려고 시도했으나 번번이 여여의 간섭으로 실패를 보곤 하였다.

대붕의 어머니는 집에선 안 되자 대붕을 고모 집에 보내려 했다. 그러자 여여는 시어머니에게 손가락질하며 귀에 거슬리는 말들을 마구 퍼부어 댔다.

"결혼 전에는 당신의 아들이었기에 당신이 관계할 수 있었지만 결혼 후에는 내 남자이기에 내게 권한이 있어요. 당신들이 그냥 대붕을 다른 데로 빼돌리려 하는 건 우리를 갈라놓으려는 수작이지요?!"

여여의 패악질에 대붕의 어머니는 더 어쩔 방법이 없었다.

1996년 4월, 대붕과 여여는 또 한차례 전쟁을 치렀다. 여여는 옷가지들을 꾸려서 친정으로 가버렸다. 그 기회에 대붕의 아버지는 아들을 마약중독자 강제치료소에 보냈다. 닷새 후, 대붕의 아버지는 현위 사무실에서 걸려 온 전화를 받았다.

"당신이 아들을 마약중독자 강제치료소에 보냈소?"

중국과 한반도의 미래

"예, 그렇습니다."

"당신이 이런 시기에 아들을 그런 곳에 보내다니, 현위서기 얼굴에 먹칠하자고 마음먹은 거요?"

"아, 아닙니다…"

원래 그때 현에서는 한창 마약 수사 활동이 활발히 진행되고 있었는데 현위 부서기가 대붕이 경찰에게 잡혀서 거기에 들어간 걸로 잘못 듣고 현위서기가 출근하자 '친절한' 관심을 보인 것이다.

"헤이, 참! 지금 경찰들은 무법천지란 말입니다. 범죄 타격 활동을 개시하자마자 현위서기의 사위부터 잡아가다니?!"

그 말에 현위서기는 얼굴빛을 흐리며 한마디 했다.

"그건 잘한 일이요. 내일 표창대회를 열어 공안국을 표창해야겠소. 내가 직접 회의를 주최하겠소."

그리하여 현위 사무실의 사업 인원이 현위서기를 대신해 그들 훈계하게 된 것이다.

"내일 표창대회를 여니까 오늘 내로 당장 아들을 집에 데려가시오."

대붕의 아버지는 아들을 집에 데려올 수밖에 없었다. 대붕의 어머니는 사실의 자초지종을 알고 나서 분개해서 말했다.

"당신은 그리 아들을 위하는 마음이 추호도 없어요? 당신 앞길이 그 현위서기의 손에 달려 있단 말이에요? 그 앞길이 아들의 목숨보다 더 중한가요?"

대붕의 어머니는 소파 한구석에 구겨 박혀 있는 아들의 몰골을 바라보며 비애와 절망에 빠졌다. 아, 이제 내 아들에게는 죽는 길밖에 없단 말인가?

1996년 어느 날부터인가 대붕이 부모네 집에는 이름 모를 손님들이 들이닥치기 시작했다. 그들은 시도 때도 없이 두 노인의 생활을 방해하였다. 대붕이 남의 오토바이를 빌려다가 두 달이나 돌려주지 않더니 다른 사람에게 팔아버렸단다. 어떤 사람은 자기네가 현금과 저금통장을 잃어버렸는데 은행에 갔더니 이미 돈은 몽땅 꺼내 갔다면서 대붕이 한 짓이 틀림없다고 딱 잡아뗐다.

어느 집에서는 여행을 떠나면서 대붕에게 집을 봐달라고 했는데 돌아와 보니 집의 텔레비전이며 냉동기, 세탁기, 침대, 소파까지 다 팔아먹었고 심지어는 집을 다른 사람에게 세주고 반년 치 집값을 받아서 도망쳤다고 했다.

"대붕인 이미 어른이 되어 분가까지 한 사람인데 그 애가 저지른 일은 그 애 스스로 책임져야지 않겠소. 당신들은 공안국에 찾아가시오!"

어느 날 점심, 대붕의 어머니가 손자와 같이 뜨락에서 놀고 있는데 한 무리의 빚쟁이들이 쓸어 들어왔다. 그들은 저마다 손에 식칼이며 도끼들을 들고 있었는데 그중 한 사람이 날이 시퍼런 식칼을 대붕이 어머니의 발치에 던지며 노기등등해서 고함치는 것이었다.

"당신이 아들 대신 빚을 물어주지 않으려면 오늘 이 뜨락에서 시체나 수습하시오."

말이 떨어지자 어떤 사람은 선뜩선뜩한 도끼날을 자기 팔목에 대고 휙 그었다. 그러자 새빨간 피가 솟구치며 땅에 뚝뚝 떨어졌다. 대붕의 어머니는 이성을 잃지 않고 그들을 설득하였다.

"공안국에 찾아가시오. 공안국에서 어느 안건이 우리 대붕이가 저지른 것이라는 것을 파악해 내면 내가 아들 대신 그 빚을 갚으리다."

중국과 한반도의 미래

빚쟁이들은 안노인의 말에 말없이 돌아 나갔다. 그 후 공안국에서 여러모로 조사한 결과 대부분 안건이 대붕이 한 일이었다. 대붕이 어머니는 약속한 대로 그 빚을 하나하나 물었다. 그러느라 그의 가슴에서는 피가 흘렀다. 그깟 돈이 아까워서가 아니라 예전에 남들의 존경을 받던 아들이 일순간 사람들에게 쫓겨 갈팡질팡하는 쥐처럼 전락한 것이 가슴 아파서였다.

1996년 8월, 여여는 이혼을 제기했다. 그들은 이내 이혼 절차를 밟았다. 이혼 시 여여는 아들을 대붕에게 떠맡겼다. 그녀보다 더 끔찍이 아들을 사랑했던 대붕이라 두말없이 그 결과를 받아들였다. 그로부터 주변에 소문난 한 가정은 소리 없이 무너져 내렸다. 대붕의 아버지는 후회막급이었다.

'진작 이럴 줄 알았더라면 애초에…'

1996년 가을, 대붕의 부모네 집 뜨락에서는 늘 울부짖는 소리가 울려 나왔다. 그 소리는 길 가는 사람들의 고막을 찢었고 친인들의 가슴을 허비였다. 뜨락 한 귀퉁이에는 몇 년간 사람이 들지 않은 사랑채가 있었는데 그 안에는 텔레비전과 각종 도서가 놓여 있었다. 그곳은 대붕이 마약을 끊는 장소였다. 대붕이 부모들은 그를 집안에 가두어 두었다. 뜨락에는 아름드리 오동나무가 자라고 있었는데 나무 몸체는 솜이불로 겹겹이 동여 있었다. 대붕이 금단증상이 나타나면 아무 짓이나 할 수 있기에 만일의 경우를 대비한 것이었다.

대붕이 어머니는 거리에 나물 사러 갈 때를 제외하고는 대부분 시간을 집에서 보냈다. 그녀는 아들의 정서가 좋아지면 사랑채 문을 열어

주어 손자와 놀게 하였고 자기도 옆에서 집안일이며 손자의 짓궂은 장난이며 시시콜콜 아들에게 들려주곤 하였다. 이는 대붕이 어머니에게 있어서 가장 즐겁고 유쾌한 시간이었다.

그날, 그들 모자의 정은 더욱 깊어졌다. 대붕의 어머니는 아들의 행동에 늘 감사한 마음이었다. 매번 금단증상이 나타나기 전이면 대붕은 미리 어머니를 불러와 어머니더러 자기를 밧줄로 꽁꽁 묶게 하고는 조용히 어머니를 돌려보내곤 하였다.

"어머니, 집에 들어가 쉬십시오. 좀 있으면 전 괜찮아질 겁니다."

대붕도 어머니에게서 이 세상 둘도 없는 혈육의 정을 느끼곤 하였다. 어머니는 사랑채에서 이상한 기척이 들리면 살을 에는 듯한 엄동설한의 추위도 마다하지 않고 홑옷 바람으로 뛰어왔고 몇 번이나 미끄러지며 넘어져 팔다리를 상했는지 모른다.

대붕의 병세가 엄중해지면 그들은 이내 아들을 마약중독자 강제치료소에 보냈고 병세가 호전되면 일차 집에 데려놨다. 어머니는 아들에게 병원 밥을 먹이기보다 자기가 손수 한 음식을 아들에게 먹여 아들의 몸을 하루속히 회복시키고자 했다. 마약중독자 강제치료소로 향하는 길은 부모 된 그들의 치욕의 길이였고 한편 그때마다 뜨겁고 깊은 혈육의 정은 그 치욕을 가슴속 깊이 묻어주곤 하였다.

1997년 4월, 대붕의 병세는 점점 나아져 약물치료를 받지 않고 자기의 의지로 정상인의 생활을 할 수 있게 되었다. 대붕의 체중은 원래 70근에서 90(54kg)여 근으로 늘어났다. 4월 16일, 대붕의 어머니는 사랑채의 자물쇠를 뽑아 쓰레기통에 집어 던졌고 또 나무에 감은 솜이불을 활활 벗겨내 불에 태워버렸다.

"아버지, 어머니, 저의 몸이 많이 나아졌습니다. 저 때문에 부모님이 돈도 많이 쓰고 고생도 많이 하셨을 텐데 이제부터 제가 벌어 부모님을 섬기려 합니다."

대붕의 이 한마디 말은 두 늙은이가 오매불망 고대하던 것이었다. 대붕의 어머니는 내심의 희열과 격동을 가까스로 억누르며 아들에게 말했다.

"얘야, 우리 네 그 한마디면 만족이다. 몸이 완전히 나아진 뒤 일하러 나가도 늦지 않으니 좀 쉬거라."

그 한마디 위안에 깃든 혈육의 정을 대붕이가 어찌 다 알랴. 사실 그동안 두 노인은 대붕이 대신 빚을 갚고 대붕의 병 치료에 몇십 년 저금을 다 털어냈을 뿐만 아니라 빚까지 적지 않게 걸머지고 있었다. 또 그들 머리에 일찍이 내린 흰서리에는 그동안 육체상, 정신상 받은 고통이 얼기설기 엉켜 있음을 대붕은 다는 알지 못하고 있었다.

이 가정을 두고 누군가 말했다. 한 마약중독자 때문에 가정이 파멸되었다고. 또 누군가 말했다. 바다보다 깊고, 산보다 높은 혈육의 뜨거운 정이 스러져 가는 생명을 지옥의 문 앞에서 구해냈기에 이 가정은 더욱더 충실해졌다고.

혈육의 정 앞에서 지옥의 문은 굳게 닫혔다…

어머니와 같은
여자를 기다리며

어릴 적 내가 품었던 많은 꿈은 세월의 흐름 속에 빛바래져 내 기억 속에서 사라져 갔지만 오직 한 가지만은 세월의 연륜과 더불어 나의 가슴속에 더욱 깊이 뿌리 박혔다. 생활 속의 일부 일들은 사람들의 머릿속에 깊이 박혀 때로는 한 사람에게 평생 줄곧 그 영향에서 벗어나지 못하게 할 수도 있다. 행복하거나 불행한 가정, 부족하거나 잘못된 혼인, 자애롭거나 난폭한 아버지, 부드럽거나 표독스러운 어머니 등등은 모두 우리의 인생에 깊은 영향을 준다.

해마다 설 명절날 부모님들은 귀가한 나에게 열정적으로 묻는 것을 잊지 않는다.

"얘, 대상자가 있느냐?"

그러면 나는 이렇게 대꾸했다.

"내가 기다리는 여자는 아직 안 나타났어요."

내가 제일 처음 '그 여자'란 말을 꺼냈을 때 어머니는 다급히 '그 여자'가 누구냐고 물었다. 나는 웃으며 어머니를 바라보았다.

"바로 어머니 같은 여자지요."

처음에는 모두 내가 농담한다고 생각했다. 하지만 내가 정색하며 나

중국과 한반도의 미래

의 이유를 밝히자 그들은 나의 말을 정말로 믿어주었다.

"애야, 멍청이 짓 하지 말아. 이 어머니는 결코 훌륭한 사람이 못돼."

"아니요, 어머니."

나는 내 의견을 꺾지 않았다. 내가 8살이 되던 해, 할머니는 나에게 아버지와 어머니가 결혼하던 이야기를 들려주었고 그때부터 나의 머릿속에는 장차 커서 꼭 어머니와 비슷한 여인을 아내로 맞겠다는 생각이 싹트기 시작했다. 그때부터 나는 집요하게 내 꿈을 지켰고 어머니와 비슷한 여인이 나타나기를 내심 기다려 왔다.

이야기는 실은 아주 간단한 것이었다. 우리 아버지는 당시 한 보통 상인의 아들이었고 어머니는 '운남염무도독'의 손녀였다. 아버지와 어머니는 9년간 동창생이었는데 그 후 어머니는 의학원에 붙고 아버지는 가정 원인 때문에 대학에 진학하지 못하고 참군하였다. 부농 출신 때문에 중국인민해방군에는 입대하지 못하고 중국인민지원군에 입대하였다.

몇 년이 지나 어머니가 대학을 졸업했을 때 아버지는 쌍백이란 자그마한 현성에서 '우파'로 몰려 거리에 끌려다니며 비판 투쟁을 받고 있었다. 어머니는 얼마든지 학교에 남을 수 있었지만 결연히 아버지가 있는 자그마한 현성으로 왔다.

나를 진정으로 감동하게 한 것은 아래의 이야기였다. 아버지는 낮이면 목에 팻말을 걸고 거리에서 투쟁을 받았고 밤이면 어머니에게 끌려가 나의 외갓집에서 신랑의 역할을 했다는 것이다. 어머니는 결코 얼굴이 못생겨 시집 못 갈 처지가 아니었다. 당시의 어머니는 젊고 학력 있고 아름다웠단다. 오랜 세월이 흐른 뒤 내가 어머니에게 아버지한테 시집간 동기를 묻자, 어머니는 웃으며 말했다.

"아버지를 사랑하고 신임했기 때문에 그이에게 시집간 거란다."

"그렇지만 어머니, 그때 아버지의 처지는 형편없었잖아요?"

"네가 집요하게 한 사람을 사랑하게 되면 기타의 조건, 심지어 위험까지 망각하게 되는 법이란다."

결혼 후 어머니는 아버지를 따라 적지 않은 고생을 했다. 얼마 후 우파혐의를 벗었지만, 아버지는 줄곧 현위에서 한 보통 직원으로 있었고 어머니는 현 병원에서 외과 의사로 있었다. 당시 어머니의 일부 동창생들은 고급 의사가 되었지만, 어머니는 여전히 10여 년 전에 가진 의사직을 가지고 있을 뿐이었다.

그렇지만 지금까지 나는 어머니가 원망 한마디, 불평 한마디 입 밖에 내는 것을 보지 못했다. 아버지와 어머니는 단위(직장)에 나가서는 직책에 충실하고 훌륭한 사업자로, 집에 들어와서는 화목한 부부로 살아오셨다.

이야기는 이처럼 간단했지만 그것은 8살 때 이미 나를 깊이깊이 감동하게 한 것이다. 나는 늘 그 희생적인 정절을 생각하면서 아버지는 정말 좋은 아내를 얻었다고 부러워했다.

내가 어머니라고 부르는 여인, 그 평범하면서 아름답고 부드러운 여인은 내 가슴속에 완미한 여성상으로 심어져 그 후 내가 배우자를 선택하는 표준이 되었다. 그 이야기 또한 내 심목 중에 가장 아름다운 사

중국과 한반도의 미래

랑 경전으로 남게 되었다.

　나는 그런 여인의 출현을, 우리 어머니와 비슷한 여인의 출현을 끈기 있게 기다릴 것이다.

3장
—
겸손하고 소박한,
신심을 다하는 여성

일반적으로 개발도상국에서 선진국으로 도약하기 위해서는 산업의 기반이 되는 자원과 자본, 기술력뿐만 아니라, 이를 활용할 수 있는 인재 양성과 여성의 활발한 사회 진출 등 다양한 요소가 영향을 미친다. 특히 인재 양성과 여성의 사회 진출 분야는 사회의 문화적 기반이 마련되어 있지 않거나 정책적 뒷받침이 없다면 산업 성장의 동력으로 작용하지 못한다.

　동아시아에서 중국은 여성의 사회 진출이 매우 활발한 국가로 정평이 나 있다. 또 중국인의 높은 교육열과 부의 축적을 통한 계층 상승을 향한 열망은 산업화 시기와 맞물려 시너지 효과를 내면서 중국이 G2 국가로 성장하는 데에 원동력이 되었다.

　중국이 이처럼 인재와 여성 분야에서 진취적인 경향성을 나타내는 데에는 중화인민공화국 창립자 마오쩌둥(毛澤東, 1893~1976)의 역할이 컸다. 중국 현대사에서 긍정적이든 부정적이든 결코 빼놓을 수 없는 인물, 마오쩌둥. 중국 개조를 위한 그의 발자취를 더듬다 보면 현재 중국에 자리 잡힌 사회 문화적 기반을 이해할 수 있다.

마오쩌둥, 대약진운동에서 문화대혁명까지

1949년 중화인민공화국 초대 주석에 오른 마오쩌둥은 건국 선포와 함께 토지개혁 등 여러 가지 과감한 개혁정책을 추진했다. 마오 이전의 중국은 지주와 부농이 소유한 토지가 전체 토지의 70%가 넘었지만, 그의 토지개혁 이후 8%대까지 축소됐다. 이 정책은 초반만 해도 당시 중국경제 상황에서는 큰 효과가 있었는데 1952년 중국의 전국 양식 생산량이 약 43%나 증가한 것으로 나타났다.

하지만 당시 중국은 국가 발전을 위한 자본을 마련할 수단이 오직 농촌밖에 없었다는 데 한계가 있었다. 그래서 중국은 이를 극복하기 위해 1958년부터 '대약진운동'을 추진했다. 마오는 대약진운동의 일환으로 '제사해 운동'과 '토법고로'를 제시했다. 제사해 운동은 인간에게 해로운 네 가지 생물인 모기, 파리, 쥐, 참새를 박멸하자는 것이고, 토법고로는 철강 생산량을 높이기 위해 전국 마을 곳곳에 100만여 개에 이르는 홈 메이드 용광로를 세우게 하는 정책이었다.

마오가 야심차게 추진한 대약진운동은 전문적 지식과 검증 없이 진행되었기에 실패하고 말았다. 정부 수립 초기에 진행했던 토지개혁도 마찬가지로 자리 잡지 못했다. 현실에 맞지 않는 무리한 농업생산량 목표를 맞추기 위해 지역마다 허위 보고가 만연하게 되었고, 그에 맞춰 과중하게 할당한 세금을 내느라 농민들은 엄청난 고통에 시달렸다. '착취계급만 없어지면 모든 인민이 알아서 열심히 일할 것'이라는 마오의 사회주의적인 이상은 결국 현실에서 실현되지 못했던 것이다.

중국과 한반도의 미래

대약진운동의 참혹한 실패 후 중국 공산당 내부에서는 사회주의 건설을 둘러싼 노선대립이 있었지만, 이미 권력의 추는 마오에게 기울어져 있었다. 실용노선에 맞서 대중노선을 채택한 마오는 중국 현대사에서 반드시 언급되는 '문화대혁명'을 단행하게 되고, 1966년 8월 15일 인민대회당 앞에서 '사령부를 폭파하라'는 대자보를 내걸고 반사회주의 부르주아들을 척결해야 한다고 주장한다.

이 문화대혁명은 1966년부터 76년까지 10여 년간 자신의 문화를 자신들의 손으로 파괴한 세계적으로도 유례를 찾아볼 수 없는 일대 사건이었는데, 혁명의 본래 목적은 '낡은 사상' '낡은 문화' '낡은 관습' '낡은 정치' 등 그간의 구습을 타개하고 남을 위해 자기를 희생할 수 있는 사회주의 문화를 만들자는 구호로 시작됐다.

당시 문화대혁명을 추진하는 마오를 추종하면서 등장한 세력들이 바로 그 유명한 '홍위병'이다. 홍위병은 마오를 숭상하며 봉건 구습을 철폐한다는 미명 아래 문화재와 예술품 등을 파괴했고, 수많은 고위 간부와 지식인들을 숙청했다.

홍위병은 어려서부터 중국 공산당과 혁명에 대한 찬양교육을 받으며 자란 당시 청년세대가 주축을 이뤘다. 문맹률이 높았던 당시 중국에서는 마오의 어록이 수록된 소홍서를 통해 글자를 배운 사람들이 많았고, 쉽고 간결하게 마오의 철학과 사상을 표현한 어록들은 홍위병들에게는 종교 경전과도 같은 절대적 교리나 마찬가지였다.

문화대혁명 동안 홍위병이 활동한 기간은 약 2년에 불과했지만, 이들이 남긴 집단광기는 이후로도 중국 사회에 큰 상처와 후유증을 남겼다. 후반부로 갈수록 홍위병들 스스로 적과 동지를 구분하지 못하고 서로를 공격할 정도로 악화됐다. 상황이 심각해지자 마오는 1968년 '상산하향운동'을 지시하며 지식인의 사상 단련과 농촌발전을 명분으로 사실상 홍위병 세력을 농촌 각지에 흩어지게 하는 방식을 통해 겨우 광풍을 달랠 수 있었다.

초기의 상산하향운동은 중국 사회의 안정을 가져오는 듯했다. 도시 지역의 혼란이 가라앉으면서 1967년과 1968년에 2년 연속 마이너스 성장세를 찍은 중국경제가 생산의 정상화에 따라 1969년과 1970년에 걸쳐 성장률이 폭발적으로 늘어났던 것이다. 홍위병들도 도시에서 사회 혼란을 불러일으킨 것과는 다르게 농촌 지역에서는 문맹퇴치와 농업생산량 증가 등에 크게 기여했다. 하지만 상산하향운동도 결국 일시에 너무나 많은 청년들이 농촌 지역으로 내려가면서 노동 생산력 저하를 초래했고, 하향 청년을 비롯한 대다수 경제주체의 반발을 사면서 역효과를 가져왔다.

마오쩌둥이
중국 사회에 남긴 것

문화대혁명으로 수많은 사람들이 숙청되고 수천 년 세월의 흔적이 깃든 소중한 문화재들이 상당수 파괴되었다는 사실은 분명하다. 그래서 중국에서도 공식적으로 문화대혁명을 부정적 사건으로 명시하고 있으며 그 책임 또한 마오쩌둥이라고 단언하고 있다.

하지만, 마오의 새로운 중국건설이 부정적인 면만 있었던 것은 아니었다. 특히 이 시기 여성운동은 괄목할 만한 성과가 있었고, 현대 중국 사회에서 여성의 지위를 높이는 계기를 마련했다는 데에는 큰 이견이 없다. 신 중국건설에 인구의 절반인 여성의 참여가 절대적으로 필요하다는 점을 간파하고 마오쩌둥은 "여성은 절반의 하늘"이라며 여성의 지위를 급상승시키며 정부가 앞장서서 여성의 지위를 높이는 개혁정책들을 시행했기 때문이다.

또 당시의 교육 정책은 중국 사회의 산업화 시기와 맞물리면서 남성뿐만 아니라 여성 중에서도 다양한 인재들을 창출하게 되는 계기를 마련했는데, 이 시기 교육 보급의 범위가 확대되면서 국가에서는 부모에게 남아뿐만 아니라 여아도 학교에 보내라고 권장하였다. 근대화된 사회에서 여성의 교육 증대는 여성의 취업 가능성을 높여주기 때문에 이들이 가부장제의 틀을 깨는 데에 일조할 수 있었다.

그리고 1970년대 이후 각 생산부서에는 부녀연합회 회장이라는 직위가 생겼다. 부녀연합회는 공산당 조직마다 만들어진 여성운동부서로, 해당 생산부서에 소속된 여성들이 선출하는 연합회 회장은 생산부서 관리 위원회에 참석하고 산아제한, 노동력 분배, 육체적 학대 금지, 국제 여성의 날 행사 등을 포함한 여성 관련 사항들을 관장하였다. 또한 회장은 생산부서 내의 업무에서 여성의 이익을 옹호했으며, 이에 따라 문화대혁명기와 그 이후에 여성들이 생산부서의 책임자로 선출되는 경우가 많아졌다. 수백 명의 생산부서 간부를 대상으로 조사한 자료를 보면, 간부 중 여성들이 차지하는 비중은 1970년과 1974년에 각각 16%와 21%에 달한 것으로 나타났다.

중국 현대사에서 문화대혁명은 역사상 전례 없는 부작용을 초래하기도 했지만, 새로운 중국 사회 건설의 한가운데에서 중국인들의 사고방식 변화를 도모했다는 측면도 있었다. 수많은 젊은 청년이 농촌과 도시 지역의 생산 자원으로 투입되면서 장기적으로는 경제성장의 원동력이 되었고, 과거부터 내려오던 공부를 통한 사회적 지위 향상이라는 가치가 더욱 크게 자리 잡게 되었다.

실용적이고 현실성이 강한 중국인들은 돈을 하나의 힘이자 신으로 섬겼고, 고등교육을 받고 많은 돈을 벌며 입신양명하는 것을 인생의 목표로 삼았으며, 이러한 변화에 따라 여성들도 소외되지 않고 노력에 따라 충분히 성공할 수 있는 토대가 마련되기도 했다.

이 책에 소개된 이야기는 대부분 문화대혁명기를 겪은 세대의 이야기로, 그들의 노력과 성장, 그리고 현대 중국 사회를 이끄는 문화적 기반을 이해할 수 있다. 특히 3장에서는 주도적이고 진취적인 여성의 모습을 통해 중국 사회의 변화 양상과 그들의 저력을 실감케 한다. 문화대혁명기를 걸어온 이들의 다양한 이야기는 특별한 소수의 스토리가 아니다. 중국 사회를 이끌고 있는 대다수 사람들의 이야기이자 현재의 역사이며, 이를 통해 우리는 중국의 사고방식과 문화를 이해하고 그 속에서 그들의 숨겨진 힘을 발견할 수 있다는 데에 의미가 있다.

중국과 한반도의 미래

어머니 무엇을 원하십니까?

나의 일터는 광산 기업이었기에 딸애는 광산자제 학교에서 공부했다. 학교와 우리 집은 꽤 멀었다. 딸애가 저녁 자습을 마치고 돌아올 때면 나는 늘 걱정이 되었다. 학교에서 집으로 오는 길에 석탄재가 가득 깔린 그 행인 드문 길은 가로등도 없는 데다가 나무까지 길 양옆에 서 있어 밤이면 다니기가 무서운 곳이었다. 내가 딸애를 마중 나가려 하면 그 애는 질색했다.

"엄마, 이것 좀 봐요, 누가 더 크나? 소리를 질러도 내 목소리가 더 크고 나쁜 놈에게 쫓긴다 해도 내가 더 빨리 도망가고 때리기를 해도 내가 힘이 더 세겠지요?"

나도 그렇다고 수긍할 수밖에 없었다.

때론 내가 밤교대하고 돌아오다가 우연히 그 어두운 길에서 딸애를 만난다. 호리호리한 키에 무거운 가방을 메고 걸을 때면 뒤로 약간씩 젖혀지곤 하는 딸애의 뒷모습을 어둠 속에서 알아보고 나는 소리 없이 그 애의 뒤를 따라 집까지 온다. 그렇다고 나는 그 애한테 한 번도 말한 적 없다.

그것은 지난해 3월에 있던 일이다. 개학한 지 얼마 안 되었는데 저녁 자습을 보낸 딸애가 돌아오지 않았다. 바람이 억세게 불며 한기를 몰아왔다. 나는 그 애가 감기라도 걸릴까 봐 털실옷을 찾아들고 기다리는데 9시 반이 넘어도 그 애가 돌아오지 않았다. 나는 갑자기 마음이 불안해지며 1분도 더 기다릴 수가 없었다. 사실 그 애가 평시에 10분씩 늦게 올 때도 있었지만, 그날 저녁 나의 마음은 특별했다. 나는 안절부절못했다. 딸애가 뭐라 하거나 말거나 나는 털실옷을 들고 집을 나섰다.

　　자전거를 타고 금방 그 어둠길에 들어서자 멀리서 웬 사람들이 움직이고 있었다. 어두워서 옷 모양이나 얼굴은 알아볼 수 없었지만 그중 공격받고 있는 것이 내 딸임을 직감적으로 느꼈다.

　　정신없이 페달을 돌리며 가까이 가보니 딸애의 자전거는 한쪽에 넘어져 있고 그 앤 이를 악물고 무거운 책가방을 휘두르며 자기에게 다가서는 세 젊은이를 막고 있었다. 나는 자전거에서 잽싸게 내려 물불을 가리지 않고 그중 한 놈에게로 돌진해 들어갔다. 그자가 넘어지자, 이번엔 나머지 두 놈에게로 자전거를 밀고 들어갔다. 내가 너무도 우악스레 달려드니 그자들은 놀라서 뿔뿔이 흩어져 달아났다.

　　집으로 돌아오는 길에 딸애는 한마디밖에 하지 않았다.

　　"엄마, 나 엄마가 그렇게 용감할 줄 몰랐어요."

　　딸애의 그 말에 나는 눈시울이 뜨거워졌다. 그렇다. 만약 내가 공격을 받았더라면 난 그저 당하고 말았을 것이다. 하지만 그들은 내 딸을 업신여기려 들었다! 나의 용기는 핍박에서 나온 것이었다.

　　점심 식사 때에야 우리는 비로소 어젯밤에 일어났던 일을 이야기했

중국과 한반도의 미래

다. 뒤늦게야 놀라고 가슴이 뛰며 몸서리를 쳤다. 딸애도 정신적 자극이 적지 않았지만, 그 애는 자기를 억제할 줄 알았다.

"엄마, 우리 반의 류이가 강간당했어요."

이것이 그 애가 한 첫 마디였다.

그 일은 나도 알고 있었다. 류이의 부모들은 나와 한 단위(직장)에 있었는데 류이가 사고가 난 후 부모들은 머리를 들지 못하고 다녔다. 사람마다 뒤에서 수군거렸다. 좋은 말을 하는 사람이 적고 나쁜 말을 하는 사람이 많았다. 어쩌다 동정의 말을 해도 경멸의 정서가 다분했다.

"그 여자애가 그렇게 요란스레 치장하고 다니는 게 무슨 좋은 일이 있으려고, 금귀걸이에 손톱을 빨갛게 물들이고 다니더니, 돈 많은 게 탈이지, 다 그 여자애가 자초한 거야…"

들리는 말에 따르면 류이는 문밖에도 나오려 하지 않고 아주 히스테리적이란다. 그 일이 나서 한 달이 넘었는데도 범인은 잡지 못하고 그 애만 세 번이나 자살을 시도했으니까. 나는 딸애가 와서 갑자기 그 말을 왜 꺼냈는지 알 수가 없었다. 갑자기 한기가 등허리를 스치며 무서운 생각이 들었다. 바로 그 세 젊은이가 그런 나쁜 일을 했단 말인가?

"그저께 류이가 학교에 왔어요. 그 앤 그사이 몹시 여위었어요. 눈 주변은 아직도 시퍼렇게 멍들어 있었어요. 그 앤 아주 떳떳한 체하며 교실로 들어왔어요. 의연히 금귀걸이를 걸고 말이에요. 교실 안은 물 뿌린 듯 조용해졌어요. 그때 난 숙제를 거두고 있었는데 소옥이라고 부르는 남학생이 그 얇은 입술을 나불거리며 '헌계집!'하고 말하는 게 아니겠어요. 비록 목소리는 낮았지만 우리 반 학생들이 다 들었지요.

류이는 그만 얼굴을 가리고 울면서 교실을 뛰쳐나갔어요."

나는 이 일이 어제저녁 사건과 어떤 관계가 있는지 몰라 딸애의 얼굴을 뚫어지게 지켜보았다. 딸애는 나에게 말할 것인가 말하지 말 것인가 유예하다가 나를 흘깃 건너보고는 말했다.

"난 숙제 책들을 한쪽에 밀어놓고 그자의 뺨을 부리나케 후려갈겼어요. 난 여태껏 사람을 때려본 적 없었어요. 하지만 그날은 너무도 제대로 때렸지요. 우리 반 학생들은 모두 깜짝 놀랐어요."

나도 그 말에 깜짝 놀랐다. 언제나 얌전하던 딸애가 사람을 때리다니? 그것도 그 애가 류이를 곱게 보지도 않으면서 그를 위해 무슨 역성이람? 한 식경이 지나서야 나는 알았다.

"그럼, 그 젊은 세 놈들은 소옥이가 복수하려 보낸 것이겠구나!"

딸애는 고개를 끄덕였다.

"그자들은 내가 놀라서 비명을 지르고 정신분열증이라도 걸렸으면 했지요. 하지만 나도 그자들에게 맛을 보여줄 셈이에요. 어째서 모욕당한 사람이 더구나 수치를 당해야 하나요. 사실 내가 소옥일 때렸지만 우리 반 학생들은 대뜸 소옥이를 보았지, 나를 쳐다보지 않았어요. 마치 그가 머리에 똥물을 뒤집어쓴 듯이 그때 그의 감각은 숱한 벌한테 등허리를 쏘이는 듯했을 거예요. 그 자식이 류이를 욕할 때도 숱한 눈길이 모두 류이한테 쏠려 류이는 견딜 수가 없던 거지요. 한 여자애가 강간당했는데 모든 여론과 눈길은 강간당한 여자한테만 집중되고 왜 강간범한테는 집중되지 않을까요? 나는 숱한 잡지나 글에서 강간에 대한 것을 쓴 걸 보았는데 문장의 주인공마다 모두 모욕당한 여성이었어요. 어째서 청천백일하에 낱낱이 폭로 당해야 할 강간범들의 비

열한 영혼에 대해서는 그저 지나치고 마는가요? 치욕은 그자들의 것
이지요. 그자들이야말로 인간 자격을 스스로 잃어버린 자들이지요. 강
간당한 여자들이 무슨 죄가 있어요."

　나는 아이와 이런 문제를 논하고 싶지는 않았다. 현존하는 부권사회
에서 남성들의 가치관은 바로 이 사회의 준칙이다. 성관계는 원래 평
등한 것이나 남성들의 가치관에 의해 왜곡되어 불평등하게 되었다. 나
는 남편과 이혼할 때의 그 모습을 영원히 잊을 수 없다. 그때 남편은
아주 득의양양해서 마치도 남자가 이혼하는 것은 아무런 손해도 없지
만 여자로선 치명적인 손상이라는 것을 나타내려고 분명히 애썼다.
　나는 또 류이 부모들을 생각했다. 그들은 단위에 나와 류이가 세 차
례나 자살하려고 했다고 이야기했는데 꼭 마치 그 가련한 어투로 남들
의 동정과 양해를 구하려는 것 같았고 딸애의 이런 태도가 마치 부모
들의 깎인 낯을 찾아줄 수 있는 듯했다. 하지만 그들이 금방 말하고 돌
아서자, 뒤에서 비웃음 소리가 들려왔다.
　"자살? 죽을 것 같으면 얼른 그날 밤에 죽어야지, 지금까지 기다렸
다 죽는가? 누구에게 보이려고…"
　이때 딸애가 말했다.
　"엄마, 만약 내가 이런 일에 부딪혔다면 엄만 내가 강간당할 걸 바라
세요? 아니면 자살할 걸 바라세요?"

　나는 지금까지 딸애한테 나와 애 아버지가 왜 이혼했는지 말한 적
없다. 그 애도 나한테 그런 걸 물어본 적 없었다. 그러나 난 그것이 우

리 모녀에게 목에 걸린 가시처럼 늘 아프게 우리 사이를 찌른다는 것을 알고 있다. 딸애의 사상이 이만큼 성숙한 것을 보고 나는 어머니로서 그 애의 그런 난감한 물음에 대답을 줄 수가 없었다. 그래서 나는 그 애한테 나와 애 아버지의 이야기를 하기로 했다.

그와 내가 갈라지게 된 것은 남편이 나에게 제삼자가 있다고 의심해서였다. 그의 증언은 마지막까지 "꼭 제삼자가 있을 것이다."였다.

그것은 우리가 결혼해서 10년이 되던 해다. 그때 나는 아직 젊었고 사업에 대한 열성도 아주 높았다. 공장에서는 나에게 중요한 연구과제를 맡겼는데 우리 연구 소조의 조장은 나보다 4살 이상인 남자였다. 재질이 뛰어난 훌륭한 남자였다. 그의 아내는 공장병원의 주치의였다. 그들은 전 공장에서 공인하는 가장 행복한 부부였다. 우리의 이 연구과제는 전에도 두 소조의 인력을 배치하여 연구하게 했었는데 모두가 끝을 못 보고 말았다. 우리의 노력으로 연구에 진전이 보여 기뻐하고 있을 때 난데없이 나와 조장 사이에 애매한 소문이 파다해졌다. 조장은 사람이 정직하고 바른 사람이었다. 그래서 나는 그를 의식적으로 회피했다. 그런데 그때부터 남편이 나를 의심하기 시작했다. 나는 사업을 계속하면서도 한편으로는 남편을 심도 있게 설득하고 설명했다. 하지만 나의 연약함은 내가 이런 거짓 소문에 재기치 못하게 하였다.

실험 결과가 나오던 그날 저녁, 나는 실험실에서 밤교대 업무를 하였다. 종일 아무것도 먹지 못한 나는 혼미해서 쓰러졌다. 조장이 정신을 잃은 나를 안고 병원으로 달려갔다. 이 일은 나와 조장과 의사인 그의 아내만이 알고 또 아무런 의심도 없었다. 우리의 마음은 서로 결백

중국과 한반도의 미래

함을 알고도 남았다. 이튿날, 연구과제의 성공과 함께 우리에 대한 소문은 완전히 커져버렸다. 즉 누구도 내가 정말 병이 났다고 믿지 않았다. 다만 밤 11시에 어떤 사람이 내가 조장에게 안겨 연구실 문을 나가더라고 말한 그 한마디만 믿었다. 나는 병력 카드를 들고 다니며 설명할 수는 없었다. 하지만 남편 앞에서는 한 번, 두 번, 세 번 설명하고 또 설명했다. 마지막 우리가 이혼할 때까지 설명했다.

여기까지 말하자 딸애의 얼굴이 새빨갛게 붉어지며 꽉 깨문 입에서 한참이 지나서야 말이 새어 나왔다.

"엄마, 왜 그런 사람들에게 설명해요? 그들에게 무슨 권리가 있어서 엄마가 그렇게 설명할 걸 요구하는가 말이에요. 엄마도 정말…"

그 애는 마지막 말을 하지 않았지만 연약하다고 하려고 했다는 것을 나는 알 수가 있었다. 이뿐만 아니라 그 애가 왜 늘 나에게 경멸의 눈치를 보내는지에 대한 원인을 알았다. 그 애가 왜 오늘 이런 문제를 제기했을까? 그것은 그 애가 제기한 문제의 핵심은 여성의 존엄에 관한 것이란 걸 나에게 알려주기 위한 것이었다.

왜 우리는 항상 자기를 약자의 위치에 놓고 생각하는가? 사람이란 스스로 자기를 업신여기면 남들도 따라 업신여긴다. 딸애가 선택하라는 것은 만약 상해를 받았다면 어떤 행위가 더 용감하고 더 건강한 것인가를 나더러 선택하란 것이었고, 그 애가 제기한 문제는 남성 세계의 도덕관념에 대비해서 자기의 행위로서 연약함을 거절하겠다는 시도였다.

딸애의 안색에서 나는 그 애가 꼭 나의 대답을 기다리고 있다는 것을 느꼈다.

"너도 알다시피 사회는 너의 엄마와 같은 이런 의심에 대해서도 그
토록 각박한데 어떻게 강간당한 한 소녀에 대해 너그럽게 대하라는 사
치한 바람을 기대할 수 있니? 비록 그것이 그 애의 잘못이 아니지만
말이다."

나는 그 애한테 30년대 절세가인 원령옥이 생전에 뭇사람들의 비방
과 조소로 죽음을 택했다는 이야기며, 그녀가 죽은 후엔 또 그녀의 결
백함에 대해선 한쪽으로 밀어놓고 그녀가 자신에 대해 책임지지 않고
죽은 그런 연약성에 대해 질책했다는 것을 이야기했다. 사회란 이런
것이라는 것, 나는 딸애의 얼굴을 바라보며 당시 내가 얼마나 기막힌
고뇌를 겪었는가를 말하면서 솔직히 말해서 난 네가 자살하길 바란다
고 말하고 싶었다. 비록 어머니로서 이렇게 하고 나선 평생을 두고 가
슴 아플 것이지만 말이다.

나는 류이가 이후에 살아갈 일들을 생각하면, 그 애가 받아야 할 사
회압력, 그 애의 혼인, 그 애한테 씌워질 사회도덕의 질책을 생각하면
등허리에 찬 서리가 내리는 것 같다. 딸애는 나의 뜻을 알았는지 머리
를 번쩍 들고 말했다.

"나를 위해서 난 후자를 선택할 거예요. 난 강간을 받아들이겠단 말
이에요. 폭행이란 결국은 폭행자의 타락을 의미하지, 폭행당하는 자
의 타락을 의미하는 게 아니잖아요? 폭행자가 모욕한 것은 그 자신의
인격이지 나의 인격이 아니잖아요? 만약 나에게 수치가 있다면 그것
은 내가 순종만 하고 반항하지 않았을 경우지요. 하지만 반항은 했는
데 반항에서 내가 실패했다면 그들은 무슨 권리로 꼭 내가 죽을 때까

중국과 한반도의 미래

지 반항하라고 요구한단 말이에요. 내가 왜 꼭 그들의 짐승 같은 폭행에 내 목숨을 바쳐야 한단 말이에요. 왜 목숨을 남겼다가 그런 자들과 싸우지 못한단 말이에요?"

그날 딸애는 많은 것을 이야기했다. 모두가 그 애가 최근 몇 년 동안 혼자 사색하던 문제였다. 역시 우리와 같은 환경의 가정에서 커온 여자애였기에 이런 처지가 그 아이에게 사색하지 않을 수 없게 했다. 어머니로서 나는 그 애의 견해에 동의는 하지만 절대로 실행할 용기는 없다. 마지막으로 딸애는 아주 부드럽게 말했다.

"엄마. 과연 내가 강간당하는 걸 바라는지, 자살하길 바라는지 대답해 봐요."

그 애한테 과연 이 문제는 회피할 수 없는 문제인가 보다. 하지만 어머니로서 나는 그 해답을 사회에 바랄 수밖에 없다. 즉 이 문제를 두고 선택이란 받아들일 수 없는 것이 아닌가! 나는 사회에 질문한다. 왜 모욕당한 여자들에 대해 정의와 인도주의적 지지를 보내지 못할망정 그들에게 설상가상의 비극을 안겨주는가?

뒤늦게 받은
대학 입학통지서

10월 30일은 내가 하얼빈 재정대학교 입학통지서를 받은 날이다. 통지서를 받고 집에 들어서기 바쁘게 나는 소리쳤다.

"어머니, 하얼빈 재정대학교에서 입학통지서가 왔어요."

통지서를 받아쥔 어머니는 너무 기뻐 울고 웃으며 입학통지서를 몇 번이나 보고 또 보셨다.

"40일간 송사가 끝내 성공했구나. 이번 통지서야 누구도 뺏어가지 못하지."

나는 여태껏 어머니 슬하에서 자라면서 대학에 가게 되는 오늘날까지 어머니가 이토록 기뻐하시는 것을 처음 보았다.

"어머닌 좋은 일에도 우세요?"

"고생 끝에 낙이 있다더니 너무 기쁘니 눈물이 저절로 쏟아지는구나."

내 눈에도 어느덧 눈물이 고였다. 나는 차오르는 눈물을 가까스로 참으며 눈을 들어 창밖을 내다보았다. 뜰 안의 살구나무잎은 어느새 떨어지고 앙상한 나뭇가지들이 바람에 떨고 있었다. 문득 어머니 말소리가 귀에 들려왔다.

"애야, 밤이 길면 꿈이 많단다. 너 얼른 짐을 꾸려라. 나는 호구(이주)

절차를 밟아야겠다."

창문 밖으로 멀어져가는 어머니의 뒷모습을 바라보던 나는 끝내 줄줄 흘러내리는 눈물을 걷잡을 수 없었다. 고생 속에서 일생을 살아오신 나의 어머니, 청춘의 희생과 노고로 자식을 키워온 거룩한 나의 어머니, 이제 대학 가는 나의 뒷바라지 때문에 어깨가 더 무거워질 것을 번연히 알면서도 저리도 기뻐하시는 나의 어머니, 나의 어머니는 정말 세상에서 가장 위대한 어머니이시다. 어느덧 나의 눈앞에는 이 대학 입학통지서를 위해 어머니가 40일간 뛰어다니던 그 모습이 주마등처럼 스쳐 지났다.

3년 전 초중(중학교)을 졸업할 때 내 학교 성적은 학년에서 일등이었다. 누구나 의심 없이 내가 꼭 중점(명문) 고중(고등학교)에 입학하리라고 믿었다. 하지만 나는 어머니 모르게 지원서에 해림시 직업고중을 써넣었다. 아버지가 안 계시는 우리 집에서 어머니는 우리 4남매를 위해 밤과 낮을 이어가며 궂은일 마른일 가리지 않고 돈만 벌 수 있는 일이라면 닥치는 대로 하셨다. 그런 어머니를 더는 고생시킬 수 없었다. 그리하여 직업고중을 졸업하고 어머니를 도와 동생들의 공부 뒷바라지를 할 생각이었다. 후에 직업고중 통지서가 와서야 사실을 알게 된 어머니는 몹시 상심하셨다.

"너 어쩜 어머니 심정을 그리도 모르니? 여자일수록 글을 더 많이 읽어야 앞으로 가정을 잘 꾸리고 사회에도 적응할 수 있는 사람이 되며 남에게 수모도 적게 받는다."

그때 남모르게 흘리신 어머니의 눈물이 얼마였던가? 하지만 이미 쏟

죽이 어찌 밥이 되랴. 나는 어머니의 말씀을 가슴속에 새기고 직업고
중에서도 열심히 글을 읽었다. 학기마다 해림시 3호 학생(덕, 지, 체가 우수
한 학생), 우수 단간부로 선발되는 것으로 어머니를 기쁘게 하였다. 졸업
실습 때 나는 마음이 몹시 부풀어 있었다. 나도 이제 머지않아 어머니
를 도와드릴 수 있다는 기분에서였다. 짠지 장사가 돈을 벌 수 있다는
정보를 얻은 나는 어머니께 글을 남기고 요양에 계시는 이모네 집으로
갔다. 그곳에 가 본격적인 짠지 장사를 시작했다. 힘이 들었지만 한 달
동안에 1,000원이란 목돈을 벌었다. 1,000원을 가슴에 꼭 껴안은 나는
기쁨을 누를 길 없었다. 이렇게 벌면 새 학기 동생들의 학비, 책값은
문제없을 것 같았다.

바로 이때 학교에서 나한테 전보를 보내왔다. 나에게 대학교 입학시
험 자격을 주었으니 당장 돌아와 복습하라는 내용이었다. 전보를 받아
쥔 나는 기쁨의 눈물을 억제할 수 없었다. 얼마나 바라고 바라던 희망
인가? 우리 직업고중에서는 매년 3명을 추천하여 대학 시험을 치게 하
고 그 3명 가운데서 일등을 대학교에 보낸다. 그러니 나도 그 3명 속에
들었다는 것이다. 그러나 그 기쁨은 한순간이었다. 마음속에 자리 잡
은 의무감이 머리를 쳐들었다.

'인생의 50 고개에 오른 어머니는 너무나 지쳤다. 나는 어머니의 일
손을 도와드려야 한다. 동생들도 공부시키고 무너져 가는 초가집을 기
와집으로 바꾸고 남부럽지 않게 살아야 한다.'

이때, 어머니를 불쌍히 여긴 이모도 내 생각을 찬성했다.

"여자애들은 제 앞의 글이나 보면 돼. 너는 직업고중까지 졸업했으
니 됐다. 생활이 막막한데 이제는 일자리를 찾아 어머니를 도와드려

중국과 한반도의 미래

라. 그러다 좋은 신랑이나 만나 시집가거라. 꼭 대학을 졸업해야만 사람이 되는 것도 아니다."

 하지만 어머니는 속히 돌아와 대학 시험 준비를 하라는 전보를 연속 두 통이나 보내왔다. 전보를 받아쥔 나는 어머니의 심정을 이해할 수 있었다. 내가 초중 졸업 때 직업고중을 지원해 어머니를 그렇게 상심하게 한 일이 다시금 가슴에 맺혀왔다.

 '두 통의 전보에는 어머니의 간절한 염원이 담겨 있다. 그런 염원을 외면하면 불효한 자식인 거야. 이번까지 어머니의 의사를 따라주지 않으면 어머니는 얼마나 노여워하고 실망하실까. 초년고생은 금을 주고도 못 산다고 했으니, 어머니의 말씀대로 지금의 고생은 눈감자. 그러자면 계속 배움의 열을 식히지 말아야 한다. 그래서 멀지 않은 장래에 어머니께 더 큰 기쁨을 드리자. 배움의 길을 꺾고 일손을 돕자는 생각은 너무나 어리석은 생각이야.'

 대학 시험과 직업 선택의 갈림길에서 나는 결국 전자를 택했다. 나는 드디어 대학 입학시험을 한 달 앞두고 요양을 떠났다. 공든 탑이 무너지랴. 나는 일등을 하였다. 나와 어머니의 대학 꿈은 끝내 실현되는 듯했다. 하지만 기쁨도 잠시, 일등이 다른 이로 바뀌어 나의 대학 입학이 취소되었단 소식을 듣게 되었다.

 후에야 안 일이지만 나 대신 하얼빈재정대학에 간 애는 해림시 중점(명문) 고중에 다닌 한족 여학생이었는데 그 애의 아버지는 해림시 교육국 간부였다. 대학 시험에서 떨어지자, 부모덕에 번개같이 96년도 해림시 직업고중의 당해 연도 졸업생으로 변신해 어렵지 않게 합격선에

도달했다. 그녀는 쥐도 새도 모르게 입학통지서를 받아쥐고 9월 3일 떳떳한 대학생 신분으로 하얼빈재정대학에 들어섰고 50일간 근심 걱정 없이 즐거운 대학 생활을 하였다.

'낮말은 새가 듣고 밤말은 쥐가 듣는다.' '바람이 통하지 않는 벽이 없다.'는데 하물며 법을 위반한 일이었다. 결국 그 애가 대학에 붙은 내막은 한 입 건너 두 입 건너 차츰차츰 학교 지도자들과 교원들, 학생들의 귀에까지 전해졌다. 한때 이 사건은 해림시를 떠들썩하게 만든 특대 뉴스가 되었다. 이 불공평한 사실은 사람들에게 격분을 일으켰다. 하지만 그 누가 권력자들의 자녀들만이 가질 수 있는 그 '특권'을 시정할 수 있을까? 또 사실을 말한들 들어줄 이나 있을까?

뒤늦게 그 내막을 알게 된 어머니는 며칠이나 밤잠을 이루지 못했다. 어머니는 바로 30년 전 이 해림시 중점(명문) 고중 졸업생이다. 대학생이 되는 건 어머니의 꿈이었다. 그러나 어머니는 대학 시험제도가 파괴된 그 동란 시기(상산하향 운동, 도시의 청년들을 농촌으로 보내 농민들과 함께 지내게 한 정치운동)에 하향 물결에 휘말려 들다 보니 대학에 입학하겠단 꿈을 실현하지 못했다. 자신의 꿈이 물거품으로 되자 어머니는 이 꿈을 자식들을 통해 이루고자 했다. 그런데 그 꿈마저 특권을 가진 간부들에 의해 물거품이 되어버리다니…

어머니는 절망할 대로 절망하였다. 고달픈 생활 속에서도 자식들만 보고 살아온 인생이 아닌가? 온갖 고생을 다 참아가며 흘린 피와 땀이 이렇게 특권을 가진 간부들에 의해 무참히 짓밟히다니. 어머니는 분노로 부들부들 떨었다. 하지만 어머니는 이런 불공평을 그대로 받아들일 수는 없다고 생각했다. 청렴하고 실사구시적으로 사업하는 간부들이

중국과 한반도의 미래

있을 거라고 믿었다.

어머니는 당을 확신했다. 공산당은 이런 억울한 일을 꼭 시정해 줄 것이라고 굳게굳게 믿었다. 그리하여 낮에는 고된 노동에 시달리다가도 밤이면 수십 통의 편지를 써서 해림시 교육국, 흑룡강성 교육위원회에 보냈다. 그러나 편지들은 마치 바다에 돌을 던진 격으로 감감무소식이었다. 그래도 어머니는 실망하지 않았다. 친척과 동창생들을 찾아다니며 한 푼 두 푼 꿔온 돈으로 여비를 마련하여 지구, 성으로 찾아다녔다. 그런데 이유 아닌 이유로 거절을 당할 줄이야.

"노태태(노부인), 입학사업이 끝났고 학생모집위원회도 해산되었으니 돌아가시오."

이리 가면 저리에 밀고, 저리에 가면 이리로 밀면서 누구도 관여하고자 하지 않았다. 어머니는 피로한 몸을 겨우 지탱하면서 대합실에서 밤을 보내고 꽁꽁 마른 빵을 씹으면서 한 번, 두 번, 세 번 40일 동안 일곱 번이나 해림시로, 목단강으로, 하얼빈으로 오르내렸다. 정말로 신발이 닳도록 찾아다녔고 냉대란 냉대는 다 받으면서 찾아다녔다. 많은 사람이 어머니를 대신하여 손에 땀을 쥐었다.

"범의 꼬리를 잘못 쥐면 되레 범에게 물린다우."

하지만 어머니는 노력을 포기하지 않았다. 어머니의 끈질긴 노력과 1,000원이란 차비를 쓰고서야 끝내 나의 이 대학 입학통지서를 받게 되었다. 그것도 원칙을 중시하는 흑룡강성 교육위원회 주임의 과단한 처리로 대학 입학통지서가 내 손에 쥐어진 것이다.

저녁에 집으로 돌아오신 어머니의 손에는 입학수속증명서, 학잡비,

생활비 2,500원과 저녁 차표 두 장까지 쥐여 있었다. 기쁨의 심정을 형언할 수 없는 나는 어머니 품에 안겨 울고 또 울었다.

이튿날 아침, 어머니는 나를 하얼빈재정대학교에 데려다주고 이불짐을 회계학급 침실에 들여놓았다. 그 자리는 전날 저녁 간다는 말 한마디 없이 자취를 감춘 그 여자애의 침대였다. 이런 굳건하고 굽힐 줄 모르는 어머니가 계셨기에 나는 오매불망 바라던 대학으로 갈 수 있었다. 원칙을 중시하는 당 간부가 있었기에 늦게나마 대학으로 갈 수 있었다. 나는 어렵게 얻은 이 대학에서의 학업 기회를 소중히 여기고 꾸준히 공부하는 것으로 어머니의 기대에 보답할 것이다.

중국과 한반도의 미래

나는 천만장자 남편을
창조하였다

나는 마음먹고 이 가난뱅이 총각과 결혼했다.

나의 남편 소도는 1994년에 성 10대 공산주의 청년단으로 당선되었다. 그이가 700만 원을 투자하여 일으켜 세운 동방오락성(극장식 카바레)은 후베이성 선도시에서 규모가 가장 큰 방대한 오락성이다. 소도는 총경리 겸 공천당 서기이다. 29살에 그이는 전국 공천당 서기들 가운데서 제일 부자라고 할 수 있다. 하지만 우리가 사랑을 속삭일 당시 그이는 나보다 조건이 모자랐다.

나는 선진 도시의 간부 자녀였지만 그이는 농촌에서 온 임시 노동자였다. 하지만 소도는 담대하고 머리가 잘 돌아갔다. 그는 발바닥이 닳게 나를 쫓아다녔다. 그이는 늘 눈비도 아랑곳하지 않고 몇 리 길을 걸어 우리 집까지 와서 감히 들어오지는 못하고 밖에 서서 내 방의 창문만 하염없이 쳐다보기만 했다.

나는 그이의 이런 고집스러운 성미가 마음에 들었다. 이런 고집스러움을 다른 말로 패기라고 할까? 그이는 언제나 본분을 지키고 성실했으며 절대 나약하지 않았다. 비록 옷차림은 초라했지만, 그이의 멋진

체구를 감추지는 못했다. 하지만 나의 부모들은 절대로 푸른 등을 켜주려 하지 않았다.

"일생의 중대사인데 애들 장난인 줄 아니? 시골 태생으로 도시호구도 없지, 고정 직업도 없지, 네가 어떻게 의지해 산단 말이니?"

누구에게 의지한다니? 여자는 그래 남자에게 의지해야만 살 수 있는 것인가? 여자가 남자를 도와 무엇인가를 성취할 수는 없을까?

나는 그이와 함께 시골에 있는 그이의 집으로 갔다. 안 볼 때는 몰랐는데 보고 나니 정말 눈이 감겼다. 거의 무너져 가는 허름한 집, 아버지는 늙었고 어머니는 병으로 시름시름 앓고 있었다. 게다가 헐벗고 굶주린 동생들이 아래로 올망졸망했다. 나는 마음이 흔들렸다.

보슬비가 잔잔히 내리던 그날, 소도는 그날도 우리 집 담장 밖에 있는 나무 밑에 서서 나의 방 창문만 뚫어지게 쳐다보고 있었다. 비에 촉촉이 젖은 그를 보는 순간 나는 저도 모르게 눈물을 펑펑 쏟았다. 나는 그이의 진정성에 감동했고 그이를 생각하면 가슴이 아팠다. 천금을 준들 그이의 진정성과 바꿀 수 있으랴? 나는 부모들의 반대와 세속의 압력을 아랑곳하지 않고 그이를 향해 소리쳤다.

"소도, 우리 결혼합시다. 당장 결혼해요!"

나의 이 한마디는 청천벽력처럼 그의 귀청을 때렸다. 소도는 격동하여 몸을 비틀거리며 달려왔다. 그이는 다짜고짜 나를 끌어안고 통곡했다. 우리의 결혼식은 초라하기 그지없었다. 폭죽 터지는 소리도 없었고 희희낙락 즐거운 장면도 없었다. 우리는 친구에게서 빌린 400원으로 생활필수품을 사고 몇 가지 간단한 반찬을 해놓고 집에서 교배주를

중국과 한반도의 미래

마셨다.

그때 우리의 생활은 말할 수 없이 구차했다. 둘의 노임(임금)으로 합쳐야 120원밖에 안 되었다. 먼저 얼마를 떼 그의 집에 보내고 또 일부를 갈라내어 결혼할 때 꾼 빚을 갚고 얼마 남지 않은 돈으로 생활을 유지해야 했다. 하지만 나는 조금도 후회하지 않았다. 사랑이 있는 한 나는 모든 게 좋아질 것이라 믿었다. 우리는 매일 배추나 무를 주워 먹었다. 돈이 바닥나 채소 살 돈이 없을 때는 남들이 버린 배춧잎을 주워 먹었다. 소도는 나를 껴안고 말했다.

"애화, 미안하오. 이 소도가 돈을 버는 날이면 당신이 먹고 싶은 걸다 사주겠소! 기다리시오. 응?"

나는 웃었다. 그리고 울었다. 우리는 서로 부둥켜안고 울고 웃었다.

어느 날 소도의 친구가 놀러 왔다. 저녁밥을 지을 때가 다 되었지만우리는 그냥 냉수만 마시면서 앉아 있었다. 독에는 쌀 몇 줌밖에 없었다. 찬장에는 먹다 남은 무짠지가 접시 밑굽에 발려 있었다. 집에는 달걀 한 알, 밀국수 한 올이 없었다. 무엇으로 친구를 초대한단 말인가?

그날 밤, 소도는 잠을 이루지 못했다. 그이는 안타까워 머리를 부둥켜안고 눈물을 흘렸다. 어떻게 할 것인가? 그냥 이렇게 남들이 버린배춧잎이나 주워 먹으며 살아야 할까? 나는 소도를 권고하였다.

"모두 남방지역에 가면 할 일이 많다고 하던데 거기 가보는 게 어떨까요?"

소도는 머리를 흔들었다.

"안 되오. 임신한 당신을 어떻게 혼자 두고 간다고 그러오? 부모들이 늙었는데 동생들이 철없이 그들을 다 누가 돌보겠소?"

"제가 있지 않아요? 저를 믿어주세요. 당신을 실망하게 하지는 않을 거예요."

1988년 마침 단위(직장) 일도 있고 하여 소도는 해남에 출장을 가게 되었다. 그것을 계기로 걸음에 소도는 눈을 떴다. 그이는 선도에 돌아오자마자 사직신청서를 바치고 해남에 갔다. 그때 온 집안 식구들이 돈도 못 벌고 일자리마저 잃을까 봐 한사코 반대에 나섰다. 유독 나만이 그이의 결정을 지지했다. 범의 굴에 들어가지 않으면 범을 잡을 수 없듯이, 모험하지 않으면 그냥 굶주릴 수밖에 없는 것이다.

그해 가을 나는 역전까지 그이를 바래다줬다. 비 내리는 플랫폼에서 나는 머리를 그이의 어깨에 기댔다. 아무 말도 할 수 없었다. 열차가 움직이기 시작했다. 나의 두 눈으로는 눈물이 걷잡을 수 없이 흘러내렸다. 나는 속으로 묵묵히 빌었다. 눈물이 우리의 가난을 씻어낼 수만 있다면…

길은 너무 험난했다.

소도가 떠난 집은 텅 빈 것 같았다. 이젠 이 가정을 내가 떠맡아야 했다. 나는 이를 악물었다. 소도네 집은 시내에서 얼마 멀지 않은 곳에 있었다. 나는 아예 이불 짐을 싸 들고 옮겨갔다. 노인들을 돌보고 밥을 짓고 옷을 빨래하고 돼지를 먹이고 밭에 나가고 끝이 없는 이 모든 일들이 죄다 나 혼자의 몫이었다. 나는 또 채소밭을 일구어 채소 사는 돈을 절약하기까지 했다. 마을 사람들은 모두 나를 칭찬하였다. 나는 매달 얼마 안 되는 노임에서 절반을 떼 내어 동생들의 학비를 댔다. 돈이 모자라면 집에 있는 쓸 만한 물건들을 내다 팔았다. 가산을 탕진해서라도 동생들의 공부 뒷바라지를 해주라던 소도의 부탁을 나는 꼭 명심했다.

소도가 떠난 몇 달간은 정말 견디기 어려웠다. 떠날 때 그이는 바꿔 입을 옷 한 벌과 인민폐(중국 화폐) 100원을 갖고 떠났다. 금방 돈이 다 떨어졌을 것이다. 무엇을 먹고살까? 차가운 눈총을 받아가며 일자리를 찾아 헤매겠지? 그이는 내가 해산할 일이 근심된다고 했다. 그러면서 어떻게든 시간을 내서 집에 와서 설을 쇠겠다고 했다. 나는 급하게 그이에게 답장했다.

…어떤 일이 있어도 집에 오지 마세요. 기회를 단단히 틀어쥐고
모든 정력을 명월가무청(극장식 카바레) 개업에 쏟으세요.
그리고 될 수 있으면 태국 보스와 의론하고 가무청을 도급받으세요.
그리고 집일은 제가 다 알아서 할 테니 절대 걱정하지 마세요.

나는 편지에 그이에게 당부하고 또 당부했다. 정월 초하루 날 나는 이른 새벽에 자리에서 일어났다. 나는 문밖에 서서 저 머먼 남쪽 하늘을 바라보며 묵묵히 빌었다.

'여보세요. 당신이 사업에서 꼭 성공하기를 바라요. 그리고 부디 몸 건강하세요.'

집에 들어오니 배가 따끔따끔 아파져 오기 시작했다. 시어머니는 빨

리 병원으로 가자고 재촉했다. 나는 돈 때문에 병원에 안 가겠다고 딱 잡아뗐다. 나는 마을의 조산원을 불러달라고 했다. 하지만 공교롭게도 조산원은 벌써 다른 집에 불려 가고 없었다. 그때 나는 정말 견딜 수 없었다. 나는 울면서 부르짖었다.

"소도, 이 나쁜 놈, 이 무정한 사람, 아내가 다 죽어가는데 어디 가서 자빠져 있어?"

다행히 어딘가에서 겨우 의사를 모셔 왔다. 그렇지 않았더라면 동방 오락성 보스 아내의 자리는 다른 여자에게 차려졌을지도 모른다. 나의 보물 같은 아이는 이렇게 어렵게 이 세상에 태어났다. 명월 가무청도 정식으로 개업했다. 나는 소도의 성공을 기념하여 아이의 이름을 '명월'이라고 지었다.

소도는 해남에서 점차 자리를 잡아가기 시작했다. 그이는 머리가 빨리 돌고 수완도 좋고 고생을 이겨낼 줄도 알아 단번에 태국 보스의 눈에 들었다. 그이는 태국 보스의 위탁을 받고 가무청을 도급받았다. 명월 가무청은 순식간에 해구시의 금빛 달로 두둥실 떠올랐다. 후에 태국 보스는 국제 업무의 발전 수요 때문에 해구시를 떠나게 되었다. 소도는 전보로 이 소식을 나에게 알렸다. 나는 금방 그에게 전보를 띄웠다.

명월 가무청을 사세요.

친구들의 도움 아래 그이는 선도시에서 돈 벌러 간 막벌이꾼에서 일약 특구의 보스로 비약하였다.

218

재앙은 하늘에서 떨어진다고. 소도가 신심 가득히 명월 가무청을 꾸려나가던 4개월 만에 가무청은 뜻밖의 화재를 당했다. 직접 경제손실만 해도 17만 원이나 되었다. 그때 그이의 손에는 3만 원이라는 현금밖에 없었다. 거대한 자금을 들여 가무청을 다시 복구한다는 것은 쉬운 일이 아니었다. 몇몇 친구들은 가무청을 팔고 100만 원 되는 돈을 갖고 집에 돌아가 편안한 나날을 보내라고 권유하였다. 그날 나는 남편으로부터 이제 돌아오겠다는 전화를 받았다. 나는 전화에 대고 성을 벌컥 냈다.

"여보세요. 집안일은 근심 마세요. 누구도 당신을 그리워하지 않아요. 그깟 불 때문에 물러서다니요? 당신이 사내대장부인가요? 그때 그 배춧잎을 주워 먹던 일을 생각해 보세요. 그때 날 쫓아다니던 그 끈질긴 성질은 어디 갔어요? 명월을 다시 복구해야 할 뿐만 아니라 장사를 더 크게 벌려야 해요. 좀 떳떳하게 살아봐요. 지금 돌아오면 나와 아들도 만나지 않겠어요."

나는 이쪽에서 호통을 치고 그이는 저쪽에서는 '탕'하고 수화기를 놓았다.

1990년 음력 설, 소도는 다시 장거리 전화를 걸어왔다.

"명월 가무청이 다시 개업했소."

그이는 그 한마디 말뿐이었다.

"전 또 당신의 좋은 소식을 기다리겠어요."

나도 이 한마디만 했다.

나는 천만장자 남편을 창조하였다

그다음 해 그이의 장사수완은 점점 늘어갔다. 한 남자는 한 토막의 나무와 같다. 누군가 옆에서 불을 더해주어야만 그는 점점 더 왕성하게 타오를 수 있는 것이다.

4년의 고심한 분투 끝에 소도는 해남에서도 손꼽히는 백만장자가 되었으며 국제 경제의 큰 흐름 속에서 자유자재로 대응할 수 있는 현대 상인으로 부상했다. 하지만 신분이 바뀌어도 그이는 절대 근본을 잊지 않았다. 그이는 종업원들과 함께 먹고 함께 잤으며 보모를 두지 않고 경호원을 두지 않았으며, 식사할 때도 반찬 한 가지에 국이면 되었다.

또한 담배를 피우지 않고 술을 마시지 않았으며 여자와 놀지 않았다. 후에야 나는 여자들이 모두 그이를 좋아했고 속으로 사모했다는 것을 알았다. 북방여자대학생인 그이의 비서는 특별히 그이에게 끌렸다. 어느 날 밤, 그 여학생은 가만히 총경리실 사무실에 들어왔다. 그는 그이의 등에 얼굴을 기대며 부드럽게 말했다.

"사장님은 정말 멋져요. 사장님은 절 좋아하지 않으세요?"

하지만 나의 소도는 정말 괜찮았다. 그이는 미녀 앞에서 흔들리지 않았다. 소도의 말에 의하면 좀 흐트러질까 하다가도 나를 생각하면, 우리의 사랑과 그 초라한 결혼식, 그 아쉬운 이별, 정월 초하룻날의 나의 그 부르짖음, 장거리 전화에서 호통치던 아내의 모습을 생각하면 그렇게 할 수가 없다는 것이었다.

나는 소도의 말을 믿는다. 나는 그이를 믿는 것이 아니라 자신을 믿으며 나의 눈을 믿는다. 내가 갖은 고난과 고생을 이겨가며 공들여 만들어 낸 남편이 아무렴 사랑의 배신자일까?

그이는 고향과 아내의 품에서 또 하나의 이정표를 세웠다.

1993년, 해구시에서는 가무청이 너무 많이 넘쳐났다. 장사도 점점 힘들어졌다. 집을 그리는 그이의 마음도 점점 더해만 갔다. 그이는 집에 긴 편지를 띄웠다. 나는 그이의 편지를 읽으면서 울었다. 나는 그의 전화번호를 눌렀다. 나는 아들애를 전화기 옆으로 안고 왔다. 전화가 통하자 아들애가 외쳤다.

"아버지, 저를 안아주세요."

아들의 그 한마디에 나의 눈시울도 젖었다. 나는 따뜻하게 말했다.

"여보세요, 돌아오세요. 전 당신이 그리워요."

절대로 충동적인 감정이 아니었다. 이 몇 년간에 우리 고향에도 거대한 변화가 일어났다. 나는 시 정부에서 강한 평원에 규모가 큰 상가를 세운다는 정보를 알아냈다. 이때 소도가 돌아오는 것은 아주 좋은 일이라고 나는 생각했다.

1993년 음력 설 전야, 온 도시는 설 분위기로 젖어 있었다. 명월이 아버지, 나의 소도가 끝내 4년 만에 고향과 나의 품으로 돌아온 것이다.

우리는 신속히 고향에서 사업을 키워나갔다. 소도는 700만 원을 투자하여 동방오락성을 세웠다. 우리는 이 오락성을 호북에서 아니, 전국에서 이름난 오락성으로 꾸릴 결심을 했다. 밤 장막 속에서 유난히 휘황한 오락성을 바라보면서 나는 생각났다. 이것은 한 보통 여인이 만들어 낸 불후의 걸작이며 한 남자를 천만장자로 만들어 줄 것이라고.

망고를 닮은 여자

소학교 동창생 몽이 북아메리카에서 놀러 왔다. 국내에 친척이 없는 그녀는 늘 우리 옛날의 친구들하고만 어울리다가 돌아갔다. 몽이 돌아간 후 친구들은 함께 모일 때마다 몽의 소비관을 화제로 삼았다.

몽의 남편은 국외에서 돈을 많이 벌었다. 그들은 화원과 수영장이 있는 양옥에서 살고 있었다. 하지만 몽은 농촌에 내려가 있을 때처럼 소박했다. 몽은 그동안 배운 것이라고는 어떤 소비자로 될 것인가 하는 것뿐이라고 했다. 우리는 그녀의 말에 웃었다.

"소비자가 되려면 우선 돈이 있어야지…"

"중국의 상인들은 이미 어떻게 돈을 버는가는 배웠지만 아직 도리 있게 돈을 벌어야 한다는 것을 모르고 있어. 돈으로 편리를 살 수 있다는 것은 알고 있지만, 이 편리가 어떤 질량의 것인지는 모르고 있어."

어느 날 나는 몽과 함께 택시를 타게 되었다. 운전사는 차를 몰면서 담배에 불을 붙였다. 그때 몽이 나에게 물었다.

"너 담배를 피우니?"

나는 담배 연기를 피하면서 말했다.

"아니, 난 안 피워."

"응. 나도 안 피워."

그러고는 입을 꼭 다물었다. 얼마 후 몽이 운전사에게 말했다.

"아저씨, 전 원래 완곡하게 일깨워 주려고 했었는데 아저씨가 알아듣지 못하는군요. 그 담뱃불을 끄세요."

운전사는 멍해졌다. 말뜻을 이해하지 못한 것 같았다.

"아침에 일찍 일어났더니 졸음이 와서 정신을 차리려고 한 대 피웠습니다. 이 차는 금연이 아닙니다. 차 안에 금연이라는 표시가 없지 않습니까?"

"이는 금연이라는 표시와 관계없어요. 당신은 담배를 피우면서 왜 우리의 허락을 받지 않았어요?"

운전사는 갑자기 핸들을 돌리면서 어이없다는 듯 말했다.

"참, 이런 손님은 처음 봅니다. 제 아내도 제가 담배 피우는 것을 뭐라고 못 하는데 제가 왜 당신의 허락을 받아야 합니까?"

"당신의 아내가 당신에게 돈을 줍니까?"

"참, 아내가 저에게 왜 돈을 주겠습니까? 제가 돈을 벌어 온 집 식구들을 먹여 살리지요."

몽은 침착하게 말을 받았다.

"그래요. 당신과 당신 아내는 개인 관계이기에 당신은 아내 말을 들어도 되고 안 들어도 되지만, 우리는 당신에게 돈을 주었기에 당신은 듣고 싶어도 듣고, 듣고 싶지 않아도 들어야 해요. 우린 차에 올라타는 순간부터 당신의 고용주예요. 당신은 차 안에서 담배를 피우면서 주인의 허락을 안 받아도 되겠어요?"

나는 운전사가 화를 낼까 봐 진땀을 뺐다. 생각 밖에도 운전사는 손가락에 담배를 끼우고 한참 있더니 아직 많이 남은 담배꽁초를 창밖에 던져버렸다. 얼마 후 운전사는 시계를 보더니 라디오를 켰다. 그는 옛이야기 '소비자가 약을 사다'를 듣기 시작했다.

몽의 이맛살이 찌푸려졌다. 그녀는 이번에는 에둘러 말하지 않고 단도직입적으로 말했다.

"아저씨, 전 심장이 좋지 않아요. 이런 격동적인 소리를 들으면 안 돼요. 라디오를 끄세요."

순간 운전사는 얼굴이 벌게졌다.

"이 이야기는 내가 매일 듣는 것입니다. 오늘만 안 들을 수는 없어요. 소비가 어떻게 일본 놈의 손아귀에서 벗어나는가를 알아야겠습니다. 당신은 머리가 어딘가 비정상적인 것 같습니다."

나는 긴장한 분위기를 깨뜨리려고 말했다.

"아저씨, 이 친구는 조용한 걸 좋아하니 음향을 좀 낮추세요. 서로 좀 양보하면 안 되겠어요?"

뜻밖에도 몽이 먼저 나의 견해를 반대했다.

"참는 문제가 아니야. 아저씨가 소비의 이야기를 그냥 듣고 싶다면 차를 세우고 선선한 나무 그늘 밑에서 마음대로 들으세요. 그건 아저씨의 자유예요. 하지만 아저씨는 서비스업에 종사한 이상 고객을 황제로 모셔야 해요."

"왜? 난 그냥 들을 거요. 어쩔 셈이요?"

그러면서 운전사는 음향을 더 높였다. 귀가 멍할 지경이었다.

"그럼 차를 세우세요. 우린 내리겠어요."

"난 차를 세우지 않을 거요. 뛰어내릴 담력이 있으면 뛰어내리시오."

몽은 조금도 굽히지 않고 말했다.

"제가 왜 뛰어내리겠어요? 제가 차를 탄 것은 편리를 위해서예요. 전 이미 돈을 냈기에 상응한 대우를 받아야 해요. 당신의 봉사가 글러 먹었다면 나는 당신에게 보수를 주지 않을 거예요. 이는 절대적 진리예요. 전 어디까지 가도 도리가 있어요."

나는 운전사가 펄쩍 뛰면서 우리를 길옆에 내려놓고 꼬리를 뺄 줄 알았다. 뜻밖에도 몽의 정연한 논리 앞에서 그는 정말 라디오를 껐다. 비록 얼굴 기색은 삶은 돼지 간 같았지만…

운전사는 마침내 우리를 목적지까지 데려다주었다. 나는 아직도 가슴이 두근거렸지만 몽은 배포 유하게 말했다.

"이 운전사는 이 일을 꼭 기억할 거야. 이후엔 승객을 존중해야 한다는 도리를 알게 될 거야."

식사 시간이 되자 우리는 몽이 점찍어 놓은 음식점에 들어갔다. 그녀는 아주 숙련되게 몇 가지 요리를 청했다. 요리가 이내 올라왔다. 한 젓가락 집었더니 과연 맛이 괜찮았다. 그런데 흐뭇한 기색으로 맛을 보던 몽의 낯빛이 변했다. 그녀는 이내 식당 아가씨를 불러 엄숙하게 물었다.

"주방장이 감기에 걸린 게 아니에요?"

몽의 이상야릇한 물음에 아가씨는 머리만 긁었다.

"그건… 그건… 잘 모르겠는데요."

"잘 모르겠다고? 그럼 가보면 알 거 아니에요?"

아가씨는 급히 달려갔다가 다시 달려와 말했다.

"주방장이 아주 건강하대요. 병이 없대요."

나는 몽을 조금 나무랐다. 방역 담당자도 아니면서 이런 일까지 참견하다니.

"그만하고 빨리 먹자. 요리가 다 식겠다."

몽은 또 한 젓가락 집어 입에 넣었다.

"주방장이 병에 걸리지 않았다면 주방장을 바꾼 게 분명해. 맛이 전과 완전히 달라. 그렇지?"

몽은 옆에 공손하게 서 있는 아가씨를 보며 물었다. 아가씨는 난처해하면서 말했다.

"어쩌면 그렇게 잘 알아맞히세요? 오늘 주방장이 일이 있어 휴가를 갔어요. 정말 미안해요."

아가씨의 태도는 아주 상냥했다. 하지만 몽은 그대로 넘어가려 하지 않았다.

"음식점에서는 미안하단 말을 해서는 안 돼요."

"고객들에게 불만이 있을 때면 '미안합니다.'하고 사과하라고 사장님이 가르쳤는데요."

"만약 내가 돌아갈 때 돈을 주지 않고 그냥 '미안합니다.'라는 한마디 말만 남기고 돌아가면 어쩌겠어요?"

그러자 아가씨는 말문이 막혔다.

"미안하다는 말만 하고 실질적인 해결을 하지 않는 것은 입을 막는 것과 같아요. 심하게 말하면 교묘한 수단으로 빼앗아 내는 거나 마찬가지지요."

　　　　　　　　　　　　　　　中국과 한반도의 미래

이때 한 뚱뚱한 남자가 저쪽으로부터 걸어왔다.

"제가 여기의 사장입니다. 당신들의 이야기를 제가 죄다 들었습니다. 무슨 요구가 있으면 저에게 얘기하십시오. 요리가 식었습니까? 아니면 재료가 신선하지 못합니까? 조금 싱겁다면 제가 주방장더러 다시 해오라고 하지요. 어떻습니까?"

"전 돈을 적게 내겠어요."

그러자 사장은 기분을 가까스로 억누르며 말했다.

"그건 안 됩니다. 가격은 메뉴에 적힌 대로입니다. 드신 다음 값을 깎는 법이 어디 있습니까? 당신은 자주 오는 손님이니 그럼 이 요리는 제가 서비스로 드리는 걸로 합시다. 하지만 값은 깎지 못합니다."

몽은 태연하게 말을 받았다.

"메뉴에 값이 적혀 있는 건 분명해요. 하지만 그것은 이 음식점에서 제일 솜씨가 있는 주방장의 솜씨에 의해 정한 것이 아닙니까? 오늘 솜씨가 시원찮은 주방장의 솜씨를 맛보았는데도 그래 원래의 값대로 받아야 합니까? 당신은 원래의 주방장과 오늘 그분에게 같은 노임(임금)을 주세요? 당신은 솜씨에 따라 돈을 주면서 왜 저더러는 똑같은 값을 내라고 해요? 그게 합리해요?"

몽의 논리정연한 말에 사장은 말문이 막혔다. 몽은 끝내 자기의 목적에 도달했다.

어느 날, 몽과 함께 공용변소에 갔다. 중국의 여자 화장실은 언제나 공급이 수요를 따라가지 못했다. 나와 몽은 각기 다른 줄에 서서 차분히 기다렸다. 나는 이내 차례가 왔는데 몽이 선 줄은 줄어들 줄 몰랐다.

나는 냄새를 견디지 못해 밖에 나와 기다렸다. 몽보다 늦게 들어간 사람들도 다 나왔는데 몽은 한참 더 기다려서야 겨우 문제를 해결했다.

몽은 나의 손목을 끌면서 공동변소 책임자를 찾아가자고 했다. 나도 이런 일은 환경보호국을 찾아가야 하는지 원림국(공원관리국)을 찾아가야 하는지 몰랐다(그 변소는 공원 안에 있었다). 몽은 잠깐 생각하더니 손에 들고 있던 신문을 펼쳤다. 그녀는 잠시의 주저도 없이 신문에 있는 시장의 전화번호를 눌렀다.

나는 너무 놀라 몽의 손에서 수화기를 빼앗아 냈다.

"너 미치지 않았어? 국정을 몰라도 분수가 있지."

"난 정부가 인민을 위해 일한다는 것을 믿어."

"그깟 변소 때문에 그렇게 사람을 놀라게 할 게 있니?"

"변소뿐이 아니야, 우전국(우체국)이나 은행, 표 파는 곳… 아무튼 창구나 문 어귀가 있는 곳마다 이런 문제가 존재하는 거야. 사람마다의 속도가 다르기에 기다리는 사람이 소비하는 시간도 달라. 뒤에서 기다리는 사람들은 사전에 정확한 정보를 알 수 없기에 만약 팔자에 맡기고 기다린다면 불합리하고 불평등하고 불공정하게 되는 거야. 금방 나도 내 앞에 선 사람들에게 대변을 보느냐 소변을 보느냐고 물어본 후 내가 설 줄을 정할 수는 없잖아…"

"넌 간단한 문제를 너무 복잡하게 만들어. 넌 도대체 변소에 어떤 혁명을 하려고 그러니?"

"변소 안에 흰 선을 그어놓고 기다리는 사람은 모두 선 밖에 서 있다가 한사람이 나오면 한사람이 들어가면 공정하지 않아? 효율도 빠르고 기분도 잡치지 않고."

중국과 한반도의 미래

"넌 이런 변소에 이제 몇 번 더 들어가겠다고 그러니? 넌 곧 미국에 돌아가는데 이런 일에 신경을 쓸 필요가 있니?"

"이 몇 년간 나는 국외에 있으면서 아무 재간도 키우지 못했어. 난 평범한 가정주부야. 영웅이 아니야. 팔을 휘두르며 나의 주장을 선전할 능력도 없고, 또 작가도 아니니깐 글을 써서 더욱 많은 사람에게 내 생각을 알게 할 방법도 없어. 나는 그저 너희들이 나와 같이 다니면서 세상에는 더욱 합리한 표준이 있다는 것을 알게 하고 싶었어."

나는 몽에게 수화기를 넘겨주었다. 몽은 시장과 오랫동안 얘기했다. 몽은 중국에서 고쳐야 할 점에 대해 많이 이야기했다. 너무 감동적이었다. 헤어질 때 몽은 이런 말을 남겼다.

"어떤 중국 사람들은 국적을 고친 후 자기는 바나나인이라고 자처해. 껍질만 노랄 뿐 안은 희다는 거야. 하지만 나는 '망고인'이라고 자처하고 싶어."

"망고인이라고? 그거 처음 듣는 말인데…"

"망고는 껍질도 노랗고 속도 노랗지 않니? 난 영원히 나의 조국을 사랑해."

난 여자가 아니야

　매일 아침 우윳빛 승용차가 정각 7시 45분이면 주차장으로 들어선다. 차를 운전하는 여자는 아름답고 매끈한 인물과 체격에 짧은 단발머리를 하고 몸에 딱 맞는 양장과 검은색 굽 높은 구두 차림에 차에서 내린다. 그녀는 보안 직원에게 머리를 끄덕이며 알은 체하고는 엘리베이터로 들어간다. 그때 아침노을은 그녀의 등 뒤를 황금빛으로 물들여 놓는다.

　그 여자가 바로 나다. 나는 사업에서 성공한 여성이다. 하지만 결혼에 있어선 실패자이다. 비록 남편과 갈라진 지 7년이 되었지만, 사업의 성공은 결혼에서 실패한 나의 좌절감을 의연히 미봉해 주지 못하고 있다.

　나와 남편은 사상적으로 아주 잘 어울리는 짝이었다. 집은 항상 회의실과 같았다. 시시각각으로 사회적으로 화제를 가지고 열렬히 토론했다. 정말 끝이 없는 토론이었다. 하지만 서로 우스갯소리를 하거나 달콤한 사랑 이야기는 해본 적 없었다. 시간도 없었지만 애초에 할 줄도 몰랐다. 성생활에 관해서도 그랬다. 마치도 공무를 처리하듯 했다. 사업 문서를 쓰면서 머리도 들지 않고 말한다.

"여봐요. 오늘 저녁은 일찍 일을 끝마치고 한번 하는 게 어때요?"

남편도 머리를 들지 않은 채 말했다.

"괜찮아. 의견 없소."

우리의 성생활은 유쾌했다. 생활상에서도 각자의 독립된 인격을 지키는 전제하에 매우 합작이 잘 되었다. 나는 이것이 가장 이상적인 결혼의 형식인 줄로 알았다.

딸애가 학교에 입학한 후 나는 총경리(전문경영인)로 승급했다. 하지만 남편의 사업은 내리막길에 들어섰다. 나는 그에게 절대 낙심하지 말라고 격려하면서 그를 위해 해결방안을 내놓고 그를 도와 형세를 분석해주기도 했다. 하지만 그는 나의 이런 도움을 달갑게 여기는 것 같지 않았고 늘 압력을 느끼는 것 같았다. 몇 번인가 남편은 나를 끌어안고 이렇게 말했다.

"날 좀 더 살갑게 대해줄 수 없어?"

나는 몹시 놀랐다.

"내가 당신한테 잘못하는 건가요? 어느 방면에서 잘 대하지 못하는지 한번 말해보세요."

그는 아무 말도 하지 않고 그저 나를 꽉 끌어안으며 마치 내가 달아나기라도 할 듯 놓지 않았다. 나는 그의 그런 행동에서 생전 느껴보지 못한 생소함과 이상함을 느꼈다.

나는 점점 더 바빠졌고 온 힘을 다해 사업에 임했다. 남편의 사업도 다행히 호전을 보였다. 그도 바삐 뛰는 사람이 되었다. 우리는 일주일에 한 번씩 만날까 말까 했었다. 만나서도 서로 각자의 사업을 이야기하느라 다른 말은 할 시간이 없었다. 그런들 무슨 일이 있을까? 하며 대수롭지 않게 넘어갔다. 그런데 몇 번인가 내가 적극적으로 다가서는데 그는 나를 밀어냈다. 그 표정은 너무도 어색하고 익숙하지 않았다. 나는 마음이 무거웠다.

그날 저녁, 영원히 잊을 수 없는 그날 저녁이었다. 딸애가 금방 잠이 들자 남편은 내 앞으로 다가오더니 갑자기 꿇어앉으며 눈물을 흘렸다.

"향미, 우리 이혼합시다. 난 다른 사람을 사랑하고 있소. 우린 이미 끝났소."

나는 머릿속에서 '윙-'하는 소리가 나며 눈앞이 캄캄해졌다.

"말해봐요. 그가 누구예요?"

"소아!"

맙소사! 소아라니. 농촌에서 온 그 집 보모 말이지? 까무잡잡하고 키 작고 못나고 볼품없이 생긴 그 촌 계집애 말이지? 나는 가슴이 죄어들며 그 자리에서 정신을 잃었다. 내가 깨어나니 난 남편의 품에 안겨 있었다. 그의 눈물은 나의 얼굴에 떨어졌다. 나는 절망하며 힘없이 물었다.

"도대체 어떻게 된 일인가요?"

남편은 천천히 설명했다. 그의 말은 나에게 처음으로 남자는 무엇을

중국과 한반도의 미래

생각하고 있다는 것을 알게 했다.

"젊은 시절에 나는 처녀이면 다 여자인 줄 알았소. 당신은 아름답고 총명한 처녀였으니 꼭 훌륭한 여자라고 믿었소. 그런데 이처럼 오래 함께 생활하면서도 나는 당신 몸에서 여자의 감각을 찾지 못했소. 당신은 아마 생각해 본 적 없을 거요. 한 남자가 원하는 가정은 단순히 생활 동반자나 사업의 지지자나 성생활의 배우자를 찾자는 게 아니라는 것을 말이오. 나에게 가장 중요한 것은 이성의 감각을 찾는 거였소. 여자의 감각을 말이오. 그제야 그는 남자이고 남편이오. 그렇지 않다면 이것도 저것도 아닌 중성이 아니겠소? 소아는 비록 문화는 없지만, 진짜 여자라고 생각되오. 나의 정서 변화를 그녀는 눈길 한 번에 알아보며, 그와 함께 고담준론을 나누지 않아도 나는 채소 사고, 빨래하고, 밥 짓고 하는 평범한 일에서 남녀 간에 있을 수 있는 그런 재미와 즐거움을 느낄 수 있었소. 그때면 나는 진짜 남자였소. 나는 진정한 남자, 진정한 남편의 감각을 찾고 싶었소. 나는 이미 찾았소. 더는 그런 감정에서 빠져나올 수가 없소. 더는 당신과 함께 생활할 수 없구려."

이혼 후 남편은 친구들의 배웅을 받으며 떠났다. 소아를 데리고 성내의 다른 자그마한 현성으로 내려갔다. 그는 우월한 생활환경을 버리고 그 좋은 사회관계를 버리고 매우 어렵게 사업을 시작했다. 나는 그와 의연한 관계를 유지하고 있다. 그는 자기의 부부생활까지도 숨기지 않고 말한다. 마치 그가 말한 것처럼 우리는 중성이고 친구이다. 그러니 영원히 이성 간의 그런 불꽃이 이는 전율은 없다는 것이다.

나는 지금도 홀로 지내고 있다. 사업에는 기복이 있기도 하지만, 큰 문제는 없다. 매번 주말이면 나는 베란다에 홀로 서서 번화한 거리를 마주하고, 그런 내 사색을 멈춰본 적이 없다.

나의 실패 원인은 무엇이었을까?

어린 시절 부모님은 나에게 여자는 어떻게 해야 한다는 것을 가르쳐 준 적이 없었다. 반대로 그들은 나에게 어떻게 여자의 약점을 극복하라고 가르쳤다. 부끄러움, 담이 작은 것, 멋을 부리는 것을 용인하지 않았다. 성인이 된 후, 사회는 남녀에게 평등한 직업과 학업의 기회를 주었기에, 내가 여자라는 점을 망각했다. 여자에 대한 모든 의미를 외적인 포장에만 국한했다.

지금 딸애는 중학교에 다닌다. 그 애가 어른들 앞에서 어리광을 부리고 애교 어린 목소리로 친구들과 이야기를 나누고, 가만가만 화장하고, 거울을 자주 보며, 또 남학생들 앞에서 수줍은 모습을 짓는 것을 보며 나는 위안을 느낀다. 나는 그 애가 나보다 더 여자답고 여성 감각이 짙어지길 바랄 뿐이다.

중국과 한반도의 미래

50만 원으로 되찾은
나의 인생

　내 이름은 위아. 올해 30살이다. 지난해 연말에 난 쇼하와 결혼했다. 너무 못생긴 얼굴도 아니고 상업 관리 전업 졸업장까지 가지고 있는 내가 왜 혼사가 그렇게 늦었는지 이상하게 여기겠지만 그것은 지난해 전까지도 내가 자신에게 속한 인간이 아니었기 때문이다. 그때 나의 일체는 모두 지 선생에게 속해 있었다.

　지 선생은 아버지의 친구였다. 내가 15살 나던 해 아버지가 세상을 뜨자 우리 집 생활수단은 지 선생이 매달 보내주는 500원이 전부였다. 그 은혜에 보답하라고 어머니는 여러 번 나에게 암시했다. 하지만 난 그것이 내키지 않아 학교를 중퇴하고 남방에 품팔이를 떠났다. 하지만 내가 집을 떠나 1년도 되기 전에 어머니가 차 사고로 다리가 끊어졌다. 나는 마지못해 집으로 돌아올 수밖에 없었다. 병상에서 누워 계신 어머니의 초췌한 얼굴을 보는 순간 나는 나도 모르게 지 선생을 떠올렸다. 그를 제외하고 누구에게 도움을 청한단 말인가!

　전화를 받고 지 선생은 북경에서 비행기를 타고 서안으로 날아왔다. 그는 어머니를 제일 좋은 병원에 입원시키고 간병인도 불러주었다. 돈도 쓰고 힘도 내고 앞뒤로 뛰어다니며 순식간에 모든 일을 처리했다.

그의 그런 흔들리지 않고 침착하게 처사하는 모습이 나를 감동케 했다. 비록 그는 나를 위로하는 말 한마디도 한 적 없지만 그가 병실 문 앞에 나타나면 뒤엉킨 내 마음은 이내 평온을 찾았다. 나는 드디어 그를 신임하게 되었다.

그런 감정을 뭐라고 형언해야 적절한가? 감격스럽고 막무가내고, 또 도움을 기대하면서도 포기하는 그런 상태였다. 아무튼 사는 동안 그의 신세를 다 갚을 수는 없으니 그를 따르는 수밖에 다른 무슨 수가 있으랴? 이렇게 나는 지 선생의 '정부'가 되었다.

그는 줄곧 우리 모녀를 잘 대해줬다. 우리에게 집을 사주었고 또 나를 대학 공부까지 시켰다. 하지만 이제껏 내가 사업에 참여하는 것은 바라지 않았다. 자비 대학 졸업생이라 졸업 배치를 받지 못한 나는 일자리를 찾기가 쉽지 않았다. 남방에 품팔이를 다시 갈 수도 없고, 또 내 전업과 맞는 직업은 찾을 수가 없었다. 내 얼굴은 영화배우로 출세하지 못하면 남의 밑에서 일하다가 되려 그 얼굴로 남자를 유혹하는 화근이 될 수도 있었다. 나는 어쩔 수 없이 어머니와 마주 앉아 지 선생이 사준 그 집 안에서 숨어 사는 수밖에 없었다. 때론 내가 어느덧 어머니와 한 덩어리로 녹아 붙어버리진 않았나 의심할 때도 있었다. 먹을 것, 입을 것, 걱정은 안 해도 되지만 희망이라곤 조금도 보이지 않는 그런 생활이었다.

1994년 여름, 나는 임동으로 일을 보러 갔다가 갑자기 지 선생의 전화를 받았다. 그가 북경 비행장에 도착할 예정이니 마중 나오라는 것이었다. 나는 지 선생이 준 쌍타나(산타나)를 몰고 비행장으로 달려갔다.

그런데 함양비행장으로 가는 고속도로에서 갑자기 차바퀴가 터질 줄이야. 나는 불가피하게 차를 가까운 수리소로 가서 수리할 수밖에 없었다. 그런데 시간이 급하여 더 기다릴 수가 없었다. 임시 택시를 잡아 타려고 해도 고속도로에 빈 차가 있을 리 만무했다. 급해진 나는 발을 굴렀다. 그때 차를 수리하던 사람은 하씨라는 젊은이(쇼하)였는데 그는 내가 너무 조급해하는 모습을 보고는 우선 차는 수리소에 그대로 두고 자기의 오토바이로 나를 비행장까지 데려다주겠다는 것이었다. 물론 나는 고맙기 그지없었다.

비행장에 도착하니 지 선생은 이미 나를 기다리는 중이었다. 내가 연신 사과하고 해명하고 쇼하도 날 대신해서 해명했다. 지 선생은 입으론 말하지 않았지만 얼굴에는 불쾌한 표정이 역력했다. 아마 쇼하도 우리 사이의 관계를 바로 눈치챈 것 같았다. 하지만 그는 조금도 놀라는 기색을 보이지 않았다. 그는 아주 평온한 기분으로 우리와 작별 인사를 하고는 떠났다. 쇼하의 그런 대범한 모습은 나에게 좋은 인상을 남겼고 참으로 친구로 사귈 만한 사람이라는 생각이 들었다.

이튿날 우리는 차를 찾으러 갔다. 바퀴는 이미 다 수리해 놓았는데 핸들과 이합기(클러치)가 모두 고장이 났다며 내가 몰기엔 그리 적합한 것 같지 않다고 쇼하가 말했다. 지 선생도 그 말에 수긍하면서 자기가 이 차를 몰 때부터 그런 문제가 있는 걸 알았다고 했다. 다만 크게 수리하자니 귀찮고 또 새것을 사려니 하고 지금껏 박아두었다는 것이었다. 그는 쇼하의 열정적인 태도에 감격하면서도 그의 가난을 업신여겨 농담 삼아 이렇게 말했다.

"만약 이 차를 수리하면 절반 값으로 넘겨줄 테니 그렇게 하겠소? 그런데 반드시 사흘 안에 돈 5만 원을 내놓아야 하오."

쇼하는 잠깐 생각하더니 머리를 끄덕였다.

"그럼, 차 번호를 여기다 남겨주시겠습니까? 대신 저의 신분증을 저당하지요. 사흘 후 제가 돈을 가지고 댁으로 찾아가겠습니다."

지 선생은 하하 웃으면서 아주 통쾌하게 대답했다.

"그럼, 사흘 후 이 주소대로 돈을 가지고 찾아오시오."

그는 종이에다 주소를 적어 넘겨주었다.

사흘 후 정말 쇼하가 찾아왔다. 약속대로 돈 5만 원을 가지고 왔다. 그가 들어설 때 나는 금방 지 선생과 다투고 난 뒤라 눈물이 채 마르지도 않은 모습이었다. 다투게 된 원인은 어머니가 차를 팔겠다는 말을 듣고 지 선생 앞에서 교통이 몹시 불편하다는 말을 자꾸 했다.

그러자 지 선생은 새 차를 사겠다고 설명했다. 하지만 그의 어투가 아주 시끄러워하는 투였다. 나는 굴욕을 느꼈다. 어머니가 나의 체면을 조금도 봐주지 않는 것이 기분 상하여 새 차를 사지 않겠다고 우겼다. 아무렴 집도 없는 처지에 나가 돌아다닐 곳도 없으니 차를 해서 뭘 하냐고, 조롱 속에 갇힌 새라 진작 날개도 잘리고 없는데… 그러자 지 선생은 빗대어 욕한다고 기분 나빠하고, 어머니는 날 철 없다고 욕하고 하여 다툼이 생겼다. 쇼하는 나의 벌겋게 된 눈을 보고 아무 말도 하지 않고 돈을 내고 절차를 끝마치고 가버렸다.

그런데 일주일이 지나서 웬 사람이 쇼하의 부탁을 받고 찾아왔는데 가져온 편지에는 이렇게 쓰여 있었다.

차는 실은 이튿날 다 수리했습니다.
부속을 몇 개 바꾸고 다시 색을 칠해서 10만 원에 팔았습니다.
지 선생에게 가지고 간 그 돈은 사실 차를 팔아서 가져간 것이니
5만 원을 앉은 자리에서 번 셈이지요. 차는 원래
나의 것이 아니니 그 5만 원 돈은 차 주인에게 속해야 합니다.

봉투에는 정말 돈 5만 원이 들어 있었다. 물론 몰래 손을 쓴 것도 있지만 그것은 그의 지혜이고 그의 기술이고 그의 부지런함이었다. 이튿날 나는 그 돈을 가지고 그를 찾아갔다. 내가 도착했을 때 그는 한창 등을 돌린 채 바퀴를 수리하고 있었다. 웃통을 벗은 그는 석양 아래 근육이 불끈거리는 팔을 휘두르며 메질하고 있었다. 햇볕에 그을린 그의 고동색 어깨는 너무 생소해 보이면서도 또 한없이 친근하게 다가왔다. 아니 몽롱하면서도 너무 진실하게 느껴졌다.

나는 그의 등에 맺힌 땀방울을 보았다. 그 더운 열기가 내 몸에 와 닿는 것만 같았다. 나는 처음으로 이같이 열심히 일하고 열심히 사는 부지런한 인간을 보았다. 나는 일종의 형언할 수 없는 감동과 슬픔에 쫓기였다. 소리 없는 눈물이 볼을 타고 흘러내렸다. 나는 마치 한 폭의 그림을 감상하듯 다소곳이 그를 주시했다.

바퀴의 쇠 테두리를 빼낸다. 얇은 안 바퀴 고무를 빼내고 그것에 바람을 넣어본다. 그리고 터진 곳을 찾아낸다. 그걸 깨끗이 줄로 다스린다. 그리고 고무풀을 바르고 땜질하고 다시 바퀴에 씌워 넣는다. 그리

고 바람을 불어넣고… 나는 그 모든 과정을 넋 놓고 바라보았다. 그렇게 신기하고 친근하게 다가왔다. 이제껏 차를 몰았지만, 터진 바퀴를 수리하는 데 이처럼 복잡한 순서와 과정이 있는 줄 몰랐다. 나는 마치 외과수술을 하듯 구멍이 난 곳을 특별한 바늘로 깁는 줄로만 알았었다. 나는 놀랍고 신기해서 실소를 금치 못하면서도 소리 없는 눈물이 볼을 타고 흘러내리는 것을 어쩔 수 없었다. 그는 남들의 눈길을 통해서 나를 발견했다.

"아!…"

그는 급히 나에게로 다가오며 기름 묻은 손을 내밀었다. 그러다 그만 멈칫 두 손을 거두면서 얼굴에 수줍은 웃음을 담고 두 손을 마주 비볐다. 그는 내가 찾아온 이유를 듣고 나서 한참 침묵하더니 이렇게 말했다.

"내가 에둘러 말하지 않고 단도직입적으로 말하는 걸 나무라지 않는다면 한마디 충고하고 싶은데요. 내가 보기에 아가씨가 나보다 돈이 더 필요한 것 같습니다. 난 구 척 사나이에 혼자라 나만 굶지 않으면 되지만 아가씬 나와 다르지요. 장래를 위해서 준비해 둬야지요."

만약 다른 사람이 그렇게 말했다면 난 자존심이 허락되지 않아 "천만에, 난 돈이 모자란 여자가 아니에요."라고 날카롭게 쏘아붙일 텐데 그가 너무도 구김 없는 눈길로 나를 직시하며 조용히, 그리고 서슴없이 말하기에 나는 뭐라고 반박하기가 어려웠다.

"하지만 제가 이 돈을 받을 순 없어요. 부속품을 사고 칠도 하느라 그렇게 돈이 든 게 아니고 뭐예요?"

내가 한사코 돈을 밀어주자 쇼하는 이렇게 말했다.

240

"그럼, 우리 그 돈을 절반씩 나누어 가집시다."

그래도 나는 그 돈을 가질 수가 없었다.

"차에 대해선 아주 박사쯤인 것 같은데 그럼 앞으로 함께 헌 차를 사서 새 차로 변신시키는 장사를 해보는 게 어떠세요?"

그는 나의 제의에 흔연히 동의했다. 그래서 5만 원은 우리 둘이 함께 하는 장사의 밑천이 되었다.

"승용차를 5만 원에 사려면 먼저 낡은 오토바이를 사서 변신시키는 일부터 시작하는 게 좋겠습니다."

그의 제의에 나도 흔쾌히 동의했다. 이렇게 하룻밤 새에 나는 동화 이야기 속의 주인공처럼 차 수리 회사의 사장이 되었다.

그 후 나는 영업허가증을 내고 영업장소의 세를 얻어 광고를 내는 등 일에 분주히 오가면서 내가 배운 경영관리를 처음으로 응용하기 시작했다. 나는 아주 참다운 보스가 되었고 고속도로 옆의 그 수리소는 낡은 차 수리점으로 변했다.

쇼하는 자기의 친구들을 통해 시장가격보다 좀 높은 가격으로 헌차를 사서는 또 시장가격보다 조금 낮은 가격으로 변신한 차를 팔았다. 여러 대의 차를 팔고 사면서 돈도 벌고 이름도 날렸다. 그래서 우리는 방향을 바꾸어 각종 명품 해외 차만 사서 변신시켰다. 그리고 차를 판매한 후에도 장기적으로 수리를 책임져 준다는 조건을 내걸었기에 신용이 높았다. 이는 한창 겉멋을 따르고 허영을 부리기 좋아하는 젊은 이들의 심리에 부합되었고 또 변신한 차는 새 차나 조금도 다름이 없는 데다 그 값이 원가보다 30% 낮아 인기가 대단하고 경기가 좋았다.

1995년 음력 설에 우리는 처음으로 장부를 점검해 보았다. 뜻밖에도 6만 원을 벌었다. 난생 이렇게 많은 돈을 처음 벌어본 나는 너무도 기뻐서 미친 듯이 그 돈을 쇼하의 머리 위로 높이 흔들며 외쳤다.

"난 돈을 벌었어! 난 돈을 벌었어!"

그 모습이 꼭 마치 범진이 급제했을 때의 모습과 흡사했으리라.

쇼하는 쭈그리고 앉아 있던 모습 그대로 멍하니 나를 바라보다가 그만 그 자리에 무릎을 풀썩 꿇었다.

"위아, 내가 당신을 도와 돈을 벌어줄 테니… 난 당신을 먹여 살릴 수 있소 나한테 시집와 주오…"

나는 갑자기 정신이 들어 그 자리에 딱 굳어졌다. 머릿속에서 윙윙 소리가 나는 듯했다. 나는 미친 듯이 문을 박차고 뛰쳐나왔다… 나는 허둥지둥 집으로 돌아왔다. 길에는 숱한 행인들이 오갔지만 나 홀로 그 길을 걷는 것처럼 고독하고 쓸쓸했다. 총망한 행인들은 모두가 뚜렷한 목표를 가지고 제 갈 길을 가고 있겠지만 나만이 아무 목표 없이 허둥지둥 앞을 모르고 걷고 있는 듯했다. 반년 동안 나는 모든 고뇌를 버리고 한마음으로 회사 일을 보고 열심히 돈을 벌었고 그래서 나의 생활이 아주 충실하다고 자신했었다.

그런데 지금 와보니 그런 게 아니었다. 사실 나는 근본적으로 나 자신에 속하지 않았으니까. 나는 나란 존재를 모르고 사는 여자였으니까. 나는 지 선생에게 팔린 여자였다. 오랜 세월 그의 돈과 그의 은혜가 나를 깊이깊이 묻어놓고 나를 질식시켰다. 그에게 진 그 빚은 내 평생을 빚으로 저당 잡히게 했다. 그래서 나는 자신을 맘대로 지배할 수 없는 사람이 되었다. 그렇기에 아무리 돈을 많이 벌어도 난 정신적으로 남의 빚을 걸머지고 있는 사람이다…

그사이 지 선생은 가끔 전화도 하고 또 몇 번 다녀가시기도 했다. 그는 나에게 오토매틱 승용차를 사주겠다고 했다. 나는 완곡하게 거절하고 이제부터는 돈을 보내지 않아도 된다고 했다. 그는 나의 회사를 둘러보고는 아주 즐겁지 않은 기색이었다. 그는 내가 자라나는 것이 싫은 모양이었다. 그는 내가 귀엽고 작은 한 마리 새가 되어 영원히 그의 날개 밑에서 도움과 동정을 기대하는 눈길로 자기를 지켜보길 바라는 모양이었다.

지 선생과 내 사이는 점점 더 담담해졌다. 그도 더는 나한테 오지 않았다. 하지만 난 이런 것에 신경을 쓸 새가 없었다. 회사의 경영 범위가 점점 확대되면서 끝내는 승용차를 개조하는 업무로 넘어갔다.

장사란 참 묘한 것이었다. 돈 벌기가 잘 되니 불이 일듯 경기가 번창했다. 우리들의 분업은 의연히 첫 시작 때처럼 나는 구입과 판매를 책임지고 쇼하는 기술을 책임졌다. 비록 일손이 딸려 일꾼 여럿을 고용했지만, 마지막 결재는 이전과 다름없이 나와 쇼하가 했다. 그 때문에 우리는 눈코 뜰 새 없이 바삐 보냈다. 우리 둘의 이런 합작을 두고 사람들은 진작 우리를 한 쌍으로 보았다.

그 후 쇼하는 다시는 나에게 사랑을 고백하지 않았다. 그는 말없이 나를 바라보았고 나를 지켜주었고 나를 북돋아 주었다. 그 모든 것을 낱낱이 알고 있는 나는 가슴이 미어지는 듯했다. 나는 줄곧 속으로 용서를 빌었다.

'내세에 제가 다시 태어나면 그때 당신한테로 시집가지요!'

1997년 가을, 우리의 자산은 이미 100만 원을 넘겼다. 이때 북경으로부터 놀라운 소식이 전해왔다. 지 선생의 신탁회사가 경영난에 빠져 누군가 도와주지 않으면 옥살이하게 된다는 것이었다. 나는 그 소식을 접한 즉시로 50만 원짜리 수표를 가지고 북경으로 날아갔다. 나는 수표를 지 선생의 책상에 내어놓았다. 그는 놀랍게 나를 바라보았다. 다행이란 느낌보다 감개무량했다.

"난 위아가 빚을 갚으러 왔다는 것을 알고 있소. 하지만 이 몇 년 동안 내가 위아 모녀를 도와준 걸 다 합쳐도 50만 원이 안 되오. 그리고 그 빚을 위아네가 갚았소."

나는 억지로 떨리는 자신을 다잡으며 말했다.

"이 몇 년간 지 선생이 우리 모녀에게 준 것이 단지 돈만이 아니었어요. 그것은 도움이었어요. 전에는 제가 저의 몸을 빚 대신 저당 잡혔지요. 그런데 오늘 저는 돈으로 저당 잡혔던 저의 몸에 대해 속죄하려는 거예요. 바로 지 선생이 도움이 가장 필요할 때 저도 한번 도와드리는 거죠. 이제부터 우리 사이는 깨끗이 청산된 셈이죠."

지 선생은 수표를 집어 들고 긴 한숨을 내쉬었다. 그리곤 나를 한참이나 응시했다.

"그래도 우린 그냥 친구가 옳겠지?"

나는 워낙 딱 잘라 말하려 했다. 그런데 그의 눈빛은 너무도 엄숙하고 그 위엄 속에 자애로움이 스며 있었다. 이제 그는 더는 채무자가 아니었다. 그는 다만 자애로운 어른, 내가 자라나는 모습을 지켜본 어른

중국과 한반도의 미래

이었을 뿐이었다. 내 눈시울은 젖어 들었다. 그 순간 나는 전에 없던 희열과 해방감을 느꼈다. 오랜 세월 내 어깨를 짓누르던 그 무거운 빚더미와 그것에 대한 자기 연민은 봄눈 사라지듯 사라졌다. 나는 새롭게 탄생했다! 나는 오늘부터 나 자신에게 속한다! 그날 밤으로 나는 서안으로 돌아왔다.

1997년 말 나는 쇼하와 결혼했다. 첫날밤, 나는 쇼하의 품에 안겨 울었다. 왜인지 나조차도 말할 수 없이 그저 한없이 울었다. 마음속으론 다시 태어난 듯한 희열과 기쁨을 만끽하면서…

"쇼하, 기억하세요? 우리가 처음 만났을 때 당신이 나를 위해 차바퀴를 수리해 주던 일을 말이에요. 당신은 내 차바퀴만을 수리해 준 게 아니라 내 조각난 인격과 자존감을 키워주었고 그것을 찾아주었어요!"

가을날의 동화

신녕은 차를 몰고 녹음이 덮인 아스팔트길 위를 달렸다. 푸른 숲속 흰색 벽에 빨간 지붕을 한 구라파식(유럽식) 별장들이 눈앞에 스쳐 지나 갔다. 화강암으로 꽃무늬를 놓아 만든 길은 물로 씻은 듯 깨끗했다. 신녕은 차를 3층 별장 앞에 세웠다. 그녀는 두 눈이 휘둥그레져서 서 있는 나의 손을 끌며 잔디밭을 지나 정교한 조각 무늬가 새겨진 큰 문을 열었다. 은회색 대리석 바닥, 햇빛이 환히 쏟아져 들어오는 팔각창문, 고급스러운 소파, 온 집안은 호화로움으로 넘쳤다.

"신녕이, 이게 너의 집이니?" 나는 놀라움을 금치 못하며 물었다.

"그래, 그런데 집이라기보다 내가 잠자는 데라고 말하는 것이 더 적절한 것 같아."

신녕은 쓴웃음을 지으며 대답했다.

우리는 층계를 따라 침실을 방불케 하는 3층 방 앞에 왔다. 둥근 침대 위쪽 벽에 큰 폭의 결혼사진이 걸려 있었다. 신녕이와 웬 남자─얼핏 보기에도 잘나거나 멋진 남자는 아니지만 아주 굳세어 보이고 무게 있어 보이는 중년 남자─였다.

"진백영, 나의 남편이야. 내가 5년 동안 살았어도 다 알 수가 없는 남자야."

신녕은 아주 남의 말을 하듯 감정적 색채를 담지 않고 말했다.

"진백영? 명신기업의 보스말이냐? 그는 억대 부자이지?"

나는 놀라움을 금치 못하고 외쳤다. 신녕은 고개를 끄덕였다. 그녀는 나의 손을 잡고 놀라움에 젖은 나의 눈을 들여다보며 이야기를 시작했다.

6년 전, 내가 뛰어난 사업실적을 가지고 향항(홍콩)에 가서 구라파의 제일 큰 여행사와 담판할 대표권을 얻게 되었어. 담판을 끝내고 개선하고 돌아올 즈음에 나를 데리고 간 해외부 총경리가 그날 저녁 연회석에서 나를 취하게 만들어 놓고는 나를 유린했던 거야. 그뿐만 아니라 숱한 나의 나체사진까지 찍었지. 그는 그것으로 나를 장기적으로 점유하려는 거였어. 만약 내가 말을 듣지 않으면 향항에서 이미 매수해 놓은 사람들더러 나를 색정 활동을 했다고 고발하게 하려 했어.

나는 어쩔 수 없이 그곳을 떠나야 했어. 나는 사직하고 백영의 회사에 취직했지. 행정 비서로 말이야. 나는 이젠 그자의 손아귀를 벗어났다고 한숨을 놓았어. 그런데 그자가 나를 놓아주려 하지 않을 줄이야. 그자가 나를 만나자고 여러 번 전화했지만, 나는 그때마다 이유를 만들어 만나지 않았지. 하지만 나는 이렇게 망가져 버릴 것 같은 느낌이었어. 그러다 보니 그만 국외에서 보내온 구입서를 잘못 번역하여 회사에 숱한 손실을 보게 했어. 재정적 손실도 막대했지만, 신용을 잃게 했지. 화가 난 생산부 경리는 나를 백영의 사무실로 데리고 갔어. 나는 그대로 막 무너졌어. 그 몇 분 사이에 백영이 나를 가죽까지 벗겨버릴 줄 알았어. 그런데 그는 아주 조용히 경리를 내보내고 말없이 나를 한참 지켜보더니 묻는 것이었어.

"두 아가씨는 내가 친히 물색해서 우리 회사에 초빙한 사람이오. 이왕의 사업에서 이제껏 없었던 일이고 또 있을 수도 없는 일이거든. 그러니 이번 사건에 대해 내가 믿을 수 있게끔 합리한 이유를 설명해야겠소."

웬일인지 그이의 그 말을 듣는 순간 나는 몇 달 동안 억울하고 고달프던 밤이 한 번에 터지며 눈물이 비 오듯 했어. 나는 내가 겪은 일을 낱낱이 이야기했어. 그러고 나니 가슴이 후련하고 큰 짐을 벗어버린 것 같더라. 한참이 지나서 그는 나에게 이렇게 말했어.

"난 아가씨를 믿소. 나의 말을 꼭 기억해 두소. 누구도 더는 이 일을 알게 해서는 안 되오. 아가씨는 이제부터 힘써 일을 잘하오. 더는 다른 걱정을 하지 말고 말이요."

비록 몇 마디의 말이었지만 내 직감은 정말 이제부터는 완전히 그자의 손아귀에서 벗어날 거란 느낌이었어. 아닌 게 아니라 얼마 후 그자는 거액의 돈을 횡령했다는 죄명으로 체포되었어. 그리고 경찰이 비밀리에 나를 찾아 향항에서 있었던 일을 증언하게 했어. 몇 달 후 결국 그자는 여러 가지 죄로 극형을 받았어.

그때 그 사건으로 파급이 대단히 컸댔어. 하지만 언론매체들에서는 그저 그가 국경 밖에서 어떤 처녀와 어쨌다는 것으로만 말했지. 나는 그제야 이 모든 것은 백영이 신경 써서 그의 모든 사회관계를 동원하여서 한 것임을 알았어. 그는 나에게 새로운 삶을 주었어. 하지만 그는 여태껏 나에게 이런 말을 내비친 적이라곤 없었어. 그는 다른 직원들

중국과 한반도의 미래

을 대하듯 나를 대했어. 하지만 나는 그가 내 삶 속으로 들어오고 있음을 시인하지 않을 수 없었어.

그래서 나는 백영의 일체를 알고 싶어졌고 또 알려고 노력했어. 그는 어려서 몹시 가난한 가정에서 컸고 어머니는 그가 어려서 세상을 떴으며 아버지는 성격이 난폭한 도금 노동자였는데 홀로 세 아이를 키웠다는 것, 그리고 17살에 내몽골에 하향 내려가 그곳에서 5년간 고생하고 후에 시내로 돌아와 모방직 공장의 기계 수리공으로 있었으며 그때 결혼했다가 후에 이혼했다는 것, 개혁개방 후 시장형세를 민감하게 포착하여 털실 가공 공장을 꾸렸는데 그것이 성장하여 오늘과 같은 큰 기업으로 되었다는 것, 그리고 그가 성공하자 그의 주위에는 여자들이 적지 않았고 비어 있는 옆자리는 지금까지도 아주 큰 유혹을 두고 있다는 것 등등이었어.

나는 모든 정력을 사업에 몰두했어. 그것 외에 나는 거의 사생활이 없었어. 나는 시간이 없어 친구들과 왕래하지 못했어. 너를 포함해서 말이야. 그래서 나는 진백영의 사업에서 가장 유력한 조수가 되었고 나도 진백영의 성숙한 매력에 흠뻑 취하고 말았어. 나는 그를 사랑했어. 하지만 나는 비애를 느꼈어. 그것은 그가 나의 숨기고 싶은 과거를 알고 있기에 말이야. 얼마든지 나에게 접근할 기회가 있었지만 그는 그렇게 하지 않았어.

그날 전시회에서 하루 종일 바삐 보낸 내가 금방 식당에 돌아와 막 휴식하려는데 백영의 전화가 왔어. 이왕에 그의 전화가 오면 나는 그가 공무를 다 이야기하고 난 뒤에도 그가 전화를 놓아야 내가 전화를 놓았는데 그날만은 그가 할 말도 없이 전화를 놓지 않는 게 아니겠어? 나는 기다리다가 어쩔 수 없이 먼저 인사하고 전화를 끊으려 했지. 그러자 그는 아주 쉰 목소리로 "조급해할 것 없어. 신녕이."하는 게 아니겠어? 갑자기 전류가 내 전신을 지나가는 듯했어. 그는 처음으로 나를 '두 아가씨'가 아닌 '신녕'이라고 이름을 불러주었어. 눈물이 볼을 타고 내렸어. 얼마나 기다렸던지.

"신녕이. 나에게 시집와 줘. 신녕인 내가 몇십 년을 기다려 오던 여자야."

그의 말소리가 금방 끝나자, 나는 그만 소리 내 울었어. 내가 정신이 들어 다시 전화에 귀를 기울이니 전화에서는 아무 소리도 없었어. 내가 급히 그이의 이름을 불렀지만 아무런 대답도 없었어. 이때 갑자기 초인종이 울려 문을 열었더니 그가 아니겠어. 그의 핏줄이 선 두 눈에는 거절할 수 없는 집요함이 깃들어 있었어.

"신녕이. 몹시 생각났어. 난 나의 의지를 믿고 있지. 여태껏 누구도 나의 사업에 영향을 준 적 없었어. 그런데 요즘 나는 아무 일도 할 수가 없었어. 신녕이가 생각나서… 신녕이, 난 너를 사랑해."

나는 눈물투성이가 되어 말했어.

"그날, 당신이 날 믿는다고 말씀하셨던 날부터 나는 하나의 염원이 있었어요. 당신의 색시가 되고 싶었어요."

결혼 후 나는 아주 한가한 나날 속에서 1년을 보냈어. 그러니 갑자기 한가해진 자신이 이상스럽고 또 나 자신이 없어진 듯하기도 했어. 그러던 중 내가 임신하게 됐지. 난 그것이 그렇게 기쁘더라. 여태껏 할

일 없이 고급 장소나 드나들고 날마다 고귀한 진백영 마나님 티만 짙어가는 나에게 배 속의 아기는 나의 생명에 새로운 활력을 불어넣어 줄 것 같아서 말이야. 백영이도 너무 기뻐서 그 바쁜 가운데서도 짬을 내어 나와 함께 병원으로 갔어. 그리곤 집으로 돌아와 늘 의사의 부탁대로 내가 음식을 먹었는지를 확인하고 수시로 좋다는 것은 다 사 왔지. 그런데 임신 3개월 후 전문의사와 대화를 한 후 백영은 연 며칠 미간을 찌푸리고 고민하는 것이었어.

어느 날 그는 내 손을 잡고는 이렇게 말했어.

"신녕이, 미안하구나, 만약 우리가 아기를 둘 낳을 수 있다면 난 정말 딸애를 키우고 싶어. 하지만 정책이 용납하지 않거든. 나에겐 반드시 내 가업을 이어야 할 아들이 있어야 해. 검사한 결과 딸이라니 난 마음이 아프지만 그 애를 버려야겠어. 신녕이, 그럴 수 있겠지?"

그 말을 듣는 순간 난 금방 죽어버리고 싶었어. 난 백영 같은 사람에게 이같이 우매하고 추악한 생각이 뼛속까지 스며 있을 줄 생각도 못했어. 난 목소리가 찢어질 듯이 외쳤어.

"안 돼요! 안 돼요!"

하지만 다른 말을 더할 수가 없었어.

그 일이 있고 난 후 우리는 마치 서로 모르는 사람처럼 멀어졌어. 물론 백영은 이전보다 나에게 더 관심을 주고 했지만 난 점점 더 그를 이해할 수가 없었어. 그뿐만 아니라 나의 청춘을 이렇게 허송세월할 수도 없었고. 그래서 난 그에게 이혼을 제기했어.

"우리 이혼합시다. 전 당신이 원하는 그런 여자가 못 되니까요. 당신은 좋은 사람이에요. 하지만 전 당신한테 어울리지 않는 걸 어떡해요."

나는 이렇게 그의 곁을 떠났어. 몸에 지니고 있던 모든 장식품을 다 떼어놓고 신용카드, 저금통장을 그대로 놓아둔 채 5,000원만 지니고 집을 나섰어. 정말 5,000원이란 돈은 평시 내가 옷 한 벌을 사는 돈밖에 안 되었어. 심수에 간 나는 다행히도 몇 년간 놓아버린 영어가 그래도 남아 있어 번역 일자리를 하나 얻었어. 난 또다시 직업여성이 된 희열을 되찾았어. 노임(임금)이 올라가는 기쁨, 승급하는 기쁨, 심수는 참으로 능력을 알아주는 도시였어.

하지만 시간이 흐름에 따라 나는 백영이가 그리워 참을 수 없었어. 북적거리는 합숙, 붐비는 공공버스, 맛깔스럽지 못한 식당 음식, 동료 간의 암투 등은 나에게 혐오를 느끼게 했어. 더구나 여자들이 시시로 토로하는 한탄은 번마다 날 자극했어. 뭐, 능력 있어 잘 등용되는 게 인물이 고와 시집 잘 가는 것만 하냐고 하는 그런 한탄들 말이야. 난 갑자기 아리송해졌어. 내가 과연 내가 얻은 모든 걸 버리는 게 옳은가? 백영에 대한 내 요구가 너무 각박한 게 아닌가? 나는 돌아와서 그 답안을 찾기로 했어.

내가 돌아와 보니 백영이는 일본으로 상업 고찰을 떠나고 없었어. 침실에서 나는 그가 남긴 쪽지를 보았어.

신녕이, 난 신녕이가 남긴 물건들을 보았어.
그리 꼭 나를 떠날 셈이야? 난 신녕이를 찾으려고
비행장에 가서 숱한 비행기 표를 뒤져서야
결국 심수에 갔다는 것을 알았어. 하지만 구경 어디에 가 있는지
나는 찾을 방법이 없구려. 난 신녕이 돌아오기만을 기다릴 뿐이야.

중국과 한반도의 미래

그리고 꼭 돌아오리라고 믿고 있어.

나는 몹시 감동했어. 하지만 그렇다고 문제가 해결된 건 아니잖아. 과연 사랑이면 모든 걸 극복할 수 있는 걸까? 한 사람의 개성도, 세월이 남긴 낙인도 사랑을 위해서는 변할 수 있을까? 과연 나는 어떡해야 좋을까?

신녕의 긴 이야기를 듣고 나니 나는 모든 것을 알 수가 있었다.
"신녕, 넌 일반 가정의 범상한 생활을 갈망하지만, 그렇다고 생계 때문에 매일 입에 단내나게 뛰어다니는 고충을 다 아는 것은 아니야. 난 솔직히 말해서 너의 이런 생활이 부럽다. 난 때론 나의 남편이 하루아침에 벼락부자가 되었으면 하고 바랄 때가 한두 번이 아니야. 우린 평범한 생활에 격정이 없는 것이 싫을 뿐이지 진정 현재의 배역을 바꾸고 싶은 건 아니잖아? 신녕이, 남의 생활만 자꾸 쳐다보지 말고 스스로 격정을 창조해 봐. 너의 남편의 신명 회사를 제외하고는 그 밖에서 너의 사업을 벌여볼 수는 없니? 예컨대 꽃가게나, 미용원, 옷 가게 등을 말이다. 그저 남이 널 이해하기를 바라기만 하지 말고 너 스스로 그에게 넌 뭘 생각하고 있고 뭘 원하고 있다는 걸 보여줘."

내 말에 신녕은 눈을 가느스름하게 뜨고는 오래오래 뭔가를 생각했다. 가을날, 향긋하고 따끈한 커피잔을 마주하고 저물어 가는 청춘의 꼬리를 쥔 채 우리 둘은 소녀 시절 때처럼 앞날의 생활을 계획해 나갔다.

남편의 여자

퇴근 시간이 다 됐는데 전화벨 소리가 요란히 울렸다. 누구일지 생각하며 수화기를 들었는데 저쪽 편에서 왠지 잠자코 있었다. 나는 잘못 걸린 전화인 줄 알고 막 수화기를 놓으려다가 혹시나 하여 누굴 찾느냐고 물었다. 생각 밖에도 상대방은 나를 찾는다고 했다. 앳되고 가냘픈 낯선 목소리였다. 그 목소리의 주인이 바로 생각나지 않아 무슨 일이냐고 물었다. 그러자 그녀는 알고 싶으면 '약속다방'에 나오라 하고는 일방적으로 전화를 끊는 것이었다. 갑자기 불길한 예감이 들면서 마음이 무거워졌다.

내가 무거운 심정으로 다방에 들어서니 낯선 처녀애가 나를 보고 웃으면서 일어섰다. 내가 누구냐고 묻기 전에 그녀는 나를 사모님이라고 정답게 불러주었다. 사모님이라는 부름에 나는 마음을 가라앉히고 그녀를 자세히 여겨보았다. 24~25살 되어 보이는 그녀는 맑고도 깨끗한 얼굴에 한 쌍의 아름다운 눈이 퍽이나 매력적이었다.

최유나라며 자기소개를 한 그녀는 커피 두 잔을 부탁하고 나와 마주 앉았다. 난 상대방에 대해 아무것도 모르기에 난처한 처지를 생각하여 그녀가 입을 열기 전에 아무 말도 하지 않기로 하였다. 이윽고 그녀가 입을 열었다.

"이렇게 나와주셔서 감사해요. 사모님은 지금 이 여자를 어디서 만났던가, 누구인가 하고 생각하시겠는데 그것은 당연한 일이에요. 우린 서로 만난 적이 없으니까요. 저는 다만 감각으로 제가 만나려는 사모님이구나 하고 느꼈어요. 사모님이 저를 몰라도 괜찮아요. 우리는 공통으로 한 사람을 알고 있으니깐요. 사모님의 남편이자 저의 선생님을 말이에요."

그녀는 말을 끊고 나를 쳐다보았다. 난 내 느낌이 맞구나 생각하면서 아무런 표정도 없이 그녀의 다음 말을 기다렸다.

"선생님의 말씀대로 사모님은 강한 여자군요. 사모님, 느끼시지 못하셨어요? 이 여자가 내 사랑의 적수다, 라고 말이에요. 그런데 어쩌면 이렇게 태연할 수 있어요?"

"그래 아가씨는 나의 어떤 표정을 요구하오? 분노의 표정, 비난의 표정, 아니면 울고 야단치는 그런 모습? 난 20살의 소녀가 아니요. 30살이 되는 아줌마란 말이요. 아가씨가 생활 경험도 많고 문득 들이닥친 일도 처리할 능력이 있는가요."

그녀는 남편을 사랑하는지 물었다.

"그이와 난 8년이란 세월을 같이 생활했어요. 사랑을 기초로 하지 않았더라면 이렇게 긴 나날을 함께할 수 없었을 거요. 비록 오랜 세월을 거친 사랑이 깊은 감정으로 대체되었다 하더라도 아가씨는 겪어보지 못하였기에 내 말을 다 이해하진 못할 거요."

"아니에요, 사모님. 전 이해할 수 있어요. 선생님은 저를 사랑한다고 하였지만 사모님에게 더 깊은 감정을 품고 있었지요. 그러기에 저와 선생님이 사귄 지 1년이 넘도록 사모님한테 이혼 소리도 못 하고 심지어 저의 존재까지도 알리지 않았지요. 사모님을 생각하는 마음이 없다면 선생님은 그렇게 완벽하게 속일 수 없었을 거예요. 전 선생님을 사랑했어요. 가정이 있는 줄 뻔히 알면서도 자신의 감정을 억제하지 못하고 말이에요. 그게 잘못이었지요. 사회가 용납할 수 있는 건지 생각조차 하지 못하고 사랑에 빠졌으니깐요. 사모님, 제가 너무너무 나쁜 여자지요?"

이렇게 말하는 그녀의 모습은 그토록 처량하였다. 난 그녀에 대한 혐오감보다 동정하는 마음이 생겼다.

"너무 자신을 질책하지 마오. 유나가 우리 사이에 끼어들 수 있는 데에는 내 잘못도 없지 않소. 한 지붕 밑에서 오래 살면서 서로 익숙해지고 편안해져 좋은 친구처럼 지내다 보니 부부라는 이 점을 망각했던 것 같소. 부부의 인연이란 태어나서부터 있는 게 아니라 나날이 만들어 가는 것이라는 걸 뻔히 알면서 말이요. 오늘 유나를 만나지 않았다면 그냥 나 자신이 이 세상에서 가장 행복한 여자라는 허위적인 느낌 속에서 살았을 거요."

이 말을 하면서 그녀가 나를 만난 목적이 무엇일지 생각했다. 자기의 존재를 나한테 알리고 이른바 '공평한 경쟁'으로 그이를 얻으려는 것인지 아니면 일찌감치 자리를 내달라는 것인지? 난 남편이 원망스러워졌다. 자기가 저질러 놓은 일을 스스로 처리할 것이지 나를 끌어들여서 어떡하자는 건지.

한편 요즈음 집에서 안절부절못하던 남편의 행위에 이해가 갔다. 그이는 내가 그이와 유나의 관계를 알게 될까 봐 그랬겠지만, 유나가 나를 찾아오는 것은 생각하지 못했을 것이다. 그러다가 그동안 그이가 유나한테 마음이 기울어졌었고 사랑도 했겠지만, 가정을 지키려고 했겠다는 생각이 들면서 그이가 이 가정을 지키려 한 이상 나도 가정을 위해 뭔가 해야 하지 않겠는가 하는 생각이 들었다.

그런데… 나의 남편은 준수하지도 않고 부자도 아닌데 유나가 어디에 마음이 끌렸을까? 내 심사를 알아차렸는지 유나가 조용히 입을 열었다.

"제가 처음 회계사 학습반에서 선생님의 강의를 들을 때 선생님에 대한 첫인상이 너무나 평범하였어요. 그러나 그 후 몇 달간의 학습 과정에서 완전히 인상을 바꾸게 되었어요. 선생님은 수수한 외모와는 달리 강의를 아주 잘하셨고 부드럽고 유머 있고 남에게 따뜻이 관심을 주는 법을 아는 남자였어요. 저녁 학습이 끝난 뒤면 선생님은 저를 집에까지 데려다주었고 헤어질 때면 언제나 저를 꼭 껴안아 주었지요. 마치 제가 선생님 곁에서 사라질까 봐 두려워하듯이 말이에요. 전 선생님을 깊이 사랑했어요. 저 자신보다 말이에요. 선생님은 저에게 사모님은 능력 있는 여자이고 모든 일에서 선생님을 넘어서기에 사모님 앞에서는 남편으로서의 위치를 찾기 바빴다고 하면서 때가 되면 이혼도 고려해 보겠다고 했어요. 전 여태껏 기다려 왔지요. 선생님이 완전히 나에게 속할 그날을 그리면서도 한편으로는 모순되기도 했어요. 저의 사랑이 실현되면 그것은 제가 다른 한 여인의 고통 위에 자기의 행복을 세우는 것이라고, 그리고 또 선생님이 그런 냉혹한 사람이 아니기를 바라기도 했어요."

그녀의 얼굴에서는 어느새 눈물이 방울져 흐르고 있었다. 그녀의 눈물 앞에서 난 더는 적의를 느낄 수 없었다. 한 남자를 사랑한 대가로 그녀는 심리상 고통을 받고 있었고 그 사랑이 사회의 질책과 비난을 동반하게 되었으니 그녀의 마음은 멍들어 있는 것이었다. 아직 이 사회는 그 사랑이 아무리 순수하고 아름답다 해도 제삼자를 용서 못 하는 것이니까.

"유나, 오늘 유나가 이렇게 나를 찾은 것은 아마 이 일을 처리하려고 그러는 것 같은데 어떤 생각이 있는지 툭 털어놓고 말해보오. 난 사랑하는 남편과 가정을 위해서라면 어떤 일도 할 수 있을 거요."

"사모님, 시간도 많이 지났군요. 제가 오늘 사모님을 만난 건 선생님을 빼앗아 내려는 게 아니에요. 이 1년간 전 선생님과의 감정 때문에 많이 방황했었고 또 나름대로 노력도 많이 했어요. 전 선생님께 결정권을 주기로 했어요. 하지만 다시 생각해 보니 타당할 것 같지 않았어요. 선택과 더불어 선생님의 마음은 큰 상처를 입게 되니까요. 전 선생님을 괴롭히고 싶지 않아요. 그리고 사랑 있는 혼인보다 감정 있는 혼인이 더 견고하다던 부모님들의 말씀에 이해가 갔어요. 전 선생님 곁을 떠나기로 했어요."

그녀의 말은 너무나 뜻밖이었다. 나의 굳어진 표정을 보고 그녀는 말을 이었다.

"전 오늘 저녁 9시 기차로 장춘에 가서 내일 한국에 도착할 거예요. 한국에 시집간 언니가 유학 수속을 해주었어요. 한 살이라도 어릴 때 뭔가 더 배워야 한다는 생각도 있었지만 들떠 있는 감정도 정리해야

중국과 한반도의 미래

했어요. 전 이제 떠나면 다시 돌아오지 않을 거예요. 언니와 마찬가지로 한국에서 절 사랑하는 남자 만나 결혼하고 거기에서 남은 인생을 참답게 살아갈 거예요. 이 세상에 태어나 한번 사랑해 보는 것도 행복하지만 사랑받는 것이 더욱더 행복할 거라는 생각이 들어요. 사모님, 선생님을 원망하지 마세요. 선생님도 그 가정을 위해 많이 노력했어요. 다른 남자들은 밖에 여자가 있으면 이혼이다 뭐다 하려고 하지만 선생님은 아버지로서, 남편으로서 책임을 다하느라 노력하시는 것 같았어요. 사모님, 끝까지 선생님을 지켜주시고 사랑해 주세요. 제가 오늘 사모님과 모든 것을 이야기하는 것은 저의 한 단락의 감정을 결판 짓기 위해서예요. 저의 이런 행동이 사모님 마음에 상처를 입혔다면 용서하세요. 부디 선생님과 행복하게 지내세요."

그녀는 떠났다. 다른 여자처럼 사랑을 위해 죽는다, 산다, 소란 피우지도 않고 그저 다른 한 생활에 대한 희망을 품고 떠났다. 난 문득 어느 책에서 본 이런 구절이 생각났다.
'자신을 불쌍하게, 초라하게 만들거나 자신을 당당하게 만드는 건 모두 자기 나름이다.'

나는 남편이 이런 여자를 만난 것 역시 행운이었다는 생각이 들었다. 만일 다른 여자라면 이렇게 처사할 수 있었을까? 다방에서 나오면서 마치 꿈을 꾸고 깨어난 사람 같았다. 이제 나는 어떡하지? 우리 진짜 새롭게 시작할 수 있을까? 집으로 향하는 나의 발걸음은 너무도 무거웠다…

첫사랑은 아니었지만

이건 나의 첫사랑이라고는 할 수 없다. 그는 나의 소학교 동창생인데 성은 곡 씨였다. 키가 크기 때문에 학생들은 모두 그를 곡풍기라고 불렀다. 그때 나는 학급에서 키가 제일 컸기에 줄을 설 때면 언제나 우리 둘이 맨 뒤에 서게 됐다. 너무 가까웠기 때문에 서로의 호흡 소리마저 들을 수 있었다. 라디오 체조 시간에 스트레칭을 할 때면 팔이 언제나 서로 닿았다. 우리는 한 번도 다른 애들처럼 선생님에게 일러바치거나 하지 않고 그저 서로 웃고 말았다.

곡풍기는 수학을 잘했기에 수학 선생님은 그를 아주 좋아했다. 어느 한번 나는 곡풍기가 수학 시간에 선생님의 강의를 듣지 않고 책상에 엎드려 선생님의 쌍태머리(양 갈래머리)를 그리고 있는 것을 보았다. 선생님의 쌍태머리를 그릴 건 뭐람? 전혀 고자질할 줄 모르던 내가 그날 웬일인지 선생님에게 그 일을 일러바쳤다. 하지만 나는 도리어 선생님에게 안 좋은 소리를 듣고 말았다.

"넌 그 애가 시간에 뭘 그리든지 상관할 게 뭐니? 그 앤 그래도 100점만 잘 맞더라. 넌 그저 헤매기만 하면서 100점을 맞는 걸 보지 못했어."

곡풍기는 다른 애들과 좀 다른 면이 있었다. 그의 부모들은 모두 외지에 있었고 청도에는 그와 그의 연로한 할머니뿐이었다. 그는 평소에 말하기를 싫어하고 혼자서 교실에 앉아 생각에 잠길 때가 많았다. 그는 하교 후면 혼자서 뿔을 갖고 운동장에서 놀기 좋아했다. 매번 그의 고독한 모습을 볼 때마다 나의 어린 심경은 동정심으로 가득 찼다.

5학년 때부터 나는 반장을 했다. 어느 한번 회의가 늦게 끝나자 담임 선생님은 남학생들더러 여학생들을 데려다주라고 했다. 곡풍기는 나를 데려다주겠다고 나섰다. 그때 나는 당황하고 부끄럽기 그지없었다. 우리 학교와 집은 거리가 꽤 멀었다. 학교는 관상산에 있고 우리 집은 신호산에 있었다. 그날 밤, 교실 문을 나서는 나의 마음은 조마조마했다. 곡풍기는 나와 한 10여 미터 사이를 두고 따라왔다. 길에서 우리는 줄곧 한마디 말도 없이 고개를 수그리고 걷기만 했다.

그 일이 있고 난 후부터 학급 회의가 늦어질 때마다 곡풍기가 나를 바래다주었다. 그러자 주변의 말이 없을 리가 없었다. 우리가 손을 쥐고 걸어갔다거나 곡풍기가 우리 집에 와 밥까지 먹었다는지 하는 소문이 떠돌기 시작했다. 나는 너무 억울했다. 나는 곡풍기에게 이젠 바래다주지 않아도 된다고 했다. 하지만 그런 소문이 돌기 시작한 후에도 학급 회의가 끝난 후면 곡풍기는 예전처럼 나의 뒤를 따라왔다. 나는 결국 그에게 얼굴을 붉혔다.

"더는 바래다주지 말라고 했는데…"

그러자 그는 태연하게 말했다.

"난 널 바래다주는 게 아니야. 난 산에 오르면서 신체 단련을 할 뿐이야."

이렇게 그는 소학교를 마칠 때까지 줄곧 나의 보호자를 자처했다.

여름방학은 아이들에게 있어서 제일 행복하고 즐거운 시절이었다. 그 여름방학 나와 오빠는 매일 바닷가에 나가 놀았다. 우리는 바닷속에 몸을 푹 잠갔다가는 백사장에 나와 뽈을 갖고 놀았다. 어느 한번, 나는 바닷가에서 우연히 곡풍기와 마주쳤다. 수영복을 입은 나는 부끄러워 부랴부랴 바닷속에 들어갔다. 나는 감히 다시 밖으로 나오지 못했다. 나는 수영복 바람으로 그 애 앞에 나설 수가 없었다.

후에 그는 11중에 가고 나는 39중에 가게 되면서 우리는 다시 만나지 못하게 되었다. 꽤 시간이 지난 후에 그가 취직했다는 말을 들었다. 식은 죽 먹기로 대학에 갈 수 있었던 그가 부두의 일반적인 종사자가 된 것이었다. 나는 지금도 그것이 가슴 아프다. 곡풍기의 할머니가 그에게 하루빨리 사회에 나와 돈을 벌고 일찍 가정을 이루라고 닦달하지 않았더라면 그는 지금쯤 무엇인가 큰일을 하고 있을 텐데.

1987년 관상2로 소학교를 졸업한 지 거의 20년이 되는 해에 우리 소학교 동창생들은 동창회를 하게 되었다. 나는 그때 하얼빈에서 TV 드라마 〈눈 도시〉를 찍고 있었다. 나는 꼬박 사흘 동안 기차에서 고생하면서 하얼빈에서 청도로 갔다. 나의 마음은 진작 어린 시절로 되돌아가 있었다. 어릴 때의 그 순결했던 우정, 알 듯 말 듯 한 정서 세계, 남녀학생들 사이의 은근한 '친근'… 그날 나는 차 안에서 곡풍기의 현 모습을 좀처럼 떠올릴 수가 없었다.

나는 30여 명 되는 동창들 가운데서 한눈에 곡풍기를 알아보았다. 그는 여전히 동창 중에서 키가 제일 컸다. 우리가 악수할 때 나는 저도 모르게 얼굴이 붉어졌다. 여학생들이 때를 만났다고 떠들어 댔다.

"솔직히. 너희들이 그때 서로 좋아했지?"

"아니야, 절대 아니야. 믿기지 않으면 곡풍기에게 물어봐!"

"곡풍기, 말해 봐. 괜찮아. 우린 네 아내한테는 일러주지 않을 거야."

"좋아했다고 할 수도 있지. 그때 난 예평이 다른 여자애들보다 더 좋았거든."

"오!"

여학생들이 소리 질렀다.

그날 저녁, 서로 가깝게 지냈던 몇몇 친구들만 남아 팔대관에 갔다. 가는 도중에 김도래가 나에게 가만히 물었다.

"실토해 봐. 네가 후에 배우가 되지 않았더라면 넌 곡풍기에게 시집 갔겠니?"

나는 대답을 못 했다. 사랑은 감지할 수 있을 뿐 아니라 기억할 수 있어야 했다. 하지만 나는 김도래의 가설을 통해서야 그 가능성을 한번 생각해 볼 수 있었다. 처지의 차이는 사람의 자리를 결정하는 것이다.

동창들은 해변의 바윗돌에 한 줄로 나란히 앉았다. 우리는 웃고 떠들기도 하고 조용히 눈을 감고 추억에 잠겨보기도 했다. 갑자기 곡풍기가 해변을 거닐자고 했다. 웬일인지 그의 의견에 나밖에 호응하는 사람이 없었다. 혹시 그들이 나와 곡풍기에게 둘이 만날 시간을 주려고 그러는 게 아닐까?

그날 우리는 정말 연인처럼 어깨를 나란히 하며 해변을 거닐었다. 무엇을 얘기할까? 어디서부터 얘기를 꺼낼까? 나는 그가 항무국의 종

사자인 것만 알고 있었을 뿐이었다. 나는 우리 사이에 오가지 말아야
할 말이 오갈까 봐 두려웠다.

곡풍기가 갑자기 걸음을 멈추었다.

"결혼했지?"

나는 급급히 대답했다.

"결혼했어."

우리는 묵묵히 앞으로 걸어갔다.

"너도 결혼했지?"

내가 물었다.

"진작 결혼했지. 여자애까지 있는데."

"오, 여자애들은 다 아빠를 닮는다면서. 또 하나의 곡풍기가 생겼겠
구나…"

곡풍기는 나의 말에 대답 없이 묵묵히 걷기만 하더니 다시 간신히
말을 이었다.

"나의 딸애가 죽은 것을 모르지? 한 살도 되지 않아 죽었어."

"뭐라고?"

"선천성 심장병이었어. 그 애가 숨을 거둔 날, 난 그 애를 안고 이 해
변으로 왔어. 난 그 애를 안고 오랫동안 해변을 거닐었어. 나는 그때
정말 그 애를 안고 바닷속으로 끝까지 걸어 들어가고 싶었어."

나는 곡풍기의 절망에 젖은 눈길을 보았다.

"넌 애가 없지? 넌 나의 감정을 모를 거야. 내 마음은 그 애와 같이
죽었어."

중국과 한반도의 미래

"괴로워하지 마, 하나 더 낳으면 되지 않니?"

"넌 몰라. 누구도 그 애를 대체할 수 없어."

곡풍기는 바다를 향해, 나를 향해 피눈물을 쏟았다. 나는 더 말을 잇지 못했다. 아픔과 난류가 나의 온몸을 감쌌다. 그는 나를 연인보다 더 가까운 친인으로 생각하고 있었다.

이렇게 나는 줄곧 그를 동무해 걸었다. 어렸을 때 그가 나를 집에 바래다주듯이 나도 그 인생의 가장 암담한 한 시각을 함께 걸어주었다. 우리 둘이 돌아왔을 때 동창들은 그대로 조용히 앉아 우리를 기다리고 있었다. 원래 그들은 모두 곡풍기의 불행을 알고 있었고 곡풍기가 왜 이 해변을 거닐자고 하는지를 알고 있었다.

그때로부터 10년이라는 세월이 흘러갔다. 곡풍기는 어떻게 살고 있을까? 하느님이 곡풍기에게 예쁜 따님을 점지해 주었기를 바란다. 그는 세상에서 가장 훌륭한 아버지일 것이다.

돌아보면 바라보이는
그곳에

해마다 나는 몇 번은 연길과 용정의 분수령으로 되어 있는 모아산 고개를 넘곤 한다. 모아산 고개는 나의 인생의 커다란 전환점이 된 곳이다. 그동안 세월은 어느덧 23년이 흘렀지만 변함없이 둥글고 푸른 그 모습을 보면 그 한순간은 느닷없이 세월이 흘렀다는 것이 인간이 만들어 낸 허구가 아닐지 하는 생각이 들곤 한다. 하지만 내가 19살의 처녀가 아님이야 어떡하랴.

1974년 7월 14일, 내가 모아산 부근에 있는 연변 용정의 과수 농장 2대 집체호에 '하향지식 청년'으로 갔을 때 내 나이는 19살이었다. 돌아보는 곳에 서 있는 내 19살 시절! 격동이라는 한마디, 슬픔이라는 한마디, 고통이라는 한마디, 그 어느 한마디도 적절한 표현이 될 수 없는 4년의 '하향지식 청년' 생활을 지금 새삼스레 회고하고 있다.

그 소중했던 시절을 어떻게 쓰면 다 충분히 표현할 수 있을까? 이제 나는 충분하게 쓴다는 것을 포기한 채 이 글을 쓸 것이다. 그리고 지금은 40대이지만 이제 그 이후에 가서도 자꾸자꾸 돌아볼 때마다 보충할 것이다. 자기가 사랑하는 미술작품에 일생을 들여 선을 그리고 색채를 조절하는 미술가와 같이.

하향하는 날 다른 애들은 다 고통스러웠다는데 나는 그런 느낌을 전혀 가져보지 못했다. 어머니는 신장염으로 고생하는 17살의 어린 언니를 안도 장흥골안 집체호에 두고 온 날에 무지무지 눈물을 많이 흘렸던 것처럼 나를 농장에 두고 가실 일 때문에 트럭에 앉은 채 내내 우셨다. 그러는 어머니에게 미안할 정도로 나는 단지 집체호 부엌에서 새어 나오는 하얀 쌀밥의 향기를 맡으며 옥수숫가루 음식만 먹어야 했던 도시의 생활과 작별할 수 있다는 생각으로 흥분이 되었다. 그리고 나는 이제 어른이 되어 늘 단조로운 집을 벗어나 독립적인 생활을 할 수 있다는 것에 묘한 즐거움을 느끼기까지 했다.

우리 일행은 모두 17명, 남자 7명에 여자 10명이었다. 모두 연길시 6중 졸업생들이었지만 각기 다른 학급에서 와서 서먹서먹했다. 지금보다는 달리 몹시 얌전하고 말수가 적고 담도 없던 나는 어딘지 모르게 질려 있었다. 이제 이 집단에서 농장원들의 눈에 든 애가 먼저 입단, 입당하고 대학에 추천되고 노동자로 추천이 되어 도시로 갈 수 있는 것이다. 그렇지 않으면 이 시골에서 시집을 가고 가정을 꾸리고 긴 여생을 살아가야 한다.

하향한 이튿날의 일과는 당연히 그때 유행이었던 순서대로 '계급투쟁사'를 듣는 것이었다. 우리는 그때 이 생산대의 정치문화 중심지였던 우사마당에 있는 전체 농장원대회에서 마을의 당지부서기로부터 이 마을에서 어떻게 계급투쟁이 발생했고 계급의 적들은 어떻게 창궐하게 '사회주의 담벽을 허물고' '자본주의 복벽'을 꿈꾸었으며 그것을 어떻게 이겨내서 이 생산대 집단의 번영이 이루어졌다는 등등의 소개를 받았고 집체호 애들은 너나없이 '농장에 뿌리를 박고' '영원히 혁명'

하겠다는 결심을 발표했다.

그때 '농장에 뿌리 박겠다.'는 말을 하는지 안 하는지 하는 것은 한 지식 청년의 정치사상 수준을 가늠하는 중대한 표준이었다. 너나없이 이 말로 자신의 태도 표시를 에누리 없이 했다. 물론 누구도 그가 정말로 농장에 뿌리를 박으리라고는 생각하지도 않는다. 그러나 나는 왠지이 말만은 죽어도 하기 싫었다. 이 말을 하기만 하면 정말로 농장에 뿌리를 박고 말 듯한 불길한 생각이 든 것이다. 한편 나는 이 말을 용감히 할 수 없는 것에 몹시 주눅이 들었다. 나는 농장에 뿌리를 박을 수 없었다. 그와는 다른 꿈이 있었기 때문이었다.

그것은 내 인생 전부에서 큰 의미를 가진 꿈이었다. 그러나 그 당시이런 생각을 내비치기라도 하면 '빈하중농'은 나를 영영 '개조'의 대상으로 만들어 버리기 십상이었다. 그래서 나는 그것을 누구도 볼 수 없는 가슴속 가장 깊은 곳에 감추었다. 나는 우선 노동관부터 넘기로 했다. 노동을 잘해야만 농장원들이 사상이 좋다고 할 것임이 당연했다. 우리가 참가한 첫 노동은 집체 양돈장의 돼지 굴을 파는 일이었다. 비가 많이 내려 과수원의 일을 하지 못한다는 것이었다. 사실 그때 나는 무척 과수원에 가고 싶었다. '계급투쟁사' 강의가 있는 첫날에 정치 대장은 우리를 데리고 과원을 빙 돌았다. 싱그러운 향기가 풍기는 과수원에는 사과, 배가 아직 아기 주먹만큼 되지 않았지만, 새콤한 물이 올라 도시에서 굶주린 우리를 기쁘게 하기에는 충분했다.

노동에 참여한 첫날이었으므로 나는 농장원들에게 첫인상을 잘 남기려고 마음을 먹었다. 그런데 생각과는 달리 마무리 삽으로 파내려 해도 깊이 썩은 퇴비는 삽에 담아지지 않았다. 땀이 철철 흘렀다. 돼지들이 요란스레 소리를 질렀다. 구린내에 메스껍고 현기증이 났다. 나는 다른 애들이 하는 것은 힐끔 훔쳐보았다. 나보다는 축이 나게 하는 것 같았다. 나는 조금 주저하다가 아예 삽을 버리고 두 손으로 돼지똥을 움켜쥐어 밖으로 내던지기 시작했다. 농장원들이 칭찬했다. 보기에는 매끄럽게 생겼는데 일을 잘한다는 것이었다. 한 점수 땄다는 생각이 구린내와 메스꺼움과 솟구치는 구토를 이기게 했다. 그날에 있는 총화 회의에서 정치 호장을 담당했던 농장원 장 기술원이 나를 특별히 지명해서 칭찬했으므로 나는 무척 기뻤다.

그러나 노동관은 나의 결심과는 달리 잘 넘겨지지 않았다. 나의 다른 친구 허복순과 나는 늘 마감 일등 또는 이등을 번갈아 했다. 과수원 밑 콩밭에서는 꼴찌를 했고 겨울 전지에서도 꼴찌를 했다. 겨울에 소수레로 퇴비를 낼 때면 소가 늘 반대 방향으로 달아나서 농장원들의 웃음거리로 되었다. '밭머리 노선 분석 회의'에서 나는 늘 자신이 꼴찌로 된 것을 반성하고 노동을 더 잘할 것을 거듭 맹세했지만 얼마 안 가서 그것은 오히려 거짓 맹세로 변해버렸다.

9월이 되어 배따기가 시작되었다. 배따기는 노래에서 나오는 것처럼 낭만적이 아니라 힘든 것이었다. 지쳐버린 나는 날라 온 점심도 먹을 생각이 없이 나무 밑에 쓰러져 있었다. 나는 점심을 먹는 시간이나마 잠을 더 자두어 몸의 기운을 채우고 싶었다. 생산대의 당지 부서기로부터 여러 번 밥을 먹으라는 전갈이 왔음에도 피로를 이기지 못해 어렴풋이 잠이 들었는데 최 서기는 나를 찾아와서 호되게 비판하였다. 지금도 기억나는 말이지만 나를 '소자산 계급 아가씨'이며 힘든 일 앞에서 의지가 약하다는 것이었다. 그 말에 나는 눈앞이 캄캄했다. 그 모자가 씌워지는 한 나는 농장원들의 추천을 받기는 백 번도 그르칠 것 같았다. 나는 눈물이 비 오듯 쏟아졌다. 내가 울수록 최 서기는 더 엄하게 비판했다.

무슨 정신에 일했는지도 모르고 집체호에 돌아오자 나는 또 한바탕 통곡했다. 가장 큰 고통은 내가 영원히 농장원들의 인정을 받을 수 없으리라는 예감 때문이었다. 그때는 아직 하룻강아지 범 무서운 줄을 모르는 때였다.

나는 그날 저녁에 최 서기를 찾아갔다. 나는 울면서 나의 노동 열정과 노동 결과 간의 모순을 이야기하고 나의 이런 열정에 대한 객관적인 평가가 너무 잔혹하다는 것을 말했다. 그리고 나의 모든 순수한 생각과 현실 간의 모순을 이야기했다. 물론 나의 이상—대학을 가겠다는 뜻—을 일언반구 내비치지도 않았다. 다행히 최서기는 아주 지혜로운 분이셨다. 그는 앞으로의 현실도 이렇게 너의 순수한 생각과 많은 갈등을 일으킬 것이므로 마음을 크게 먹으라고 하는 것이었다.

그랬지만 나는 마음을 크게 먹지 못하고 가끔 잘 울었다. 1975년 설을 쇠고 시작한 전지대회전의 어느 날이었다. 나무에 매달려 전지작업을 하는 농장원들은 멀리에서 보면 헌 빨래를 걸어놓은 듯싶었고 휘몰아치는 하늬바람에 사정없이 흔들렸다. 동복이며 장갑이며 갖추지 못한 때라 춥고 손발이 시려 참을 수가 없는 데다가 마침 소변을 보고 싶어 친구 허복순과 함께 내리막이진 동쪽의 골짜기로 걸어갔다. 손이 꼬부라들어 일을 치를 수 없었다. 둘은 서로 붙잡고 통곡했다.

중국과 한반도의 미래

화식 당번은 나에게도 닥치었다. 이상하게도 음식을 만드는 일에 가장 자신이 없는 허복순과 한 조가 되었다. 부엌에서 나무가 활활 타오르는데 나는 감자볶음을 준비했다. 파를 썰고 채 친 감자들을 쏟아 넣었는데 앙금이 많은 감자는 익을 생각 없이 자꾸 솥에 붙기만 했다. 나는 당황하여 부엌에서 불을 때고 있는 복순이더러 감자를 저으라 하고는 물그릇을 든 채 집체호 곁에 있는 우물로 도망을 쳤다. 물을 금방 받아놓고 땀을 훔치는데 복순이가 달려와 물그릇을 들고 갔다. 둘은 당황해서 솥에 물을 가득 부어 넣었다. 감자채가 감잣국이 된 것이다. 탄 냄새가 코를 찔렀으므로 우리는 집체호 애들이 코를 찡그릴 일을 근심하며 얼굴이 빨개서 밥상을 챙겼다.

　다행히 집체호 애들은 그 국을 맛나게 먹어주었다. 특별히 맛이 있다고 칭찬까지 하는 것이었다. 그 원인을 알아보니 갑자기 밑바닥에서 타기는 했지만 그동안 채를 만들겠다고 커다란 밥주걱으로 너무 저어놔서 앙금이 가득 나와 감자가 아예 형체가 없을 지경으로 죽이 되어 있는 것이다. 남다른 감잣국이었으므로 맛이 있다는 평을 받을 수밖에 뜻밖의 결과에 우리 둘은 기뻐서 깔깔 웃어댔다.

　화식 당번 동안에 우리는 북경 종자인 새끼 돼지 한 마리를 키웠다. 돼지는 잿빛 등에 하얀 알락무늬가 있어 유달리 귀여웠는데 다리가 길고 허리가 늘씬해서 이쁜 버스와도 같았다. 보는 사람마다 크게 자랄 돼지라고 칭찬했으므로 우리는 애완견처럼 환대하며 키웠다.

　그런데 어느 날 돼지가 갑자기 실종되었다. 우리는 집체호 아이들로부터 책임감이 없다는 평을 받고 불안한 나날을 보냈다. 더구나 추운 기간이었으므로 얼어 죽었을까 봐 맘을 졸였다. 그러다가 3일 후에 나타난 돼지는 우리가 아무리 환성을 지르며 마중해도 기분이 안 좋은 것처럼 자꾸 드러눕기만 했다. 우리는 구유에 죽을 부어주고 돼지를 억지로 구유 곁에 끌어왔다. 조금 죽을 먹는 것 같아 시름을 놓고 집에 들어와 따뜻한 가마목에 누워 몸을 녹였다.

시간이 썩 지나서 나가보니 돼지는 얼음이 가득 붙어 있는 구유 곁에 쓰러져 있었다. 우리는 돼지를 안아서 뜨끈뜨끈한 가마목에 눕히고 마대를 덮어주었다. 돼지는 혼수상태인지 아무 소리 없이 누워 있었고 숨소리가 좀 기쁘게 들려왔다. 집체호 애들이 들어오더니 몸이 언 돼지는 가마목에 눕힐 것이 아니라 찬물로 얼음을 빼야 한다고 했다. 우리는 그 애들의 말대로 커다란 함지에 찬물을 가득 붓고 돼지를 그 속에 눕히고 찬물로 씻어주었다.

돼지는 끝내 죽어갔다. 그때 눈물을 가득 흘렸는데 지금 생각해도 속이 뭉클하다. 돼지는 감기를 만나거나 폐렴을 앓았으련만 우리가 뜨거운 가마목에 이불까지 덮어서 눕혔을 때와 다시 찬물 속에 집어넣을 때 돼지는 그 얼마나 고통스러웠으랴. 돼지는 사랑이 지나친 바보들의 시달림 속에서 더 빨리 죽어갔을 것이다. 지금도 눈앞에는 우리들의 희생물이 된 그 이쁜 버스 같은 북경 종자 알락 돼지가 눈앞에 선하다.

이후 뜻밖의 소식이 나를 절망에 빠지게 했다. 대학교 추천은 농촌에 내려간 '하향지식 청년'을 위주로 하고 농촌도 도시도 아닌 반공반농의 농장은 1년에 겨우 1~2명의 자리만 가능할 것이라는 문건이 내려온 것이다. 전 농장의 천여 명 청년들에게 1~2명의 자리라는 것은 대학추천을 받을 가능성이 5년 동안(내가 추천받을 수 있는 나이로 보아) 거의

중국과 한반도의 미래

1%밖에 안 된다는 뜻이 되는 것이다.

절망은 주기적으로 찾아왔다. 감성이 예민한 시절이었으므로 나는 과수원의 꽃잎이 떨어지는 것을 보고도 울었고, 짚이 타서 연기가 치솟아 오르는 것을 보고도 울었으며, 위생소로 가는 길 양옆 가로수에 까마귀가 많이 앉아 있는 것을 보고도 불길한 생각이 들어 울었다.

그러나 나는 노력을 포기하지 않았다. 일을 열심히 했고 한편으로는 작품을 썼다. 그때 내가 생각했던 이상적인 직업은 극작가가 되는 것이었다. 나는 〈사과, 배 두 알〉을 써서 가극을 만들었고, 〈시베리아 한류가 불어올 때〉라는 장막극을 써서 무대에 올렸다. 그동안 농장의 모택동 사상선전대 창작실의 창작원이 되어 가사, 대창, 채담, 극본 등 닥치는 대로 썼다. 그때는 몹시 수줍어서 앞의 말도 겨우 했지만 여름의 땡볕을 걸어 주 창작가 리화 선생님을 찾아가 수정을 받기도 했다. 1975년도에는 〈시베리아 한류가 불어올 때〉가 연변 인민출판사의 어느 희극집에 수록되어 출판에 교부됐다가 그때의 정치기후가 변하면서 미끄러지기도 했다.

'문화대혁명'의 결속과 함께 1977년 9월 중순에 나는 느닷없이 대학교 시험제도가 회복된다는 소식을 들었다. 미칠 듯이 기쁜 소식이었다. 그러던 중의 어느 날 꿈에 나는 어떤 위인이 나의 앞에서 트럼프 카드를 바람에 날리며 내가 꼭 대학에 붙을 것이라고 예언하는 것을 보았다. 나는 공부에 매달렸다. 다른 애들은 아예 집에 돌아가 학교에서 꾸리는 대학교 시험 보충반에 참가해 공부한다는데 단위(그때 나는 농장 술 공장에 전근했다)에서는 시험을 치려는 청년들에게 휴가를 주지 않았다. 출근한 틈에 공부하니 시간이 부족한 데다가 때때로 공부가 막혀 절망이 왔다.

매일 밤일을 하고는 낮에는 공부했다. 너무 졸음이 오면 일부러 밖에서 비를 맞으며 과문을 외우거나 썩은 배들의 악취를 맡으며 책을 읽었다. 그러다가 거의 두 주일을 앞두고 휴가를 받고 집으로 돌아와 공부했다. 내가 만일 대학교에 붙지 못하면 죽어버릴 생각이라고 했더니 언니가 놀라서 사방에 수소문해서 복습 책자를 얻어 왔는데 뜻밖에도 그 도움이 컸다.

나는 끝내 연변대학교에 붙었다. 그러나 나는 오히려 시무룩해져서 애타게 소식을 기다리고 있는 부모에게도 알리지 않았다. 나는 더 큰 대학을 노렸던 것이다. 사람의 욕심이란!

고난의 생활은 나에게 노력만큼의 결과를 안겨준 셈이다. '문화대혁명'이 끝난 것이 얼마나 다행인지 모르겠다. 그랬기 때문에 나는 기회의 막차라도 탈 수 있었다. 모아산 고개의 시간은 나의 인생에 가장 중요한 수업이었다. 나는 내 소설 중에서도 그때의 생활을 쓴 중편소설 《너를 멀리멀리 바랜다》를 가장 사랑한다. 그러한 사랑은 독자들과 문학성과는 상관이 없는 순수한 내 혼자의 사랑이다. 독자들의 공감이 있었다면 나는 역시 당연한 것으로 치부하는 사람이다. 그리고 그 소설이 내 문학창작의 중요한 전환점을 이루었다는 평론가들의 평가를 당연한 것으로 치부하는 사랑이다.

돌아보는 곳에 서 있는 모아산. 그곳에 서 있는 내 청춘은 내가 나이를 얼마를 먹든지 상관없이 영원히 그곳에서 19살로 서 있을 것이다.

나는 모아산을 사랑한다. 그때의 사랑과 분투와 아픔과 상처, 그리고 그때의 고민과 방황과 모든 잃었던 것까지도 사랑한다.

2부

헛소리
핫소리

세상을 향한 동키호테의 절규

황금 분할

황금 분할선

황금 분할선

엉뚱한 말 같지만 한국은 한국이고 조선(북한)은 조선이다. 우리가 원하는 한반도의 평화통일은 하늘이 두 쪽 나야 할 수 있다. 우리가 평화통일을 해야 한다고 부르짖으면서 북한은 적화야욕을 버려야 한다고 말하는 것은 한마디로 모순이다. 무슨 권리로 우리가 하면 되고 상대방은 하면 안 된다고 하는가? 우리가 평화통일을 하지 않겠다고 하고, 상대방에게도 적화야욕을 버리라고 하는 것이 공평하지 않겠나.

현재 한반도는 6.25 전쟁 중단으로 생긴 휴전선을 사이에 두고 북한의 김씨 조선 왕조와 남한의 자유대한민국이 군사적으로 대치하고 있다. 광복 이후 80여 년 동안 적대적 관계로 분단된 채 살아온 남과 북은 한반도 통일이라는 민족적 과제를 외쳐댔지만, 통일의 방식과 의미에 있어서 각자의 생각은 완전히 달랐다. 또 북한의 핵무기 개발과 잦은 군사적 도발로 서로를 향한 불신의 골은 깊어만 갔고, 이제는 국민 대다수가 통일이 될 것이라는 기대감마저 많이 사라진 상태다.

하지만 일각에서는 아직도 통일을 주장하면서 남과 북이 하나가 될수 있을 것이란 꿈에 부푼 희망고문을 하는 사람들도 있다. 물론 정치인들이 남북통일을 이야기하는 것은 정치적인 수사일 수는 있겠지만,

현실적으로 불가능한 이상을 외치는 것보다는 남북의 군사적 대결과 긴장이라는 현실적 문제를 풀어내는 것이 더 바람직한 일이다. 최근 반기문 전 UN 사무총장이 통일을 이야기하면서 남북한도 독일과 같은 모델로 어느 날 갑자기 통일이 찾아올 수 있다는 견해를 밝히는 것을 신문에서 봤다. 즉 독일의 동독이 스스로 무너진 것처럼 북한의 김씨 조선 왕조도 어느 순간 무너지면 통일이 될 수 있다는 말이었다. 심지어 일각에서 흡수통일이란 말도 나오는데 말도 안 되는 소리다. 설령 김씨 조선 왕조가 스스로 무너지더라도 우리에게는 독일과 같이 통일될 수 없는 명백한 걸림돌이 있다. 바로 중국이다. 중국은 우리나라가 독일의 모델처럼 통일되는 것을 가만히 보고만 있을 리가 없다.

한반도는 역사상 어떤 왕조가 들어섰건 간에 항상 중국의 영향력 아래에 있었고, 중국도 한반도에 들어서는 왕조를 직접 통치는 하지 않았지만 언제나 속국으로 여겨왔다. 가장 이해하기 쉬운 예로 여말선초의 상황을 들 수 있다.

고려 말 이성계는 요동을 공략하기 위해 출정했다가 위화도에서 회군한다. 개성으로 돌아온 이성계는 고려왕을 폐위한 이후 꼭두각시 왕을 세우지만, 끝내는 자신이 왕에 올라 새로운 왕조를 열게 된다. 이성계가 새로운 왕조를 세우고 나서 가장 먼저 한 일이 무엇이었나. 바로 중국 명나라에 사신을 파견해서 명나라 황제에게 조공하고 새로운 국호를 정해달라는 것이었다. 이성계의 이런 모습을 두고 매우 굴욕적인 처사고 사대적이라고 비판하는 사람들도 있지만, 명나라에 조공을 바치고 사신을 파견한 일은 매우 현명한 처신이었다.

만약 이성계가 역성혁명을 하고 중국에 사신도 보내지 않고 스스로

중국과 한반도의 미래

황제라 칭했다면 어떻게 되었겠나? 명나라에서는 바로 군사를 일으켜서 한반도로 쳐들어왔을 테고, 삼전도의 굴욕 정도가 아니라 이성계의 목숨도 부지하지 못했을 것이다. 이성계는 위화도 회군을 계획할 때 이러한 시나리오는 이미 머릿속에 다 있었고, 그래서 이성계는 명나라 황제에게 자신은 딴마음이 없다는 것을 강조하기 위해 조공을 바치고 국호를 정해달라고 한 것이었다. 이는 이성계 자신은 딴마음을 품지 않고 대국인 명나라를 충실히 섬기겠다는 의미를 전달한 셈이며, 그로써 이성계는 응징당하지 않고 이씨 조선 왕조시대를 창업할 수 있었다. 표면적으로는 굴욕적 처사로 보일 수도 있지만, 역사를 그 시대적 상황의 잣대로 보면 이성계 입장에서는 매우 현명하고 영리한 선택이었다.

그리고 중국 명나라 입장에서도 전혀 나쁠 것이 없었다. 명나라 황제도 모든 일을 독단적으로 처리하는 것이 아니라, 어전회의를 열고 대신들의 의견을 듣고 정책을 펼친다. 이성계가 중국의 허락도 받지 않고 고려의 왕을 폐위한 것을 두고 분명히 대신들 사이에 의견이 분분했을 테다. 역적 이성계를 죽이자는 의견도 있었겠지만, 이성계가 먼저 조공을 바치고 국호를 정해달라며 머리 숙이고 들어오니 명나라는 조선을 속국으로 인정하고 이성계에게 조선을 다스리라고 명했던 것이다. 명나라 입장에서도 황하 유역 기름진 땅도 많은데 굳이 중국 대륙에서 멀리 떨어진 오지의 자투리 땅을 황제가 직접 통치보다는 조선을 속국으로 하고 조공(땅 사용료)을 받고 간접적으로 통치하는 것이 더 실리적이었던 셈이다.

이처럼 한반도의 역사에서 중국은 어떤 왕조가 들어서건 직접 통치할 수 있는 힘은 있었지만, 통치하기에 불편한 점이 많아 한반도를 지배권 아래에만 두었다. 물론 일제강점기는 청나라가 일본에 패해 한반도를 일본이 점령했던 예외적인 시기다. 고종의 무능과 매국노들에 의해 나라를 일본에 빼앗겼다고 생각하는 사람들이 많은데, 그보다 더 근본적인 문제는 당시 청나라가 무능한 탓이었다. 개항기 중국의 상황을 되짚어 보면, 각종 부정부패로 나라는 국운이 기울고, 서양 열강들이 중국에 물밀 듯이 들어오고 있던 때라 중국이 제대로 된 힘을 발휘할 수 없었다. 그런 상황에서 조선을 두고 청일전쟁이 벌어졌고, 여기서 청나라가 패했기 때문에 결정적으로 조선의 운명은 일본이 쥐게 되었다. 그 당시에 중국이 오늘날처럼 막강한 군사력을 보유했더라면 전쟁에서 일본에 이겨 이씨 조선 왕조는 계속 보존될 수 있었다는 말이다.

해방 전후 중국은 국공내전에 와중에 한반도에는 관심을 둘 수 없었고 미국과 소련이 각각 남북으로 들어와 3.8선을 기준으로 양분되었다. 그 후 중국은 6.25 때 항미원조를 통하여 중국이 조선(북한)을 영향권 아래에 두고 있으며, 대만 통일 이후에는 한반도 전체를 손아귀에 넣기 위한 야욕을 서서히 드러낼 것이다. 현재는 중국이 북한을 바둑에서 대마를 잡기 위한 사석(死石)으로 활용하고 있다. 즉 버린 자식으로 취급하고 있는 것이다. 중국이 한국이라는 대마를 잡을 때까지는 비록 버린 자식이나마 북한을 굶어 죽지 않을 정도로만 양식을 주고 있는 것이며, 북한의 김씨 조선 왕조는 한반도가 중국 지배권으로 들어가면 끝나게 된다. 옛날 조선 초에는 중국의 입장에서 한반도는 먼 오지였기에 이성계에게 위임 통치하도록 했지만, 지금은 한국이 아시아의 중심 국가로 발전하고 교통이 사통팔달로 이어졌기에 위임 통치보다 직할 통치가 더 실익이 크다. 중국이 이렇게 생각하고 있는데, 만약 북한의 김씨 조선 왕조가 스스로 무너진다고 해서 독일의 서독이 갑작스럽게 통일했듯이 남한이 북한을 자연스럽게 품을 수 있겠는가? 정답은 NO다. 과거 역사를 통해 보면 그런 시나리오는 절대 현실이 될 수 없다. 중국은 한반도에서 전쟁을 세 번 했는데 전적은 1무 1패 1승이었다. 먼저 1무는 6.25 전쟁인데 휴전으로 무승부로 끝났고, 두 번째는 청일전쟁으로 일본에 패하여 한반도를 뺏겼다. 세 번째는 임진왜란으로 조선과 명나라가 합심하여 일본군을 몰아내고 이겼다. 이처럼 조선이 위기 때마다 중국은 참전했고, 특히 6.25 전쟁 당시 마오쩌둥이 항미원조 명분으로 참전하면서 장남을 비롯해 수십만 명의 사상자가 발생했다. 중국은 그들뿐만 아니라 예로부터 한반도에서 벌어진 전쟁으로 잃은 수많은 희생자들을 결코 잊지 않는다.

전쟁 전 3.8선 부근에 휴전선이 있는 것도 중국이 한반도를 훗날 지배할 것을 기약하고 중국이 설정한 것이었다. 즉 3.8선보다 더 땅을 내어줄 수 없다는 강한 의지였다. 만약에 남북전쟁이 발발하면 중국은 바다 건너 불구경하듯이 즐기고, 상황을 예의주시하면서 조선이 질 것으로 판단되면 즉시 참전할 것이다. 아니면 계속 전쟁이 이어지면서 수천만 명의 사상자가 발생하고 쌍방이 초토화되면, 중국은 어느 순간 한반도에 전격 진입하여 남북의 군사들을 쉽게 제압하고 지배할 계획을 짜고 있다. 옛날 종이호랑이 시절의 중국이 아니다. 국제 정세 흐름으로 볼 때 우리의 의지대로 한반도가 평화통일하려면 하늘이 두 쪽 나야 할 수 있다. 즉 우리가 중국을 지배하면 모든 것이 가능한 것이다.

반면 조선반도로 적화통일은 어떨까? 정답은 YES다. 한반도의 통일이 있다면 적화통일만 있을 뿐이다. 그리고 확률은 현재 99.97%로 100%에 0.03%가 모자란다. 적화통일이 목전에 있기에 핵무기는 북한이 아니라 오히려 한국에서 보유해야 하는 상황이다.

이제 한국에서 적화통일이나 중국에 지배를 당하지 않으려면 남과 북이 서로 공존 공영하는 길밖에 없다. 북한도 적화통일은 김일성 왕조가 끝이라는 걸 인식해야 한다. 남북한도 이제는 통일에 대한 미련을 버리고, 통일 관련 부서도 하루빨리 명칭변경 등 하고 상호 호칭도 한국과 조선으로 불러야 한다. 유엔에서도 남북이 한국과 조선이라는 국가로 각각 승인받았고 외국에서도 그렇게 인정하는데, 한반도에서만 한국에서는 조선을 북한이라고 하고 조선은 남한을 남조선이라 부를 이유가 없다.

북한은 한국이 존재하는 것만으로도 김일성 왕조가 계속 이어갈 수 있고, 한국 또한 북한의 김일성 왕조가 지켜주고 있는 셈이다. 따지고 보면 서로 윈윈하고 있으니, 이것이 '황금 분할'이 아니고 무엇이겠나.

어쨌든 한국과 북한은 서로 대화해야 하고, 현재 전 세계적인 주목을 받으며 아버지에게 통치 수업을 받고 있는 후계자 김주애 왕세녀가 잘 정착하여 지금의 체제를 안정적으로 이끌어 가는 것이 바람직하다. 북한에서 예민하게 반응하는 휴전선 인근 삐라 날리기, 확성기 방송, 참수 작전 같은 말은 한국과 북한 관계에서 긴장 완화에 전혀 도움이 안 된다. 이러한 일들도 금기시해야 한다. 그러면서도 국가안보에는 한 치의 소홀함이 있어서는 안 될 것이다.

북한도 중국의 속내를 분명히 알아야 한다. 남북한이 서로 불신에 휩싸여 군사적 대립을 이어가면 결국 중국만 속으로 웃게 된다. 군사적 대립에서 더 나아가 남북이 전쟁으로까지 치닫게 되면 통일은커녕 중국의 한반도 장악 시나리오를 완성시킬 따름이다.

　　　　　　　　　　　　　　　중국과 한반도의 미래

김씨 조선 왕조 태동

　북한 지역은 36년간의 일제강점기를 제외하고 1300년대 말부터 지금까지 조선 왕조가 지속되고 있다. 조선 왕조의 주인은 태조 이성계부터 이어지다 1910년 한일합병으로 36년간 단절되었다가 1945년 소련의 스탈린에 의해 김일성이 조선의 27대 왕으로 책봉되었다. 1945년 조선은 이성계의 이씨 왕조에서 김일성의 김씨 왕조로 왕조가 바뀌었을 따름이다. 국호도 변함없이 조선이다. 현재 3대 왕 김정은이 통치하고 있다. 김씨 왕조의 창업자 김일성은 어떻게 북한의 최고 권력자가 될 수 있었을까? 흔히들 소련의 스탈린이 김일성의 항일무장투쟁 전력을 높이 사서 최고 권력자로 인정했다는 설(說)이 있지만, 이는 잘못된 역사적 지식이다. 김일성이 북한의 왕조를 이끌게 된 이유는 항일투쟁과는 전혀 상관없다.

　김일성은 1940년부터 광복 때까지 소련 극동군 제88독립보병여단에서 활동한다. 88여단은 대일전에 대비하기 위해 스탈린의 지시로 창설된 다민족 혼성 부대였다. 부대원의 상당수는 중국 공산당이 주도한 동북항일연군 소속으로 수년간 만주 일대에서 유격전을 벌이다가, 만주국 군대의 대대적인 소탕 작전으로 부대가 궤멸 상태에 빠지자, 소련으로 투항한 중국인과 조선인 빨치산 출신이었다.

88여단에서 김일성은 표면적으로는 1대대 대대장이었지만, 동시에 비밀 정보원으로 동료 빨치산들의 동태를 감시하여 소련인이었던 상관에게 보고하는 일을 했다. 이러한 비밀 정보원의 역할로 상관들의 신임을 얻은 김일성은 스탈린에게 강력하게 추천되어 광복 이후 김씨 조선의 태동을 알리게 된다.

38선 이북 지역을 점령한 소련군은 다양한 경로로 북한 지도자 후보를 찾았다. 김일성 외에도 조만식, 박헌영 등이 후보로 검토되었고 허가이, 유성철 등 소련 국적 고려인도 검토 대상에 올랐다. 소련 극동군은 김일성 대위를 최종 후보로 모스크바에 추천했고, 스탈린은 1945년 9월 초 88여단의 김일성을 모스크바로 불러 직접 면접시험을 본 후 그 자리에서 그를 북한 지도자로 내정했다. 이후 지도자 선택에서 밀린 박헌영 측의 집요한 이의 제기로 1946년 7월 초 스탈린은 김일성과 박헌영을 모스크바로 다시 불러 지도자 면접시험을 보는 형식을 취하지만, 이는 박헌영의 불만을 달래기 위한 요식행위에 지나지 않았고, 스탈린은 김일성을 바꿀 생각이 없었다.

스탈린과의 면접 이후 9월 18일 밤, 김일성과 88여단 조선인(소련 국적 고려인 포함) 80여 명은 블라디보스토크 항에서 소련군 수송함 푸가초프호를 타고 출항해 이튿날 오전 원산항에 입항했다. 소련군 대위 계급장을 달고 원산에 도착한 김일성은 평양시 위수사령부 부사령관에 임명되었다. 그와 동행한 88여단 조선인들도 대부분 지방 위수사령부의 부책임자로 중용돼 훗날 '만주파' '88여단파' '빨치산파' 등으로 불리며 북한 권력의 핵심으로 떠오른다.

중국과 한반도의 미래

김일성은 9월 22일 열차 편으로 평양에 도착했다. '김동환' 혹은 '김영환'이라는 가명으로 비밀리에 조직을 정비해 나가던 김일성은 10월 14일 평양 기림리 공설 운동장에서 열린 '소련군 환영 평양시 민중 대회'에서 대중 앞에 처음으로 모습을 드러냈다. 평남인민정치위원회 주최로 해방을 경축하고 신조선 건설의 결의를 다지기 위해 마련한 군중대회였지만, '민족의 영웅 김일성 장군'을 보기 위해 모인 사람이 대부분이었기 때문에 대중에게는 '김일성 장군 개선 환영 군중대회'로 알려졌다. 레베데프와 조만식의 연설이 끝나고, 소련군이 마련해 준 양복을 입은 김일성이 단상에 올랐다.

김일성은 소련군이 작성해서 번역해 준 원고를 꺼내 들고 "우리의 해방과 자유를 위하여 싸운 소련 군대에 진심으로 감사드립니다."라며 연설을 시작했다. 공산주의 색채를 거의 드러내지 않은 "새로운 민주 조선 건설에 힘을 모으자."라는 주제의 무난하고 짧은 연설이었다.

그런데 당시 군중대회에서는 북한 주민은 너무나 젊고 연륜이 없어 보이는 김일성의 모습에 불신과 실망감을 감출 수 없었다고 한다. 당시 군중 속에서 "가짜 김일성" 소동이 있었음은 레베데프의 회고에서도 확인된다. 김일성은 첫 만남에서 스탈린과 소련군 수뇌부의 마음은 사로잡았지만, 북한 인민의 마음을 사로잡지는 못했던 것이다.

이처럼 김일성은 해방 후의 군정기 조선에서 정치 기반이 전혀 없었으나 소련 군정의 지도를 받아 1946년 2월 8일 북조선 5도행정국을 북조선임시인민위원회로 바꾸고 위원장이 되어 공산주의 정책을 추진하였다. 소련 점령군 사령부는 북조선임시인민위원회를 발족시켜 북한에서 사실상의 단독정부로 기능하게 했다. 위원장에는 김일성, 부위원장에는 김두봉, 서기장에는 강양욱이 각각 선출되었다. 이로써 김일성은 조선공산당 북조선분국의 책임 비서로 당을 장악한 동시에 북조선임시인민위원회 위원장으로서 행정부를 장악하게 된다.

이후 남북조선의 로동당 통합 이후 조선로동당의 위원장이 되고, 1948년 8월 최고인민회의를 구성해 9월 9일 조선민주주의인민공화국이 수립되면서 내각 수상에 선출되었다. 김일성은 1인 김씨 왕조 체제를 공고히 하기 위해 공산당 동지였던 수많은 인물을 숙청한다. 허가이, 박헌영을 비롯해 김원봉 계열, 김두봉 일파를 제거했으며, 모든 정적을 숙정한 후 1972년에는 사회주의 헌법을 제정, 국가주석직을 신설해 공식적인 국가원수가 되어 1인 독재 체제를 확립했다.

이렇듯 김씨 조선의 시조 김일성은 민중의 지지로 왕위에 오른 것이 아닌, 스탈린의 비호 아래 정적을 하나둘 제거하면서 왕조의 주인 자리를 얻게 되었다. 김일성이 북한 왕조에서는 최고의 존엄일지는 몰라도, 6.25 전쟁을 일으켜 우리나라 국민 600만 명이 넘는 희생자를 낳은 동족상잔의 비극의 원흉임을 알아야 한다.

6.25 전쟁의 비밀

소련 스탈린으로부터 조선 27대 왕으로 책봉을 받은 북한의 김일성은 사회주의 헌법인 조선민주주의인민공화국 헌법을 채택하고 조선민주주의인민공화국 정부를 수립했다. 김씨 조선 왕조의 출발이었다. 하지만, 김씨 조선의 최고 지도자 김일성의 입장에서는 조선민주주의인민공화국이 완전한 국가는 아니었다. 한반도의 반쪽, 남한이 아직 공산화가 되지 않았던 것이다.

어느 날 최현(현 북한 최룡해 아버지)이 김일성에게 "형님 이제 조선이 형님 나라가 되었으니 이씨 왕조 조선을 다른 국호를 바꾸도록 합시다."라고 이야기했다. 한 왕조 안에 2개의 성씨 왕조가 있을 수 없다고 설득력 있게 이야기한 것이다.

가만히 듣고 있던 김일성은 입을 열었다.

"최 동무! 너 지금 정신 있나 없나, 조선은 저 남쪽까지 다 내 땅인데 지금 반쪽만 가지고 국호를 바꾸라고 하느냐, 나보고 반쪽짜리 왕이 되라고 하는 거냐."라며 호통을 쳤다. 최현은 움찔하며 김일성에게 어떻게 해야 하느냐고 물으니 "당장 뺏어라. 그러고 난 뒤 국호도 바꾸자."라고 지시했다. 어처구니없게 6.25 전쟁의 엄청난 회오리는 그렇게 김일성과 최현의 사소한 대화로부터 시작되었던 것이다.

그리하여 북한은 해방 직후부터 소련과 중국의 힘을 빌려 한반도를 적화통일하려는 계획을 수립했고 준비를 해나갔다. 소련은 소련군이 한반도 38선 이북에 진주한 이래, 아시아 공산화를 목적으로 북한에 소련을 대리할 수 있는 공산 정권인 김씨 조선을 세우고, 한반도의 통일을 방해하면서 남침의 기회를 지속해서 엿보고 있었다. 중국 공산당은 1949년 10월 1일 중국 국민당을 대륙에서 몰아내고 중화인민공화국을 수립했다.

그런데 당시 남한의 사정은 북한과 달랐다. 1949년 6월에 주한미군이 철수하고, 미국은 애치슨 선언이라고 해서 극동방위선을 일본 오키나와와 필리핀을 연결했던 것이다. 즉 당장이라도 김씨 조선의 공산당 세력이 남한으로 쳐들어올 위험 상황에 놓여버렸던 것이다.

세계 전쟁으로 비화할 것을 염려한 소련의 스탈린은 처음에는 표면적으로 김씨 조선의 적화통일에 적극적이지 않았지만, 1950년 4월 모스크바에서 열린 스탈린과 김일성 간의 회담에서 스탈린은 국제환경이 유리하게 변하고 있음을 언급하고 김씨 조선이 통일 과업을 개시하는 데 동의하게 된다. 드디어 스탈린의 허락이 떨어진 것이었다.

이후 베이징으로 달려간 김일성은 마오쩌둥을 만나 스탈린의 허락이 떨어졌으니 조선 통일을 도와달라고 요청했다. 마오는 한술 더 떠서 요동반도 이북은 옛날 고조선 영토였음을 상기시키면서 전쟁에서 승리하면 주겠다는 뜻을 은연중에 내비쳤다. 또 만일 미군이 참전한다면 중국은 병력을 파견해 북한을 돕겠다고 했다. 소련은 미국과 38선 분할에 관한 합의가 있기 때문에 전투행위에 참가하기가 불편하지

　　　　　　　　　　　　　중국과 한반도의 미래

만, 중국은 이런 의무가 없으므로 북한을 도와줄 수 있다고 했다. 실제 6.25 전쟁 당시 소련은 직접 전쟁에 참여하지는 않았지만, 북한에 군사 요원 등을 암암리 파견하고 군수물자를 지원하는 등 후방에서 여러 가지로 지원을 아끼지 않았다.

1950년 6월 25일 새벽 3시 30분, 김씨 조선의 군대는 38도선과 동해안 연선(沿線) 등 11개소에서 경계를 넘어 삼팔선 이남으로 선전포고도 없이 진격했다. 조선인민군은 무방비 상태였던 중부지방과 호남지방을 삽시간에 휩쓸었다. 인민군의 대공세에 유엔은 대한민국에 파병을 결정하고, 연합군은 낙동강 방어선에서 배수진의 결전을 전개했다. 연합군은 더글러스 맥아더의 9월 15일 인천 상륙 작전을 시작으로 대대적인 반격을 개시하여 10월 10일 평양에 이어 압록강 부근까지 이르렀다.

남한의 자유 대한민국의 통일을 앞둔 시점, 상황이 급반전되는 일이 일어난다. 바로 중공인민지원군의 개입이었다. 중국의 입장에서는 남한이 자신들의 속국과 같았던 북한을 점령해 버리면 더 이상 한반도에 중국의 영향력을 끼칠 수 없었다. 반드시 한반도의 통일은 막아야만 했다. 그래서 마오쩌둥은 1950년 11월 대규모 중공인민지원군을 꾸려 인해전술로 전세를 뒤집는다. 이로 인해 혜산진까지 진격하던 국군은 1951년 1월 4일 서울을 빼앗기고 말았다. 이를 1.4 후퇴라고 한다. 그러나 전열을 가다듬은 국군과 유엔군은 우세한 화력을 앞세워 다시 인민군을 몰아붙여 3월 15일에 서울을 되찾았다. 이후 1953년 7월 27일 한반도 군사 분계선을 사이에 두고 휴전하기까지 전쟁은 3.8선 부근에서 국지전 위주로 전개된다.

김씨 조선 왕조의 적화통일은 실패로 끝났다. 북한에서 스탈린에게 책봉받은 후 통일 왕조를 꿈꿨던 김일성의 시도는 끝난 것이 아니라 아직도 현재진행형이다. 남한도 압록강까지 밀고 올라갔을 때는 자유 대한민국 한반도를 꿈꿨지만, 중공군의 개입으로 지금의 휴전선에서 전쟁을 중단할 수밖에 없었던 것이다.

6.25 전쟁이 끝난 지 74년이나 흘렀지만 아직도 남북의 긴장 상태는 여전히 팽팽하다. 일각에서 우리의 군사력이 세계 5위니, 6위니 하는데 전쟁은 순위(順位)가 아니다. 동서고금의 많은 전쟁역사가 말해주듯 전쟁은 오직 승패(勝敗)로만 판가름난다.

이씨 조선의 왕자의 난과
김씨 조선의 왕녀의 난

　조선 건국 초기, 1398년과 1400년에 두 차례의 왕자의 난이 일어난다. 1차 왕자의 난이라고 불리는 1398년 무인정사(戊寅定社)로 이방원의 계모 신의왕후 한 씨 소생이었던 세자 방석과 그의 형 방번이 살해되었다. 그리고 조선 건국의 최대 공신인 정도전과 남은도 왕자의 난으로 제거된다.

　조선의 왕자의 난은 태조의 후계자 책정 문제에서 비롯되었다. 태조의 많은 아들 중 조선 건국의 공이 가장 컸던 이방원이 왕이 되기 위해 자신의 이복동생들과 친형제를 숙청했던 것이다. 과거는 현재의 거울이라고 했던가. 현재 북한에서도 조선의 왕자의 난과 같은 최고 권력을 둘러싼 미묘한 갈등과 불화의 불씨가 싹트고 있다.

　북한에서 최고 권력을 둘러싼 불화의 불씨는 왕자들 사이에서 일어나는 것이 아니라, 왕녀들 사이에서 벌어질 징조를 보인다. 북한의 김정은은 아버지 김정일과는 달리 비교적 통치 경험이 일천한 상태에서 왕위를 세습했다. 김정일은 1980년 정치국 상무위원 겸 당중앙군사위원회 위원으로 추대되면서 대외적으로 후계자로 인정받고, 1994년 김일성 사후에는 국방위원장으로서 김씨 왕조의 최고 권력자가 되

었다. 이처럼 김정일은 김일성의 후계자로서 공식선상에 모습을 드러
낸 후 오랜 기간 통치 교육을 받았지만, 김정은은 거의 존재감이 없다
가 2008년 이후 대외적으로 널리 알려졌고 2011년 김정일 사후 곧바
로 북한의 최고 권력자가 된다.

통치 경험이나 공식적인 정치 활동이 전무했기에 아무래도 김정은
은 권력 기반이 약할 수밖에 없었다. 그래서 그의 여동생인 김여정이
오빠인 김정은을 도와 대내외적으로 권력의 중심에서 활동하는 모습
을 자주 보이게 된다. 김정은의 아버지 김정일도 김경희라는 여동생이
있었지만, 김경희는 경공업부장으로 처음부터 쭉 권력의 중심에 있던
인물이 아니다. 반면 지금의 노동당 조직부부장인 김여정과는 다른 행
보를 보였다.

김씨 왕조에서 김여정은 큰 비중을 차지하고 있는 것으로 보인다.
김정일의 장례식 때 본격적으로 모습을 드러낸 김여정은 2014년 북한
제13기 최고인민회의 대의원 선거에서 김정은의 수행자로 나서면서
공식 석상에 모습을 드러냈다. 특히 당시 김정은의 최측근이었던 최룡
해, 김경옥, 황병서와 동행하며 정치적 위상이 얼마나 큰지 짐작게 했
다. 또 김정은이 북한의 각지를 순시할 때 김여정이 보좌하는 모습이
언론에 자주 노출되었으며, 2018년 평창 동계올림픽 때는 김여정이
북한 대표단에 포함돼 청와대에 와서 김정은의 친서를 전달했다.

김씨 조선의 왕녀의 난의 조짐을 보이는 것은 이러한 김여정의 대내
외적 영향력 때문이다. 현재 김정은의 후계자로 10살의 어린 딸 김주
애가 거론되면서 북한 공식 언론에 자주 등장하고 있는데, 많은 북한
전문가들이 김정은에게는 아들이 없거나 특별한 이유로 대외적으로

중국과 한반도의 미래

공개하지 못하고 있기에 김주애가 공식 후계자가 될 것으로 분석하고 있다. 이 분석이 설득력이 있는 게, 김정은은 아버지나 할아버지와 달리 스위스에서 오랜 유학생활을 했기에 공개석상에 여자 가족 노출을 꺼리는 모습을 보이지 않는다. 그래서 그의 부인 이설주나 딸 김주애가 지속해서 언론에 노출되고 있다. 만약 후계자인 아들이 있다면 분명히 아들도 공식적인 자리에 노출되었을 것이다.

그런데 문제는 김정은의 건강 상태에 있다. 언론에 나타나는 김정은의 모습은 확연히 건강이 좋지 않은 모습이고, 건강 문제가 심각하다는 소식이 여러 북한 소식통을 통해서 전해지고 있다. 그래서 통치 권력이 무너지는 것을 막기 위해 예상보다 이른 시기에 후계자인 딸 김주애를 세상에 공개했다는 분석이 지배적이다.

이 같은 상황이라면 김정은 사후 막강한 영향력을 가진 김여정이 섭정할 가능성이 매우 크다. 특히 김여정의 남편이 최룡해의 둘째 아들이라는 것이 확실시되고 있는데, 최룡해는 김정은 정권의 2인자로 현재 최고인민회의 상임위원회 위원장을 맡고 있다. 만약 김정은이 건강상의 이유로 급사했다고 가정해 보자. 어떤 일이 벌어질까? 권력 기반이 무너지지 않고 정상적으로 딸 김주애가 최고 권력자가 되고, 현재 권력 핵심층인 김여정이나 최룡해는 김주애의 권력 기반 유지를 위해 충성을 다할 것으로 생각하는가?

조선 왕자의 난에서도 알 수 있듯이, 권력은 나눌 수도 없고 권력을 가지기 위해서라면 인륜과 천륜까지 버릴 수 있는 게 인간의 권력욕이다. 지금 김씨 조선에서 막강한 영향력을 가진 김여정 일파가 유사시에 군부세력과 손을 잡고 쿠데타를 일으키지 말라는 법도 없다. 즉 왕녀의 난이 일어날 가능성이 있다는 의미다.

속담에 '등잔 밑이 어둡다.'라는 말을 김정은을 두고 한 말 같다. 북한의 김씨 조선의 정세가 극도로 불안정해지면 우리나라에 미칠 영향이 매우 크다. 특히 북한 군부세력이 움직이면 간신히 유지하고 있는 평화가 깨지고 전쟁으로까지 치달을 수 있는 위험성도 있다.

왕녀의 난은 아직 일어나지 않았다. 하지만, 유사시에 왕녀의 난이 일어날 개연성은 매우 크다. 한반도의 평화를 위해서라도 김정은은 김여정의 영향력이 커지는 것을 더 이상 방치하면 안 된다. 이씨 조선에서 왕자의 난이 일어날 때 이방원의 세력이 이미 너무 커서 아버지 이성계도 막을 도리가 없듯이 김여정의 경우도 마찬가지일 수 있다.

또 아버지 김정일이 이복동생 김평일(조선 인민무력부 작전국 부국장 역임)을 유럽의 여러 나라 대사로 오랫동안 내보낸 것도 정황상 후계자 김정은에게 자연스럽게 보위를 물려주자는 아버지의 뜻임을 알 수 있다. 김정일은 이복동생이 아닌 친동생이라 해도 예외가 없었을 것이다. 현재 권력의 단맛을 보고 있는 김씨 조선의 왕가 3대 왕 김정은은 지난 역사에서 제대로 된 교훈을 얻을 수 있을지는 의문이다. 우리의 평화를 위해서라도 김씨 조선의 왕녀들의 행보를 예의주시해야 한다.

김일성 왕조는 중국과
핵무기로 망한다

중국은 북한 김일성 왕조의 명줄을 끊을 수 있는 세계에서 유일한 국가이다. 그리고 북한이 핵무기를 포기하지 않는 한 김일성 왕조시대는 반드시 멸망의 길을 걸을 것이다. 북한의 김일성 왕조는 세계에서 가장 호전적인 나라로 핵무기와 미사일을 보유하고 있어 안보의 관점에서 우리나라뿐만 아니라 미국, 일본, 중국 등 세계적인 관심을 받고 있다. 이런 상황에서 북한 김일성 왕조를 계승한 3대 왕 김정은의 건강 상태가 좋지 않다는 분석이 여러 소식통을 통해 나오고 있어, 언제 김일성 왕조가 멸망할지도 초대형 관심사로 부상했다.

일단 김일성 왕조는 김정은 사후, 김주애의 섭정 문제로 김정은의 여동생 김여정이 주축이 된 왕녀의 난이 일어나 멸망의 길로 접어들 가능성이 크다. 여느 왕조나 마찬가지로 왕권은 주변 인물로부터 찬탈되는데, 북한도 김정은 사후 왕녀의 난이나 남한의 10·26 사태, 5·18 등과 같은 급변 사태가 일어날 개연성이 크고, 실제로 이러한 일이 일어난다면 북한에서는 상상 이상의 혼란한 상황을 맞이할 것이다.

북한의 대혼란은 그 사태의 심각성으로 우리나라와 미국, 일본, 중국 등 한반도 주변국들에는 초비상 사태를 초래할 것이고, 어떻게 하든 해결방법을 찾기 위해 고심할 수밖에 없다. 왜냐하면 급변 사태가 펼쳐지면 북한이 보유한 핵무기가 어디로 튈지 모르기 때문이다. 만약 핵무기가 없는 상태에서 급변 사태가 발생하면 상황을 예의주시하고 안보태세를 강화하면서 끝날 때까지 기다리면 된다. 하지만 핵무기를 보유한 채 급변 사태가 발생해 대혼란으로 빠지거나 내전에 준하는 사변이 발생하면 북한이 핵무기를 언제든지 어디로든지 발사할 위험성 있어 남북한 전쟁은 물론, 일본, 미국, 중국 등 국제적으로도 대재앙을 초래할 수 있다.

김일성 왕조의 핵무기 보유는 기정사실이기에 실제 북한의 내부 문제가 폭발하여 비상사태에 이르면 미국은 한국, 일본과 동조하여 중국이 북한에 신속히 진입하여 치안을 유지하고 핵무기를 통제해 달라는 무언의 메시지를 던질 것이다. 즉 핵무기 발사나 남북전쟁을 사전에 방지하고 북한 정세가 안정화될 때까지 중국이 북한과 주변국의 상황을 교통정리 하라는 의미로 판단할 수 있다.

사실 중국은 지금도 북한의 급변 사태를 대비해 백두산 인근에 군부대를 두고 언제든지 북한으로 진입할 준비가 되어 있다. 중국의 이런 준비는 평소에도 북한의 정세 변화를 눈여겨보고 있다는 증거이며, 내부 분쟁이 일어날 조짐을 보이면 전격적으로 진입하는 등 만일의 사태에 대비하고 있다는 말이다.

중국이 북한으로 진입하면 최우선적으로 핵무기 통제 및 치안유지를 신속하게 진행할 것이고, 휴전선 부근 남한과 대치하고 있는 필수 군대를 제외한 나머지 군대는 해산할 것이다. 그리고 본격적인 군정 통치에 돌입하는데, 군정 당국은 생필품, 식량 등 물자를 대량으로 반

중국과 한반도의 미래

입하여 북한 인민을 굶주림부터 1차적으로 해결하고, 이후 도로, 철도, 항만 등 낙후된 기간산업 개발에 대규모로 투자하며, 각종 법 제도를 정비하여 개혁개방 정책을 시행하고 중국과의 국경도 전면 개방을 단행할 것이다.

이 같은 중국의 정략 정책으로 삶의 질은 향상되고 천지가 개벽할 정도의 변화를 느낀 북한 주민들은 스스로 그간 김일성 왕조에 완전히 속고 있었다는 것을 깨닫게 된다. 또 북한 주민들은 중국이 이토록 우리를 보호하고 잘살게 해준다는 것에 감격하고, 김일성 왕조를 지상낙원이라고 새빨간 거짓말에 속아 살아왔다는 것에 엄청난 분노를 느끼게 된다. 그동안 김일성 왕조에 대한 원망과 불만으로 복수심이 가득한 북한 주민들은 김일성 생가인 만경대를 쑥대밭으로 만들고, 백두산에 있는 김정일을 상징하는 정일봉을 폭파시킬 것이다. 그리고 김일성, 김정일 동상 등을 무너뜨리고 철거해서 길거리로 끌고 다니며 오물을 퍼붓고 망치질하면서 그간 김일성 왕조 치하에서 당한 고통에 앙갚음할 것이다. 즉 자신들을 핍박하고 억압하면서 권력을 유지했던 김일성 왕조의 흔적을 완전히 지워버릴 것이라는 말이다. 중국 입장에서는 하루빨리 김일성 왕조의 흔적을 지워버리고 중국 방식으로 통치하고자 하는 상황에서 북한 주민이 김일성 왕조의 흔적을 스스로 지워버리니 내심 반갑지 않을 수 없는 일이다. 중국의 개혁개방 정책으로 북한 주민들의 환심을 사고 나면 중국의 그다음 수순은 무엇일까? 북한 정세가 안정되면 중국은 자기들 마음대로 북한 지역을 통치할 수 있는 친중 인사로 꼭두각시 정권을 수립할 것이다. 이 꼭두각시 정권 수립은 제2의 6.25 전쟁을 계획하고 한반도 전체를 중국의 지배권 아래에 두기 위한 계책의 일환인 것이다.

중국은 우선 대만을 무력으로 합병한 이후 한반도를 시시때때로 넘볼 것으로 예상된다. 중국은 무력으로 압도한 대만의 경우와는 달리, 한반도를 손에 넣을 때는 손자병법 제3계에 있는 차도살인(借刀殺人)의 방법을 계획하고 있다. 차도살인(借刀殺人)은 직역하면 '남의 칼을 빌려 살인한다.'는 뜻으로, 적과 싸울 때 싸움과 관계없는 제삼자를 이간질해 적을 공격한다는 의미다. 손자병법에서도 으뜸에 속하는 승전계이며 우리가 익히 알고 있는 어부지리란 속담과도 같다. 중국 입장에서는 6.25 전쟁이 전형적인 차도살인에 속한다. 중국은 대만 무력통일과 달리 손에는 피 한 방울 튀기지 않고 북한의 칼로 우리나라를 치는 방법, 즉 북한을 꼬드겨 남한과 북한 간의 전쟁을 사주하고 치열한 전쟁으로 쌍방이 지칠 때까지 기다린 후 재빠르게 한반도 전역으로 군대를 진입시켜 한반도를 차지하려는 야욕을 품고 있는 것이다.

중국은 개항기 강대국들에게 둘러싸여 수모를 당하던 그때의 중국이 아니다. 세계에서 가장 강한 미국과 비등한 경제력과 군사력을 가지고 있으며, 시시때때로 주변국을 위협하며 자신의 영토를 확장해 나가고 있다. 중국이 같은 동포인 대만을 강제로 무력으로 통일하겠다고 나서고 있는 마당에, 한반도 남북끼리 전쟁을 사주하는데 그 어떤 거리낌이 있겠는가? 북한의 돌발적인 급변 사태는 중국이 가장 바라는 것이고 그것은 한반도 지배 야욕을 성공시킬 기회이자 지름길인 것이다.

이처럼 김일성 왕조의 명운과 북한의 앞날은 자신들이 가지고 있는 핵무기와 중국에 달렸다. 핵무기를 버리지 않은 상태에서 급변 사태가 일어나면 모든 것은 중국이 구상하는 시나리오대로 정세가 흘러갈 것

중국과 한반도의 미래

이며, 이후 한반도 전역은 중국의 통치권 아래에 놓이게 될 가능성이 매우 크다. 반대로 김일성 왕조가 핵무기만 포기하게 되면 상황 자체가 완전히 달라질 수 있다. 북한의 김씨 조선 왕조가 무참하게 멸망하지 않기 위한 방법은 오직 핵무기를 버리는 길밖에 없다는 것을 알아야 한다.

차라리 김정은
국무위원장을 설득하다

　지금도 우리나라에는 북한의 김씨 조선 왕조의 사주를 받거나 김일성 주체사상 이념에 물들어 고비 때마다 국론을 분열하고 민중을 선동하는 세력들이 건재하다. 이들은 정치권뿐만 아니라, 사회의 각계각층에서 활동하면서 자유대한민국의 근간을 무너뜨리고자 하며 시대의 변화에도 적응하지 않고 있다. 대화와 타협, 그리고 소통으로 사회적 문제를 해결하면서 우리나라가 미래로 한 걸음 더 나아갈 수 있도록 협심해야 함에도, '우리' 외에는 다 타도해야 할 대상이라는 신념을 가지고 있으니 자유대한민국의 미래에 큰 걸림돌이 아닐 수 없다.

　이런 좌익의 폐쇄성과 불통적인 면은 한국 현대사의 여러 장면에서 등장한다. 우리가 흔히 국군, 경찰 등 우익 세력이 저지른 만행이라고 불리는 6.25 전후의 양민학살 사건에서도 좌익의 극악무도함을 찾아볼 수 있다. 사실 양민학살 문제는 좌우익이 극도로 대립하는 혼란기에 무고한 사람들이 죽은 매우 안타까운 역사적인 불행이다. 지금은 비록 경찰과 군인이 무고한 사람들을 대량 학살한 사건으로만 알려져 있지만, 당시의 역사적 맥락을 이해하고 보면 모든 잘못을 우리나라의 경찰과 군인에게만 돌릴 수 있는 문제는 아니다.

실제 6.25 전쟁을 겪었던 많은 사람들의 증언을 들어보면, 북한 괴뢰군이 남한으로 쳐들어와 마을을 장악하면서 인민위원회라는 조직을 만들어 그 대표 격인 인민위원장을 선출했다. 보통 마을의 대표라고 하면 지역에 명망 있는 어른이 나서야 하지만, 대부분의 마을 주민들이 공산당을 무서워하고 나중에 국군이 마을을 수복하면 처벌될 것도 두려워 누구 하나 선뜻 나서는 사람이 없었다.

어쩔 수 없이 대부분의 인민위원장 자리는 마을의 머슴이나 마을에 불평불만을 가졌던 사람들에게 돌아가게 되었다. 평소 증오와 불만을 가득 품은 성향의 사람들이 갑자기 인민위원장이라는 완장을 차다 보니 이들은 눈에 보이는 것이 없었다. 경찰관, 마을의 지주 등은 물론 가족까지 무참히 죽이고, 평소 사이가 좋지 않았던 사람들에게 보복 살해도 서슴지 않았다. 인민위원장은 마을 사람들에게 자신들의 심기를 조금만 거슬려도 가차 없이 처단해 버리는 공포의 대상이 되었고, 그렇게 자신들만의 세상을 만들어 갔다. 즉 그들과 다른 세력이거나 지주로서 재력이 있는 사람이었다면 앞뒤 돌아보지 않고 다 죽이는 등 온갖 만행을 저질렀던 것이다. 요즘도 서울 여의도 정치권에도 그때와 같이 수준 이하가 아닌 수준 미달의 전과자들이 완장을 차고 나라를 어지럽히고 있다. 기고만장하며 날뛰고 있는 버릇은 예나 지금이나 변하지 않고 있다. '민주주의로 민주주의를 망치고 있는 것'이다. 한 술 더 떠 평소에는 국가안보 개념이 1도 없는 정치인들이 선거철만 되면 마치 두부에 돌가루 뿌린 듯 튼튼한 안보관을 가진 척 국민을 현혹시키고 있다.

또 6.25가 한창일 때, 어느 시골 마을의 풍경을 보면 낮에는 경찰과 군인이 마을의 치안을 담당하고, 밤이 되면 빨치산과 좌익 게릴라들이 합심하여 마을을 습격하는 일이 계속해서 반복되었다. 좌익 게릴라들은 밤에 마을을 기습해 경찰과 우익 인사와 그 가족들을 죽였다. 또 경찰서 등을 점령하고 인공기를 꽂아놓고는 날이 밝아오면 철수하곤 했다. 날이 밝아 경찰과 군인들이 좌익 게릴라들을 잡으려고 마을로 들어가면 사람들이 평상시같이 논밭을 갈면서 부지런히 일하고 아낙네는 빨래하고 밥 지으며, 여느 농촌 풍경과 다름없는 너무나 평화로운 일상을 보내고 있었다. 마을 사람들이 어젯밤 경찰서를 불태우고 우익 인사를 죽인 사람들로 보이질 않았던 것이다. 경찰과 군인들이 이렇게 평화롭게 일하는 마을 사람 중 누가 좌익분자이고, 누가 양민인 걸 구분해 찾아낼 수 있겠는가? 머리에 좌익이라고 띠를 두르고 있는 것도 아니고, 요즘같이 지문채취 등의 과학수사 방법도 없고 감시카메라가 없었으니 도저히 찾을 방도가 없었다.

그렇게 야간에만 기습하는 빨치산과 좌익분자들로 인해 경찰과 군인, 우익 인사들의 피해는 날이 갈수록 커져만 갔다. 낮에는 경찰, 밤이 되면 좌익분자 세상이 반복되고 누가 좌익인지 누가 양민인지 파악할 수 없는 상황이 지속되자, 갈수록 커져만 가는 피해 상황에 경찰과 군인은 마을 주민들을 한곳에 모아놓고 죽일 수밖에 없었다. 그리하여 그 마을은 좌익분자들이 모조리 소탕되고 마을은 평화를 되찾게 된다. 물론 그 과정에서 무고한 양민도 같이 희생되었을 수도 있었다. 하지만 경찰과 군인들이 전쟁 와중에 죄 없는 주민들을 아무 일도 없는데 함부로 죽였겠는가? 그 당시 죄 없이 좌익분자에게 희생된 경찰과 군인, 그리고 우익 인사들에 대해서는 왜 침묵하는가?

무고한 사람이 죽었다는 것은 매우 안타까운 일이었지만, 당시는 전쟁 상황이었고 계속해서 경찰과 군인만 피해를 보는 상황이었기에 어쩔 수 없이 벌어진 참극이었던 것이다. 이런 전후 사정은 묻어두고 오늘날 경찰과 군인들의 양민학살만 부각되니, 역사적 진실을 옳게 보지 못하는 현실이 안타깝기 그지없다.

그리고 좌익 세력의 만행은 전쟁 시기에만 있었던 것은 아니었다. 해방 전후 좌우익의 대립이 한창일 때, 좌익분자의 수많은 무차별적인 살인과 만행은 그야말로 경악할 수준이었다. 북한의 폭동지시를 받은 좌익분자들이 일으킨 남한의 첫 번째 폭동은 1946년 10월 1일 대구 폭동 사건이다. 이 대구 폭동 사건을 생생히 목격한 김수한 전 국회의장이 기고한 신문의 내용을 살펴보자.

대구 시내 곳곳에서 총성이 울렸다. 대구경찰서 앞에서 인민재판이 열렸다. 우익(右翼) 인사나 경찰들이 타살(他殺)됐다. 거리 곳곳에는 경찰들의 시신이 널려 있었다. 깨진 머리에서 쏟아져 나온 뇌수(腦髓)의 물이 빗물같이 흘러갔다. 대구경찰서 앞에는 '하가시 혼간지'라고 하는 일본 절이 있었다. 거기에는 정육점에 걸려 있는 고깃덩어리같이 경찰관들의 시신이 주렁주렁 매달려 있었다. …

2014년 4월 김수한 전 국회의장은 영남대에서 명예박사학위를 받았을 때, 6.25 당시 학도병으로 지원하면서 애국의 결의를 담은 글귀를 적었던 태극기를 기증했다.

… 그다음 6.25 전쟁이 터졌다. 대구 폭동 등을 통해 공산주의의 잔혹함을 체험했던 나는 육군 제3사단 사령부로 달려가 혈서(血書)를 쓰고 자원입대했다. 학도병 1기였다. 대구 동부 국민학교에 대구 일대의 대학교 및 중고교 출신 학도병들로 편성한 학생 대대가 만들어졌다. 3개 중대를 편성했는데 나는 제2중대장이 되었다. 우리 중대는 대구공업고등 출신 학생들이 많았는데 그중에는 전두환, 노태우 대통령도 있었다. …

중국과 한반도의 미래

이렇듯 남한의 좌익분자들이 수많은 경찰관, 우익 인사, 군인들과 그 가족들을 죽이며 일으킨 만행은 너무나 끔찍해 어떤 말로도 표현할 수 없을 정도였다. 반면 6.25 전쟁의 원흉 김일성은 남침할 당시, 북한 괴뢰군들에게 남한은 미국에서 해방시킨 후 자신이 통치할 곳이라 하여 남한 국민들을 이유 없이 해치거나 죽이지 말고, 강간이나 약탈 등 반인륜적인 행동은 절대 하지 말라는 지시를 했다고 전해진다. 이 사실은 우리나라 국민들이 오해할 수 있는 이야기라 널리 퍼지지는 않았지만, 실제 북한 군인들은 남한의 국민을 함부로 이유 없이 죽이지는 않았다. 오히려 남한에서 활동하는 좌익 세력이나 엉겁결에 완장을 찬 남한의 인민위원장들이 무고한 사람을 죽이고 경찰과 군인 학살에 앞장섰던 것이다.

그래서 나는 앞서 언급했듯이 남한 내 좌익분자들은 지금도 자유대한민국의 안보를 위협하고 있으며, 그들을 설득하는 것은 해가 서쪽에서 뜨길 바라는 것과 같다고 여기는 것이다. 차라리 북한의 김정은 국무위원장에게 남북평화를 설득하는 게 더 빠르고 쉬운 길일 수도 있을 테다.

김정은 국무위원장 귀하

지금 당장 핵무기와 미사일을 폐기하고 남한을 절대 무력침공하지 않겠다고 평화 선언하고 바로 실행하시면 20년 안에 남한에서 놀라운 일이 벌어질 것입니다. 그런 선언 후에 위원장님은 아무것도 하지 않더라도 20년간 열심히 체력관리만 잘하면 꿈에 그리던 세상이 펼쳐질 수 있을 겁니다. 가끔 남한 당국자들에게 상호 방문 제의를 해서 20년 후 직접 통치할 제주도와 경주 등에서 관광 여행을 하고, 울산 등 산업현장에 존귀하신 왕세녀 김주애를 대동하시어 시찰하시고, 열혈 종북좌파에게 격려만 해주셔도 됩니다. 그러면 조선반도 통일은 총 한 발 쏘지 않고도 달성될 수 있을 겁니다. 20년 후 서울에 있는 조선중앙텔레비전에는 '우리 인민의 위대한 어버이이시면 조선반도를 통일하신 불세출의 영웅이신 김정은 대주석동지께서 제주도 감귤 농장을 현지 지도하시었습니다.'라며 아나운서의 목소리가 울려 퍼질 것입니다. 시간은 김정은 위원장의 편입니다.

열심히 체력관리를 하시다가 20년 후에는 서울로 무혈입성만 하시면 됩니다. 그리하시면 할아버지 김일성 주석, 아버지 김정일 국방위원장께서도 꿈에도 못다 이룬 조선반도 통일의 대위업을 달성하시고 불세출의 영웅이 되실 겁니다. 김정은 위원장의 생각만 바꾸시면 대한민국이라는 큰 선물을 갖게 되실 겁니다.

영명하신 김정은 국무위원장님!

핵무기와 미사일을 계속 가지고 남북대결의 어려운 길을 가길 원하십니까?

아니면 핵무기와 미사일을 버리고 조선반도 통일의 꽃길을 가길 원하십니까?

동키호테의 호소문

　　　　　　　　　　중국과 한반도의 미래

북한의 핵폭탄과
남한의 수소 폭탄

북한은 1955년 핵물리학 연구소를 설치한 이후 지속적으로 핵무기 개발을 추진해 왔고, 소련 붕괴 이후에는 영변 핵단지를 중심으로 핵 개발을 본격화했다. 특히 2005년에는 핵무기 보유를 공식 선언함으로써 한국을 비롯한 자유 우방국은 수차례 핵위기를 겪게 된다. 물론 한국과 미국 등 주변국들과의 대화를 통해 북한의 비핵화에 대한 기대감이 높아지는 시기도 있었지만, 2018년 북미 비핵화 협상에도 불구하고 북한은 핵미사일 고도화를 위한 노력을 지속적으로 강화하고 있다.

북한의 핵 문제가 하루 이틀이 아니고 핵미사일 위협을 억제 및 대응하기 위한 자유 우방국들이 노력하고는 있지만, 북한은 김일성-김정일-김정은 3대 세습을 거치면서 김씨 체제의 강화와 내부 결속의 수단으로 외부 세력을 향한 공격적인 수단으로 핵무기를 활용해 왔다.

이러한 상황에서 핵 도발을 잠재우기 위한 대화의 노력은 그 한계점이 분명해 보인다. 1994년 북미 '제네바 기본합의'와 6자 회담, 그 이후 남북정상회담을 통해 북한의 핵 문제를 해결하고자 했지만, 큰 성과 없이 오히려 북한의 핵미사일 체제가 더욱 강화된 측면이 크기 때문이다.

우리가 이 시점에서 북한의 핵 위협에 대응할 수 있는 방법으로는 탈북민을 고려 대상으로 삼을 필요가 있다. 우선 탈북민이라는 용어의 문제를 바로잡아야 한다. 매년 수많은 북한 주민들이 중국과 한국 등지로 목숨을 걸고 탈출하는데, 특히 그중 자유를 찾아 한국으로 온 북한 주민은 '탈북자(민)'라는 용어 대신 '자남민(자유를 찾아 남한으로 온 사람들)'으로 표현하는 것이 옳다고 본다. 당연히 중국에 있으면 탈북자 신분이고 자유를 찾아 남한에 온 사람을 자남민으로 구분하여 불러야 한다. 그들에게 주홍글씨 같은 탈북민, 북한 이탈주민 등의 '북'자를 강조하는 것은 차별정책이고 차별대우다. 남한에 살고 있는 그들은 어엿한 대한민국 국민이다.

현재 한국에 거주하는 자남민은 3만 명이 넘는다. 우리나라 정부는 북한에서 자유를 찾아 남한으로 오는 사람들을 위해 주거 · 취업 · 교육 등 사회 전반에 걸쳐 여러 지원을 해주고 있는데, 사실 이러한 지원은 자남민이 자력으로 한국에서 살기에는 턱없이 부족하여 많은 자남민들이 탈북 당시 기대에 비하여 고된 삶을 살고 있다. 심지어 도로 북한으로 돌아가는 안타까운 사례도 있는데, 이러한 점을 정부나 국민들이 깊이 인식해야 한다. 북한에서 남한으로 온 대부분의 사람들은 먹고살기 힘들어서, 자유가 없어서 목숨을 걸고 넘어오는 것인데, 이러한 자남민이 한국의 지원이 부족해 정착하기 힘든 환경이라면 누구 죽음을 각오하고 한국으로 오려고 하겠는가?

우리나라 정부에서 우선적으로 할 일은 자남민을 위한 주거 안정이고, 그다음으로 정부, 지차체 공무원 채용과 LH이나 관공서, 주요 대기업 등의 자남민 취업에 특별 전형을 대폭 확대하여 안정적 수입창출을 해주는 것이다. 자영업이나 사업하는 자남민에게 정부 공공기관 입

찰시 일정 금액 범위 내 수의 계약을 할 수 있도록 지원해야 한다. 정부 차원에서 인구 감소로 소멸 위기에 봉착한 지자체에서는 각종 인센티브를 제공하여 자남민을 유치할 수 있는 정책을 펼쳐야 한다. 또 마음 놓고 거주할 수 있는 공간이 있어야 안정감을 찾을 수 있고, 직업이 있어야 정상적인 사회경제 생활을 할 수 있다. 양질의 교육적 환경 제공과 금융 및 세제 혜택도 적극적으로 고려해 볼 만한 지원제도다. 또 민간 영역에서는 종교단체와 법률단체의 지원으로 그들이 떳떳하게 한국에서 먹고 살 수 있도록 도와줄 수 있다. 즉 북한에서 탈출할 의사가 있는 사람들이 한국은 진정한 자유의 나라라는 인식이 되도록 모든 구성원이 노력해야 한다는 말이다.

북한 핵 위협을 이야기하는데, 자남민에 대한 적극적 지원을 강조하는 것이 무슨 의미가 있는지 의문을 가질 수 있을 것이다. 북한 김씨 정권의 입장에서는 자남민이 갈수록 늘어가는 현상이 굉장한 위협이 될 수 있다. 이것은 한국에서 북한 핵에 대해 수소 폭탄으로 대응하는 것 이상의 큰 폭발력을 가진다. 현재는 자남민이 약 3만 명이지만, 자유 국가라는 한국의 이미지와 자남민 우대정책 시행으로 남한으로 물밀듯 찾아오는 자남민이 30만 명, 50만 명, 100만 명이 유입되면 북한에 얼마나 큰 위협이 되겠는가? 그야말로 핵폭탄의 수백 배에 달하는 위협으로 비춰질 것이다.

그리고 자남민의 유입은 우리나라 경제에도 큰 도움이 된다. 한국은 세계에서도 저출산, 노동력 부족 국가로 손꼽히며, 이러한 현상은 한국 경제에 저성장을 비롯한 악영향을 미칠 것으로 분석되고 있다. 북한에서 탈출한 일반 주민은 우리나라에서 외국인 노동자를 대신할 수 있고, 북한의 고급 인재(고위직)는 자남민에게는 그에 상당한 지원책으로 북한의 위협에 대응하는 브레인이나 각 전문 분야에 적극 활용할 수 있다. 또 한국에서 자유롭게 활동하는 자남민이 늘어나면 전 세계에서 우리나라의 자유 국가라는 이미지도 제고될 수 있지 않겠는가.

자남민을 유입 확대를 위해서는 국가뿐만 아니라, KBS나 MBC, SBS 지상파와 종편 방송국 등의 역할도 중요하다. 우리나라의 공영방송국에서는 북한에서 일어난 일이나 남북문제를 주로 다루고 있는데, 여기에 더해 우리나라에 안정적으로 정착한 자남민의 사례나 이야기를 정기적으로 방영하면 탈북 의사가 있는 북한 주민과 중국에 떠돌고 있는 탈북민에게도 큰 영향을 미칠 수 있다. 또 정부에서는 현재 국민들에게 우리가 바라는 통일은 절대 이루어질 수 없는데 통일이라는 희망고문을 하고 있는 유명무실화된 통일부 대신, 자남민 지원부나 지원청으로 개편해 독립적 기구로서 북한에서 한국으로 온 사람들을 위한 여러 맞춤형 지원 정책을 펼쳐나가면 북한 주민이나 우리나라 국민들의 인식 전환에도 큰 도움이 될 것이라 생각된다.

북한 김씨 왕조 정권의 핵폭탄 위협에 대한 대응은 물리적 수소 폭탄이 절대 아니다. 북한을 구성하고 있는 주민들과 현재 중국에서 북송 위험에 처해 있는 수많은 탈북민이 자유를 찾아 한국으로 대거 몰려올 수 있도록 하는 것이다. 그들을 우리 동포로 감싸 안고, 적극적인 우대정책 시행으로 안정적인 자유 대한민국의 삶을 누리게 하는 것이 진정으로 수소폭탄 이상의 북한 김씨 왕조에 대한 위협과 타격을 주고 남침 야욕을 꺾는 지름길이다.

최근 통일부에서 북한 이탈주민의 날을 제정하여 제1회 기념행사를

중국과 한반도의 미래

개최하기로 하였는데 늦은 감이 있지만 이것은 통일부 역사상 가장 뜻 깊은 행사로 '제1회 자남민의 날'로 변경하여 추진하였으면 한다. 국내 뿐만 아니라 전 세계적으로 대대적으로 홍보하여 중국에 있는 탈북민과 북한 주민들에게도 전파되어 한사람이라도 더 남한으로 올 수 있는 계기가 되었으면 한다.

숙제 없는 남북정상회담

　남한과 북한 정권은 2000년, 2007년, 2018년 등 크게 세 차례의 정상회담이 있었다. 언제든 전쟁의 위협이 도사리고 있는 남북 대치 상황에서 개최된 남북정상회담은 평화를 기대하는 많은 국민들의 바람을 충족한 측면도 있지만, 완전한 신뢰관계를 구축하지 못한 상태에서는 회담을 통해 진행된 각종 약속들과 진정한 평화는 성사될 수 없었다.

　남북정상회담을 개최한 역대 정부에서는 그 회담을 정권의 성과로 내세우고 있지만, 남북한 최대 문제인 북한의 핵과 미사일 문제는 현재 하나도 해결된 것이 없으며 남북정상회담 이후에도 북한의 무력 도발은 여전했다. 이는 남북한 사이에 어떤 약속을 하든 신뢰가 없기 때문에 근본적인 문제가 해결되지 않는 것이다.

　진정한 남북정상회담은 신뢰관계 형성이 우선이고 그러기 위해 당장 성과를 내기 위한 남북정상회담보다는 일단 가볍고 아무런 조건 없는, 즉 숙제 없는 만남을 가지는 것이 중요하다고 판단된다. 이산가족 상봉, 핵무기 억제, 무력 도발 방지 조약 등 갖가지 조건을 달게 되면 정상회담 자체가 성사되지 못할 뿐만 아니라, 만약 회담이 이뤄진다고 해도 남북 간이 약속을 이행하지 않으면 또다시 불신의 늪으로 빠질 수밖에 없다.

　강조했듯이 남북한 간에 신뢰 회복이 급선무다. 윤석열 정부는 북한의 김정은에게 남한도 세 차례 정상회담을 위해 북한을 방문했으니 김정은 국무위원장도 남한을 방문해달라고 정중히 요청해야 한다. 또 특별한 안건 협상을 위한 방문이 아니라 남북 화해 모드 조성과 신뢰 회복 차원에서 방문을 요청하는 것이 바람직하다.

　만약 김정은 일가가 제주도에 왔다면 첫날 환영 오찬 후 윤 대통령은 서울로 상경하고, 마지막 환송 만찬 자리만, 남북정상의 만남만 하면 된다. 경호 인력 및 의전요원만을 지원하고 남한 정부 관계자 없이 김정은 일가가 제주도에서 관광, 휴양을 할 수 있도록 배려해야 한다. 물론 김정은이 남한에 첫발을 들였을 때 환영 행사와 떠나기 전 마지막 환송 만찬 자리는 있어야겠지만, 이 자리에서도 남북한에 무언가를 요구하고 어떤 약속을 이행해 달라고 해서는 안 된다. 서로의 처지를 공감하면서 이해할 수 있는 정도면 된다.

　그리고 이 같은 방문은 일회성 행사로 끝나서도 안 된다. 제주도부터 시작하여 전국 주요 관광단지뿐만 아니라, 삼성전자, 현대자동차 등 산업현장과 서울 고궁, 용인 에버랜드 등 북한 최고지도자가 언제든지 편안하게 남한을 방문하고, 한국의 대통령이 북한을 방문해 관광, 휴양 등을 할 수 있는 분위기가 조성된다면 신뢰관계는 자연스레 형성될 것이고, 상호신뢰가 확보되면 평화를 위한 협상의 여지도 커지게 된다.

　이제 보여주기식 정상회담으로는 그 무엇도 해결할 수 없다는 점이 역사적으로도 증명되었다. 오히려 정상회담 이후 서로 약속을 지키지 않았다며 불신의 골만 더욱 깊어졌을 뿐이다. 진정한 남북한 화해 모드와 평화를 위해서는 신뢰 회복이 최우선 과제이며, 신뢰관계가 정착되었을 때만이 서로의 약속은 유지될 것이다.

여군

얼마 전 진보정당 소속의 국회의원이 군 인력 감소를 대비해 여성 징병제를 검토해야 한다고 주장했다. 저출생의 여파로 입대 대상이 되는 젊은 남성이 부족해지고 군 상비병력도 매년 1만 명 정도 줄어드는 현실과 남녀평등에 따른 병역 형평 등 문제 해결을 위해 젊은 여성의 징병제가 대안으로 떠오른 것이다.

여성 징병제 논의가 간간이 있었지만 최근 진보정당에서 먼저 제기된 것도 관심을 끄는 대목이다. 그런데 여성 징병제에 대한 우리나라 국민들의 호응은 시큰둥하다. 여성 징병제가 현실화될 가능성은 그리 커 보이지는 않는다. 국민 여론도 모이지 않은 데다 국방부와 병무청도 이 제도를 검토하지 않는다고 선을 그었기 때문이다. 그리고 여성 훈련소와 근무 부대 건물 신설, 복무 기간, 관련 예산 등 난제가 한둘이 아닌 것도 영향을 주고 있다.

하지만 저출산으로 인한 인구절벽을 감안하면 굳이 여성 징병제가 아니더라도 특단의 대책 마련이 시급한 시점이다. 국방부에 따르면 2020년 33만 3,000명이던 20세 남성 인구는 2022년 25만 7,000명으로 30% 가까이 급감했다. 국방부는 현재 22만 명 수준인 20세 남성

인구가 2040년엔 13만 5,000명대로 어마어마하게 떨어질 것으로 전망했다. 2030년 이후 군 상비병력 규모가 50만 명 이하가 되면 안보 위협에 전략적으로 대응할 수 있는 군의 능력도 저하될 수밖에 없다.

여성 징병제가 현실화되기 힘들다면 전 국민이 능력에 맞게 국방의 의무를 지게 하는 것이 하나의 대안이 될 수 있을 것이다. 전쟁이 발발하면 대개 남성들이 전방에서 전투를 벌이게 되고, 여성은 가족과 함께 피난을 가거나 생계를 잇기 위한 활동을 한다.

군사훈련을 받더라도 현실적으로 여성에게 전투에 직접 참여하라는 것은 불가능한 일이다. 그렇기에 여성을 대상으로는 강제적인 징병보다는 2개월 정도 기초 군사훈련과 군사 간호 훈련 등을 받게 한다면 유사시에 후방에 침투하는 적들을 지형지물 등을 이용하여 숨어서 사살할 수 있는 장점도 있고 또한 우크라이나, 이스라엘 전쟁에서 보듯이 미사일 등으로 폭격당하면 부상자 구호활동과 피난민 등을 지원할 수 있는 역할을 맡길 수 있어 전방 군인은 전투를 집중할 수 있게 된다. 이것이 현실적인 이야기다.

젊은 여성들에게 기초 군사훈련을 해야 하는 이유는 전쟁이 나면 곳곳에서 국지전이 일어나기 마련인데, 총이라도 제대로 쏠 수 있다면 자신의 터전을 지킬 수 있을 뿐만 아니라 아군 방어에도 큰 도움이 된다. 즉 전쟁에서 총을 다룰 수 있는 자원이 많다는 것은 아군 전력에 매우 큰 전략적 자산이 된다는 의미다.

비단 여성뿐만 아니라, 군 복무 자원이 줄어드는 현재 현역 징집 불가 판정을 받은 남성들도 총을 쏠 수 있을 정도만 된다면 2개월 과정의 기초 군사훈련을 받아 후방에서 스스로의 지역을 지킬 수 있는 능

중국과 한반도의 미래

력을 키우도록 해야 한다.

여성의 기초 군사훈련 참여로 인한 효과는 매우 크다. 우선 유사시에 남성 정예부대가 전방에서 적의 침투는 막는 동안 후방에서는 여성들이 방어책을 맡을 수 있고, 적이 곳곳에 침투한 상황이 생기더라도 총을 다룰 수 있는 자원이 많으니 아군의 방어력은 그만큼 커지는 효과를 낼 수 있다. 또 현재 우리 군의 현역병 복무 기간은 18개월인데, 여성이 2개월간 기초 군사훈련과 군사 간호 훈련을 받게 되면 현역병의 복무 기간을 16개월로 단축해도 군 전력상 크게 문제 되지 않는다. 더 나아가 여성의 군 전력 편성은 저출산으로 인한 입대 자원 부족 문제도 자연스럽게 해결해 줄 수 있는 대안이 될 것이다.

군의 자원은 적재적소에 배치해 최대한의 효율을 낼 수 있게 하는 것이 관건이다. 요즘 뉴스를 보면 우리나라 군대의 현주소는 당나라 군대라고 불릴 만큼 기강이 해이해졌다. 병사들의 군기문란은 물론이고, 부대에서 휴대폰을 마음껏 사용하고 휴가나 외박도 비교적 자유롭다. 또 악폐습을 없앤다는 이유로 선임과 후임이 서로 다른 내무실을 쓰게 함으로써 군 기강이 심각하게 훼손되었다. 이런 상황에서 만약 당장 전쟁이 벌어진다면 결과는 불 보듯 뻔하다.

여성 군사훈련소 설치와 관련 예산 등을 어떻게 해야 할까? 우선 현재 논산훈련소를 활용하면 해결할 수 있다. 그러면 현재 남자들의 훈련소를 어디로 해야 할까? 경기도 강원도 전방에 훈련소 신설과 전방 부대 신병 훈련소 등도 확대 증설하여 대체하면 된다. 소요 예산은 논산훈련소 전체에 여성훈련소에 필요한 부지를 제외하고 매각한 자금으로 전방 훈련소 증설에 사용하면 큰 무리는 없을 것이다. 군대는 정예부대화해야 하며, 그러기 위해서는 훈련소 자체를 전방에 두고 훈련을 받고 복무하도록 해야 한다. 정예화를 위하여 군 복무 기간에는 휴가, 외출, 외박 등을 원칙적 전면 금지해 장병들이 오직 훈련과 복무에만 집중할 수 있도록 해야 하고, 휴대폰 사용도 금지해야 한다. 휴가 외출 외박 등을 금지하고 그에 보상으로 군 생활을 1개월 정도 추가 단축하는 보상안도 마련해 주어야 한다.

2024년도 병장 기준 봉급은 월 165만 원(월급 125만 원+내일준비지원금 40만 원) 수준이다. 군대에서는 생활에 필요한 모든 자원이 보급되기 때문에 군 장병들의 월급을 매월 지급하는 것보다 전역 시 일괄 지급하도록 해 청년들이 사회에 나가 목돈으로 새출발을 할 수 있도록 지원해야 한다.

결론은 여성과 정식 입대를 하지 않는 남성 등 예비 자원을 위한 훈련소로 개편해 기초 군사훈련과 군사 간호 훈련을 담당하는 것이 바람직하다는 이야기다. 물론 여성의 군 편성은 추가적인 예산이 필요하겠지만, 정식 입대 자원이 줄어드는 상황에서 그 빈자리를 여성이 채우는 것이고, 진보정당에서 나온 여성 군 복무를 시행해서 발생하는 천문학적 예산에 비해 두 달의 훈련 정도라 예산도 크게 들지 않는다. 즉 남성 군 복무 2개월 단축으로 절감된 예산을 여성 2개월 훈련 예산으로 전용하면 추가 비용은 거의 들지 않는다는 말이다.

우리나라는 남북 대치 상황에서 급변사태가 발생하면 내일 당장 전쟁이 일어날 수 있는 나라다. 군 자원 부족 문제뿐만 아니라, 갈수록 해이해지는 군 기강은 반드시 바로잡아야 하며, 여성의 군 편재화로 군 전력 강화에 적극적으로 나서야 한다. 여성이 훈련에 참여하는 기간은 두 달에 불과하지만, 국가적으로 보면 그 두 달의 훈련이 유사시에 굉장히 큰 힘을 발휘할 수 있다는 점을 명심해야 한다.

중국이 대만을 무력으로 침공하겠다고 미국에 대놓고 말하고 있는데 이게 현실화가 된다면 우리는 어떻게 해야 할까? 중국이 대만 통일 후에도 배고픈 짱닭은 한반도를 그대로 놓아둘까? 정답은 NO다. 즉 대만 통일 후 중국은 한국에 대한 위협과 협박은 현재 대만을 보듯이 노골적으로 일상화될 것이다. 경제적으로도 더 심각한 압박을 할 것이다.

북한은 김정은의 건강 문제, 김주애 후계 준비, 최악의 경제 상황 등으로 북한 단독으로 전쟁하는 것은 불가능에 가깝고, 핵무기나 미사일 발사는 내부 결속용일 가능성이 높다. 무조건 방심하면 안 되고, 전쟁이 발발하면 중국이 조중상호방위조약에 따라 자동 개입하는 사실도 잊어서는 안 된다. 저출산으로 부족한 군 병력이 앞으로 닥칠 심각한 안보 위험 상황을 감당할 수 있는지 살펴봐야 하며, 이제 국가 차원에서도 대비책을 준비할 때가 되었다. 적극적으로 대국민 홍보를 해서 여군에 대한 국민적 공감대를 형성할 수 있기를 간절히 바란다.

자유국가연합 창설

오늘날 중국의 정세를 살펴보면 부지런히 칼을 갈고 있고, 칼날의 끝은 일본을 향하고 있다. 대만과 한반도를 거쳐, 일본으로 향한 칼날을 무디게 하고 부러뜨리기 위한 막중한 임무를 해야 할 공동 안보협의체 구성이 그 어느 때보다 절실한 때다.

현재 세계의 국제 질서를 유지하는 대표적인 국제기구로 유엔안전보장이사회(유엔 안보리, United Nations Security Council)가 있다. 안보리는 국제 평화와 안전을 유지하기 위해 필요한 행동을 취할 책임과 권한을 가지는 국제연합(UN)의 핵심기관으로 1945년에 설립되었고, 안보리의 강제조치 결정은 법적 구속력을 지닐 정도로 강력한 힘을 지닌 기구다. 유엔 안보리는 5개 상임이사국(미국·중국·러시아·영국·프랑스)과 10개의 비상임이사국으로 구성돼 있는데, 상임이사국은 이 5개국이 임기 제한 없이 1945년부터 지위를 유지하고 있다.

그런데 과연 유엔 안보리가 국제 질서 유지와 세계 평화를 위해 그 역할을 제대로 할 수 있는가에 대한 의문이 지속해서 제기되고 있다. 즉 유엔 안보리의 무용론이 부상한 것이다. 안보리 상임이사국 당사자인 러시아의 우크라이나 침공, 북한의 핵미사일 도발 속 격화된 신냉

전 구도, 미중 전략적 갈등 부상 등 최근의 몇몇 사례만 봐도 유엔 안보리가 정상적인 작동을 하지 못하고 있다는 것을 알 수 있다.

이렇게 유엔 안보리의 무용론이 제기되는 데에는 비정상적인 의사결정 구조를 가장 큰 원인으로 꼽을 수 있다. 영구 이사국인 상임이사국은 유엔총회에 우선해 국제평화와 안전 유지를 위한 1차적 책임을 지는데, 이들의 제왕적 권한인 '거부권'이 개혁의 발목을 잡는 주요인이 되고 있다.

안보리 안건이 통과되려면 5개 상임이사국을 포함한 전체 이사국 15개국 중 9개국의 찬성이 필요한데, 상임이사국 중 한 나라만 반대해도 안건은 부결된다. 이런 제도의 맹점을 활용해 중국과 러시아가 거부권을 휘두르며 번번이 안보리를 무력화시키고 있는 것이다. 2022년 이후 안보리가 채택에 실패한 결의안과 성명 사례만 해도 북한의 장거리 탄도미사일(ICBM) 발사 규탄 결의안(3회), 러시아의 우크라이나 침공 관련 규탄 결의안(2회) 등 7회에 이른다.

안보리의 한계에 대해 공통적인 인식을 가진 국가들을 중심으로 거부권 폐지, 상임이사국 및 비상임이사국 수 · 임기 확대 등이 거론되고 있지만, 회원국들의 지정학적 이해관계가 교차해 절충점을 찾기 쉽지 않아 보인다.

이처럼 갈수록 무력화되고 존재감이 사라지는 유엔 안보리를 대신해 자유국가연합이라는 국제기구를 대안으로 생각해 볼 수 있다. 지금도 NATO 등 자유 우방국들의 기구가 있지만, 이들 기구는 지역별로 산재되어 있어 전 세계적 문제를 다루기에는 한계가 있다. 그래서 중국과 러시아 등 공산주의 국가를 제외한 자유국가들이 전체 참가하여 자유국가연합체를 만들면, 공동으로 국제 문제를 해결하는 데에 더 큰 힘을 발휘할 수 있을 것이라 생각된다.

　현재 러시아와 중국 등 공산권 세력들은 유럽과 아프리카 지역으로 그 영향력을 지속해서 확대해 나가고 있다. 이들의 세력 확장을 막고 국제 질서 확립과 평화를 위해서는 자유국가연합이 반드시 필요하다. 안보리가 5개의 상임이사국이라면 자유국가연합은 상임이사국은 기존 자유진영 미국, 영국, 프랑스에다 대륙별 거점 국가로 한 개국씩 즉 아시아는 인도, 남아메리카는 브라질, 아프리카는 남아프리카 공화국을 추가하고 자유국가연합본부는 민주주의와 공산주의가 첨예하게 대립하고 있는 자유 대한민국에 설치해서 상임이사국 지위도 부여하여 모두 7개국의 상임이사국으로 구성해야 한다. 거부권 없이 다수결로 의사결정을 내리는 구조로 강제력을 갖게 한다면 현재 유엔 안보리의 문제점으로 지적되고 있는 제왕적 거부권 행사 문제도 해결될 것이며, 나아가 자유 우방국의 단합으로 중국과 러시아 등의 팽창을 저지해 평화적인 국제 질서를 유지하는 데 일조할 수 있을 것이다. 지금까지 미국이 전 세계에 막강한 영향력으로 국제 질서 유지를 했지만, 동키호테가 미국 형세를 살펴보니 국운이 정점을 서서히 지나고 있어 북한, 중국과 마주하고 있는 한국은 반드시 대비책을 마련해야 안심할 수 있다.

　우크라이나와 전쟁 중인 러시아도 한국에는 중대한 영향을 끼칠 수 있는 한반도 주요 4개국인데 전후 복구도 중요하지만 우리 안보의 직접 당사국인 만큼 조화 있는 외교 대응이 선행되어야 한다. 대한민국 국위를 선양한 반기문 전 유엔 사무총장은 합당한 예우를 해야 하는데 현 정부에서는 늦었지만 지금이라도 한반도에 중대한 영향을 끼치고

324　　　　　　　　　　　　　　　　　　　　　중국과 한반도의 미래

있는 미국, 일본, 중국, 러시아 4개국 친선 특별명예대사로 반기문 총장을 임명하여 한반도 안정과 자유국가연합 창설을 주도할 수 있도록 했으면 한다.

많은 국방안보 전문가들이 현재 북한은 전투기나 잠수함, 함선 등이 오래되고 사용가치가 거의 없다며 전쟁할 수준이 안 된다고 하는데 실제 전쟁이 벌어지면 무슨 일이 일어날까? 중국과 북한은 상호방위조약으로 북한이 공격을 당하면 중국이 자동 개입하여 전쟁이 일어날 수밖에 없다. 북한의 현재 전력이 어떻게 되는 것과는 상관이 없이 중국이 뒤에 있고 중국을 상대로 전쟁을 해야 하는 상황이다. 러시아도 북한 편에서 무조건적으로 식량과 병참 및 전투지원이 예상되는 상황이기에 전쟁의 결과 중국이 결국 한반도 최종지배자가 될 것이다.

미국이 가장 중요하고, 중국도 매우 중요하고 러시아도 척을 지면 절대 안 되고 일본도 중요하다. 자유국가연합 창설 전이라도 미국과 한국, 일본, 대만, 베트남, 필리핀, 그리고 인도 등 중국과 맞대고 있는 국가가 서로 상호방위조약을 체결하여 공동으로 대응할 수 있도록 해야 한다. 인도를 포함해야 할 이유는 호랑이가 겁내는 동물은 코끼리뿐이기 때문이다.

2차대전 후에는 미국과 소련을 중심으로 국제 질서가 양분되었는데, 중국이 등소평의 개혁개방정책으로 현재까지 비약적인 발전을 거듭해 정치, 경제, 외교 등 다방면으로 러시아를 대신하고 있다. 즉 미국과 중국으로 세계가 동서로 양분하여 재편되어 대결 중이다. 그러나 향후에는 미국과 인도가 중심이 되어, 세계 질서가 재편되면 우리의 안보가 확실히 보장될 수 있을 것이다.

인도와 함께 가는 길, 그 길만이 대만, 한국, 일본뿐만 아니라, 북한 김일성 왕조도 생존하는 길이다. 중국이 대만을 무력 통일하는 것을 막아야 한다. 대만 다음은 한반도이기 때문에 대만은 영원히 존재해야 한다.

중국과 한반도의 미래

2장
—
나의 보물

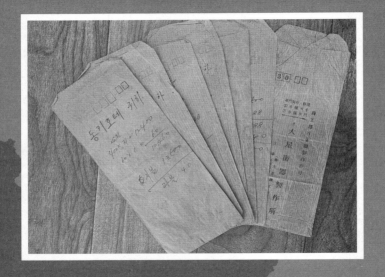

건국의 아버지 이승만 대통령

　2023년 12월 국가보훈부는 '세계 속의 독립운동'을 주제로 독립운동가 38명을 '2024년도 이달의 독립운동가'로 선정해 발표했다. 이 명단에는 대한민국의 건국의 아버지로 추앙받는 이승만 전 대통령이 포함되었다. 이달의 독립운동가 선정이 1992년부터 시작되었으니 이승만 대통령이 선정되기까지 무려 33년이라는 세월이 걸렸다.

　사실 이승만 전 대통령은 진보와 보수의 지나친 이념 논쟁 때문에 그의 업적이 곡해되거나 간과되는 경우가 많았다. 다른 대통령과는 달리 '이승만 기념관' 하나 제대로 없는 대한민국의 현실이 이를 상징적으로 보여준다. 특히 역사적 인물에 대한 평가도 갈리지만, 이승만 대통령이 대한민국 정부 수립을 위해 독립운동에 매진했고 대한민국 건국을 주도적으로 이끌었다는 점은 누구도 부정할 수 없다. 국부 이승만이라는 관점에서 그의 독립운동과 건국을 위한 결정적인 활동은 지금의 세대와 미래세대가 결코 잊어서는 안 될 역사적 교훈이다.

이승만 대통령은 진영 논리에 따라 엇갈린 평가를 받고 있지만, 우리나라 근대화의 거의 모든 고비마다 이 풍운아의 성공과 실패가 있었음은 부인할 수 없는 사실이다. 그 자신이 혼란스러웠던 조국 근대화와 하나였던 삶이었던 셈이다. 대한민국 초대 대통령인 그는 조선의 개항 직전 해인 1875년에 태어났고, 1890년대 말부터 1960년까지 정치 지도자로 활약했다.

그가 독립운동가로서의 삶에 평생을 몸담을 수 있었던 데에는 그의 스승 서재필의 영향이 절대적이었다. 서재필은 구한말 정치적 개혁을 위한 조직으로 '독립협회'를 세우고, '독립신문'을 발행하는 등 조선 사회를 혁명적으로 바꾸기 위해 노력했다. 이 과정에 이승만도 함께하게 되는데, 이승만은 스승인 서재필의 뜻을 받들어 '협성회'라는 토론 모임을 만들어 일반인들까지 참여시켰다. 이 모임이 크게 성공하자 '협성회보'가 발행되었는데, 이승만은 주필이 되어 토론을 이끌었다.

독립협회가 주관한 만민공동회는 당시 큰 정치적 변혁을 이끌었다. 만민공동회를 통해 조선 민중의 뜻이 왕실과 열강에 전달되고, 민중들이 스스로 모여 정부에 잘못된 정책을 시정하라고 요구해서 관철시킨 것도 가히 혁명적인 일이었다. 조선 정부 입장에서 눈엣가시였던 독립협회의 창설자 서재필은 당시 친러파와 고종을 미움을 받아 미국으로 추방되었고, 이후 민중들의 집회는 이승만을 비롯한 소장파 지도자들이 이끌었다. 이들은 끊임없이 정부에 의회 설립을 요구했고, 그 요구가 받아들여져 박정양과 민영환을 중심으로 한 개혁파 정권이 출범했다.

승기를 잡은 개혁파는 관민공동회(官民共同會)를 열어 대신들과 정무를 협의했다. 이 회의에서 고종에게 올리는 '헌의(獻議) 6조'가 채택되었는데, 핵심적 요구는 실권 없는 중추원을 실질적 의회로 만드는 개혁이었다. 고종은 이런 요구를 받아들였다. 민중들이 국왕에게 의회 정치를 펴라고 요구해서 뜻을 이룬 것이었다. 하지만 위기감을 느낀 조선 정부의 수구파들은 독립협회의 간부를 체포하고, 만민공동회에서 요구한 정치 개혁안을 무산시켰다. 더 나아가 고종은 전국의 보부상들을 불러 이들을 탄압했는데, 몽둥이를 든 보부상들의 공격에 많은 사람이 다쳤다. 당시 정동에서 집회를 주도하던 이승만은 사람들을 이끌고 보부상들과 싸웠다.

'고종 폐위 음모'에 가담한 죄로 6년간 옥중생활을 끝내고 나온 이승만은 러일전쟁에서 한반도가 일본군에 점령되자, 미국에 조선을 도와달라는 밀서를 들고 루스벨트 대통령을 만난다. 하지만 약소국 조선의 요청은 강대국의 힘에 밀릴 수밖에 없었다. 이후 이승만은 국력의 강화가 곧 조선의 자주를 회복할 수 있다고 믿으며, 해외에서 적극적인 외교론을 펼치며 힘든 독립운동에 매진했다.

1945년 광복 이후 한반도(조선)는 여전히 혼돈의 시간을 보내고 있었다. 미국 트루먼 대통령은 2차 세계대전에 소련의 참전을 요청하고 그에 대한 보상으로 한반도(조선)를 소련에 넘겨주겠다고 했다. 국제관계에서 힘없는 약소국가의 운명은 비참한 것이었다. 광복 후 소련이 북한으로 진주를 시작할 때 미국에 있던 이승만은 트루먼 대통령에게 일본에 있는 미군을 빨리 한반도(남한)로 건너가게 하여 소련의 남쪽 진출을 막아달라고 수차례 강력하게 요청했다. 트루먼이 하지 중장에게 한반도 진주를 명령했다. 소련군이 남하하기 전 재빨리 미국이 한반도 남쪽으로 들어왔다. 오늘날 대한민국은 이승만이 없었다면 존재할 수 없는 국가였다. 이렇게 대한민국은 이승만 대통령 덕분에 아슬아슬하고도 힘겨운 출발을 하게 된다. 2차 세계대전 뒤 한반도 문제가 다루어진 모스크바 3상 회의에서 한국의 신탁통치가 결정되자, 처음에는 좌우익 모두가 반탁운동을 했지만 소련의 지시를 받은 공산당 지도자 박헌영은 신탁통치 지지를 천명했다. 이 일로 좌우익이 극명히 갈리며 분단의 씨앗이 싹트기 시작한다.

당시 이승만은 찬탁운동을 펼치는 좌익을 보며 소련의 위협을 감지했고, 자유 국가 건설을 위해 남한만의 단독정부를 세우자는 '정읍 발언'을 하게 된다. 1946년 6월 3일, 각지를 순회하는 도중 이승만은 정읍에서 "이제 우리는 무기 휴회된 공위가 재개될 기색도 보이지 않으며, 통일 정부를 고대하나 여의케 되지 않으니, 우리는 남방만이라도 임시정부, 혹은 위원회 같은 것을 조직하여 38 이북에서 소련을 철퇴하도록 세계 공론에 호소하여야 할 것이다."라는 발언을 한 것이었다.

이 발언 이후, 이승만은 남한 단독정부 수립에 본격적으로 나섰고, 그해 12월부터 1947년 4월까지 미국에 건너가 UN을 설득하는 등 남한 단독정부수립을 촉구하는 외교활동을 벌이고 돌아왔다. 당시 북쪽에서는 1946년 2월에 이미 북조선임시인민위원회가 수립되어 3월에 토지개혁을 하고 기간산업을 국유화하는 등 공산체제를 굳히고 있는 상황이었기에 이승만의 단독정부수립 제안은 소련의 공산화를 막기 위한 선견지명이었던 셈이다.

1947년 3월 트루먼 독트린이 발표되면서 미국의 대외 정책이 이승만의 노선과 같아졌고, 1947년 5월 21일 제2차 미소공동위원회가 개최되었으나 미소의 입장 차이로 사실상 결렬되었다. 결국 한국 문제는

중국과 한반도의 미래

UN으로 이관되었고 UN한국임시위원단이 서울에 입국했으나 북쪽에서는 UN한국임시위원단의 이북 방문을 거부했다. 그 결과 UN은 선거가 가능한 남한 지역만을 대상으로 총선거를 실시하기로 하고, 1948년 5월 10일에 총선거를 실시, 대한민국 정부가 수립되었다.

과감한 정치적 결단으로 남한의 공산화를 막은 이승만은 새로 세워진 대한민국을 이끌었다. 공산화를 철저히 거부한 그의 자유 대한민국을 향한 열망은 한국전쟁 과정에서도 빛을 발한다. 한국전쟁에서 휴전협상이 시작되자, 그는 이길 수 있는 전쟁에서 공산군과 휴전하는 것은 어리석다고 주장하면서 휴전협정을 거세게 반대했다. 결국 그는 휴전협정에 대한 동의의 대가로 대한민국의 안전을 보장하는 '한미상호방위조약'을 이끌어 낸 것이었다.

비록 한국의 광복 이후 소련과 미국, 강대국의 개입으로 통일된 국가를 이루지는 못했지만, 소련의 야욕과 위협을 감지한 이승만의 선견지명이 없었더라면 한반도 전체가 공산화될 수도 있었다. 북한에서는 이승만 대통령 때문에 한반도가 적화통일되지 못했다고 철천지원수로 여기고 있으며 또 남한에 있는 많은 종북 좌파들은 북한을 맹신적으로 추종하여 이승만 대통령의 업적을 부정하고 깎아내리는 선동을 하고 있다. 하지만 대한민국의 정통성을 이어갈 대다수 국민들은 이를 침묵하고 있으니 안타깝기만 하다. 얼마 전 모 연예인이 이승만 대통령 기념관 건립 기금 출연한 것을 종북 좌파들이 문제 삼고 린치를 가했는데도, 애석하게도 대다수 국민들은 또 침묵하고 있다. 침묵은 묵시적 동조와 다름없고 북한을 비롯한 종북좌파 및 그 추종자들의 왜곡된 선전선동에 멍석을 깔아주고 있는 것이다.

우리가 누리는 자유는 공짜가 절대로 아니고, 자유를 얻기 위해 흘린 많은 고귀한 피와 희생의 바탕 위에 이루어졌다는 것을 잊어서는 안 된다. 이제부터는 더는 자유의 방관자, 무임승차를 하면 앞으로는 진정한 자유가 보장되지 않을 것이다. 마오쩌둥의 통치 기간 중국에서는 인민 5,000여만 명이 죽었는데도 국부로 추앙받고 있다. 지금의 자유 대한민국은 건국의 아버지 이승만 대통령의 결단이 있었기에 존재하고 있음은 부정할 수 없는 역사적 사실이다.

중국과 한반도의 미래

대한민국의 국부
위대한 박정희 대통령

우리나라 반만년 역사의 흐름 속에서 역사의 큰 줄기를 두 가지로 구분한다면 Before PARK, After PARK(박전박후)으로 나눌 수 있다. 즉 박정희 대통령 전과 박정희 대통령 후의 역사라는 말이다. 우리나라가 역사책에서는 신라시대, 고려시대, 조선시대 이래 대한민국까지 구분하여 현재까지 이어지고 있으나 통치자나 왕조가 바뀌었을 뿐 일반 백성이나, 국민들의 삶은 그대로였다. 박정희 대통령 전까지는 가난으로 비참한 삶을 이어가고 있던 한국인이었는데 박정희 대통령 이후에는 찢어지게 가난한 배고픔이 해결되고 산업근대화의 초석을 닦아 선진국으로 가는 이정표를 세우게 된 것이다. 그만큼 박정희 대통령은 우리 역사에 있어서 위대한 대통령이라고 할 수 있다. 이러한 이유로 우리는 진정 우리 역사를 '박전'과 '박후'로 구분해야 하는 것이다.

세상 그 어떤 말로도 박정희 대통령의 위대함을 표현할 수 없다. 6.25 전쟁의 폐허 속에서도 단기간에 한국을 부흥시킨 위대하고 위대하신 인물이다. 전 세계의 역사에서도 찾기 힘든 일을 해냈다고 평가받는다. 박정희 대통령의 위대함을 일일이 열거하지 못한 것이 아쉽지만 내가 어릴 적 직접 겪은 일을 비롯해 세 가지 정도로 요약해 본다.

1. 어릴 적 아스라이 떠오르는
박정희 대통령의 추억

내가 초등학교(당시 국민학교) 4학년 시절부터 박정희 대통령의 일들이 기억되고 있다. 당시 1960년대 한국인들의 세상살이는 하루하루가 생존의 몸부림이었다. 부자와 가난한 사람 구분 없이 누구나 다 가난했고 힘겨운 삶을 이어갔다. 나도 그 당시를 살아온 세대로 그때 그 가난했던 시절을 잊을 수가 없다.

보릿고개 넘는 것은 너무나 당연한 힘든 일이었고 평소에도 먹을 것이 부족해서 산에 올라가 칡뿌리를 캐 먹곤 했다. 칡뿌리뿐만 아니라, 봄에 소나무껍질, 진달래나 애기 복숭아 덜 익은 살구 같은 열매들도 가리지 않고 닥치는 대로 다 먹었다. 이것저것 가리지 않고 먹다 보니 배탈이 나기도 일쑤였다. 이제는 거의 다 사라졌지만, 어린 시절 우리의 몸에는 늘 회충이 있었고 집에는 이가 끊이지 않았다. 저녁에 집에 들어가면 호롱불에 옷 벗어 이 잡는 게 일이었다. 우리 집은 8남매였는데, 큰 양푼이 하나에 저녁밥이 놓이면 8명이 서로 더 먹으려고 전투를 벌였다. 배가 고프니깐 숟가락질 한 번이라도 더 해야 했다. 밥 먹는 일이 어린 나에게도 생존을 위한 몸부림이었다. 그만큼 그 시절

중국과 한반도의 미래

은 모두가 다 배고픈 나날을 보냈다.

보릿고개인 3월에서 6월 초까지는 먹을 것이 없어 사람들이 동냥하려 다녔다. 우리 동네 몇몇은 다른 동네로 가서 동냥하고, 다른 동네 사람들이 우리 동네로 와서 동냥했다. 동냥한 걸 먹으며 보릿고개를 넘겼다. 지금은 상상조차 안 되는 고달픈 삶의 연속이었다. 동네 어른들은 겨울철 농번기에는 시골 주막집에 삼삼오오 모여 술과 도박으로 힘들게 농사지은 걸 탕진했다.

1960년대 그 어렵고 힘든 시절에 박정희 대통령이 먼저 일하자는 구호로 국민을 독려했다. '일하는 해의 노래'를 전 국민에게 널리 보급하여 잘살아 보자는 계몽활동을 시작했다. 얼마나 가난에서 벗어나고자 하는 몸부림이었을까?

일하는 해

박목월 작사/이희목 작곡

1절

올해는 일하는 해 모두 나서라

새살림 일깨우는 태양이 떴다

새로운 뜻 부푼 꿈을 일손에 모아

가난을 물리치자 행복을 심자

(후렴) 일하는 즐거움을 어디다 비기랴

일하자 올해는 일하는 해다

2절

올해는 일하는 해 모두 나서라

일하는 팔다리에 힘이 솟는다

노래하며 씨 뿌리며 웃으며 가꿔

이제는 누려보자 잘살아 보자

3절

올해는 일하는 해 모두 나서라

일하는 이웃끼리 다정도 하다

따사로운 숨결 속에 서로 도우며

보람에 사는 나날 꽃피우리라

배고픔과 가난의 탈피에 전 국민이 얼마나 절박하게 목멨는지 지금 세대에게 아무리 설명해도 이해할 수 없을 것이다. 그 시절을 살지 않고 보지도 않았으니까 말이다. 그러나 박정희 대통령은 온 국민에게 일하자고 독려했고 그때부터 국민들도 적극 힘을 합쳐 부지런하게 일했다. 오늘날 한국인이 부지런한 국민성을 가지게 되는 계기가 되었다.

1965년 '일하는 해'
1966년 '올해는 더 일하는 해'
1967년 '전진하는 해' '식량 증산 목표의 해'

등을 통해 온 국민이 열심히 일했고, 드디어 배고픔이라는 가난에서 벗어날 수 있었다.

1960년대 후반에 들어서는 심술궂고 욕심쟁이 놀부가 부지런한 놀부로 재평가받기도 했으며 착한 사람의 상징인 흥부가 나태하고 게으르고 소극적인 인물로 평가받기도 했다.

세계에서 가장 가난한 나라에서 최고 지도자가 된 박정희 대통령은 우리 국민이 보릿고개의 고통에서 벗어나는 게 나라의 최우선 과제라고 생각해 1960년 중반부터 '잘살아 보세 운동'을 펼치게 된다. 당시 대한민국은 온 나라가 가난에서 벗어나 '우리도 한번 잘살아 보세.'하고 허리띠를 졸라매던 시절이었다. 그리하여 결국 우리는 보릿고개에서 벗어났다.

2. 아시아의 떠오르는 네 마리 용과 중국의 등소평

한국이 1960년대 후반부터 비약적인 발전을 거듭할 때 싱가포르 이광요 초대총리와 대만 장개석 총통이 박정희 대통령의 경제발전을 모델 삼아 경제발전에 매진하게 된다. 특히 싱가포르는 말레이시아 연방의 한 주였으나, 영국에서 독립할 때 국민들은 가난하고 중국계와 말레이시아의 무슬림 사이에 다툼도 있었다. 해상선박 노조의 파업이 만연하여 말레이시아 정부는 여간 골치 아픈 게 아니었다. 보다 못한 말레이시아 정부는 강제로 연방의회의 결의로 싱가포르를 쫓아냈을 정도로 골치 아픈 나라였는데 1965년 이광요 초대 총리가 취임하고 엄격한 법제도 시행과 박정희 대통령의 경제발전을 따라 국가 경제발전을 이끌어 오늘날 눈부신 경제부국과 엄격한 법 시행 국가로 널리 알려졌다.

중국 공산당에 패해 대만으로 철수한 장개석 총통도 토지개혁을 착수하고 경제개발 또한 박정희 대통령의 경제개발을 모델로 삼아 오늘날 부국으로 성장했다. 아시아에서 일본에 이어 근대화에 성공한 나라인 한국, 싱가포르, 대만, 홍콩을 '아시아의 네 마리 용'이라고 불렀는데, 실상 이 네 마리의 용을 주도적으로 이끈 것도 박정희 대통령이었던 셈이다. 싱가포르, 대만 지도자들도 박정희 대통령의 리더십과 추진력을 배우고 그들 나라에 적용한 결과 큰 발전을 이룰 수 있었다.

박정희 대통령의 경제개발을 옆에서 눈여겨보는 또 한 사람이 있었는데 다름 아닌 중국의 등소평이었다. 원래 중국은 마오쩌둥의 대약진 운동과 인민공사, 문화대혁명을 연이어 실패하여 수천만의 인민들이 죽고, 나라는 말할 수 없을 정도로 피폐해졌다. 한국을 비롯하여 아시아의 네 마리 용은 하늘로 승천하고 있는데 중국은 앞이 안 보일 정도로 캄캄했다. 중국으로서는 그동안 실패에서 절절하게 탈출하고 싶은 마음이 오죽했겠나.

그리하여 마오쩌둥 사후에 실권을 잡은 등소평은 평소 눈여겨보던 박정희 대통령의 한국 경제개발 모델을 중국에도 한번 시도해 보고 싶었다. 1980년경부터 시작하여 심천(선전) 등 5곳을 경제특구로 지정하고 개혁개방을 시작했다. 오늘날 중국 경제발전을 이룬 신호탄이었다.

3. 인요한 교수가 바라본
위대한 박정희 대통령

인요한 교수는 내가 가장 존경하는 사람 중 한 사람이다. 불과 얼마 전까지만 해도 가끔 북한에 의약품을 전달했다는 뉴스만 들었을 뿐이다. 전라도 순천에서 태어난 인 교수는 구한말 이후 4대째 한국에서 선교, 의료, 교육 활동을 해오고 있다. 올해 65세인 인요한 교수도 "대한민국은 박 대통령을 만난 게 행운이었다."라고 말한다.

그는 "제가 전라도에서 크면서 경상도와 다르다고 교육받았는데 지나고 보니 박정희는 위대한 지도자였고 그분은 5,000년 한반도 역사에서 관이 아닌 민(民)을 앞세웠다."라고 말했다. 또 "박정희 대통령이 이끈 '한강의 기적'을 통해 조선, 철강 등 산업을 발전시켰고 파독 광부와 간호사들이 열심히 일하며 피와 땀을 바쳐 국가를 발전시켰다."라고도 했다. 그리고 "미국에선 가장 훌륭한 대통령으로 링컨을 내세우고 있지만, 저는 뼛속 깊이 박정희 대통령이 대한민국 민족에게는 더 훌륭한 분이라고 주장한다."라고 강조했다.

여기서 박정희 대통령과 라이벌이던 김대중, 김영삼 두 전직 대통령에 대하여 언급할 필요가 있다. 과거 경부고속도로 건설이 한창일 때 김대중, 김영삼 두 전직 대통령은 격렬하게 시위를 하며 방해했다. 그당시 박대통령의 결단이 없었다면 경부고속도로는커녕 우리나라는 아직도 호롱불 밑에서 살고 있는 세계에서 가장 가난한 나라 중 하나였을 것이다. 자칭 정치 9단이라고 했던 김영삼 대통령에 의해 초래된 IMF를 비롯하여 많은 실정(失政)으로 문민정부, 국민정부라는 거창한 구호와는 달리 초라한 정치성적표로 국민들 가슴에 피멍만 남긴 채 역사의 뒤안길로 사라졌다.

그러나 그들은 정치는 9단이고 데모는 10단이다. 데모 후예들이 오늘날까지 사회 각계각층에 독버섯처럼 퍼져 남은 죽든 말든 나는 불법하든 말든 '나 혼자만 잘살면 된다.'라는 사고방식으로 데모를 반복적으로 자행하고 있다. 그들의 잘못된 행위는 일반 국민뿐만 아니라 하루살이가 힘든 애꿎은 서민들의 삶을 더욱 피폐하게 만들고 있다. 지도층의 잘못된 행태를 보고 분노를 느낀 국민들은 애국심이 없어질 것이며 군인은 나라를 지켜야 한다는 사명감이 사라져 결국 나라가 어지러워지고 망국(亡國)의 길만 재촉하게 될 것이다.

대한민국 정부가 수립된 지 올해 76년째로 역대 대통령이 수없이 많은데 유독 이승만, 박정희 두 전직 대통령에게만 북한과 종북좌파들이 집중하여 왜곡 선전선동하고 있는데 이를 정신의학적으로 분석하면 '패배주의적 열등의식' 발로(發露)라고 할 수 있다. 이승만, 박정희 대통령의 위대한 업적에 비하여 김일성 왕조의 초라한 몰골이 비교되어 표출된 열등감의 표현이다. 그들의 열등감이 고조될수록 왜곡된 선전선동의 수위가 높아질 것이다.

우리 국민 모두가 위대한 이승만, 박정희 대통령을 마음속 깊이 새기고 반드시 올바른 평가를 받도록 해야 한다. 덧붙여 젊은 세대들에

중국과 한반도의 미래

게 이 글을 전하고 싶다.

    할아버지 세대에서 나라를 지키려고 흘린 고귀한 피와 아버지 세대에서 산업 발전의 현장에서 흘린 구슬땀을 통해 지금 대한민국이 있다. 대한민국의 주역이 되는 미래세대는 지금 대한민국의 번영과 발전이 그저 공짜로 이뤄진 것이 아니라는 것을 알아야 한다. 박정희 대통령이라는 걸출한 시대적 영웅이 있었고, 그 영웅의 지도력에 부응했던 위대한 국민이 있었다. 그때 그 시절을 기억하고 존중하는 것이 우리 세대의 역사적 사명이라는 것을 잊지 말아야 할 것이다.

누구나 할 수 있는 일을 하는 것은 능력자가 아니다.

〈이승만, 박정희 위대한 대통령을 추모하면서, -East Quijote-〉

나의 보물

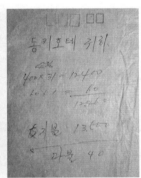

1975년 4월의 급여명세표다. 4월은 30일까지인데 31일로 적혀 있는 것은 한 달 동안 결근이 없어 1일을 추가하여 받은 것이고, 1시간 야간작업했기에 시급 40원의 1.5배인 60원을 추가로 받았다. 그리고 가불이 많았던 것은 4월 월급을 한 달 지나 다음 달 10일에 받기 때문에, 당시 갓 취직한 사람들은 생활비가 부족해 가불해서 살았다. 즉 4월 월급은 6월 10일 지급되기 때문에 5월 한 달 지내려면 가불할 수밖에 없었다. 지금으로부터 49년 전 우리나라의 현실이었다.

박정희 대통령 시절, 배고픔을 견디며 죽어라 일했던 때가 떠오른다. 그때는 국가도 경제발전을 위해 허리띠를 졸라매던 시절이었고, 국민들도 '우리 함께 잘살아 보자.'라는 박정희 대통령의 말씀에 응답하듯 모두가 한마음 한뜻으로 열심히 일했다. 그 어렵던 시절, 피땀 흘

중국과 한반도의 미래

려 얻었던 나의 보물을 소개하고자 한다.

나는 1974년 중학교 졸업 후 의성에서도 오지인 두메산골에서 1년 농사일을 마치고, 그해 11월경 대구에서 택시 운전하는 아버지 지인의 소개로 명덕로터리 인근 자동차 배터리 가게에서 일하게 되었다. 그 당시 으레 그랬듯이 조그마한 가게에서는 무임금으로 숙식만 제공하는 대신, 1년 내외로 기술을 배우고 나서 급여를 받는 조건으로 일을 시작하게 되었다.

그때는 통금이 있어 통금 해제 시간인 새벽 4시 이후 첫 자동차가 들어오면 일을 시작했고, 저녁 11시 이후 심야 통금 시작 전 마지막으로 오는 자동차로 일과가 끝났다. 추운 겨울철이라 일은 말할 수 없이 고달팠고, 또 언제 자동차가 올지 몰라 늘 긴장의 연속이었다.

다음 해 1975년 2월, 설날을 쇠기 위해 의성 고향에 갔는데 긴장이 풀렸는지 감기가 크게 들어 한 달간이나 앓아누웠다. 몸을 추스르고 다시 일하기 위해 배터리 가게에 가니, 사장이 이제 내가 필요 없다며 나가라고 했다. 할 수 없이 그곳을 나온 나는 아버지의 소개로 3월 중순께부터 친척 할아버지가 운영하는 철공소에서 일하게 되었다. 내가 일했던 곳은 대구3공단에 소재했는데, 처음 월급은 시간당 40원으로 하루 오전 8시부터 오후 6시까지 10시간 일을 하고 하루에 400원을 받았다. 항상 돈이 모자라 가불은 밥 먹듯이 했고, 차비를 아끼기 위해 왕복 60리 길을 걸어서 다녔다.

그해 5월경에는 경리 직원이 회사 공금을 횡령해서 도망을 가버려 내가 임시로 사무실에서 전화를 받게 되었다. 어느 날 친척 할아버지 께서 낮에는 공장에서 일하고 밤에는 공부해서 야간 상업학교라도 나와 경리를 맡아 달라고 했다. 그래서 나는 6월부터 9월까지 공장 일과 공부를 병행했고, 본격적인 공부를 위해 9월 말에 퇴사했다. 3월부터 9월까지 약 7개월간 짧은 기간 일하면서 받은 사진 속 '급여 봉투'가 나의 보물로, 지금까지 간직하고 있다. 그 시절을 돌아보니 무엇과도 바꿀 수 없는 참으로 소중한 시간으로 기억된다.

그때는 공장 휴일도 한 달에 한 번으로 셋째 주 일요일 단 하루만 쉬고 일했다. 당시에는 모든 사람들이 너 나 할 것 없이 열심히 일했던 시절이었고, 배고픔에서 벗어나 더 나은 삶을 살 수 있을 것이라는 희망을 안고 살았다. 그 힘든 시절의 경험과 보람은 지금도 잊히지 않는다.

중국과 한반도의 미래

대통령의 말의 무게

　대통령이라는 자리는 그 무게감으로 인해 무척이나 외롭고 고독할 수밖에 없다. 대통령의 말 한마디로 정국이 안정화되기도 하고 혼란의 늪으로 빠지기도 한다. 대통령은 국민을 대신해 국가 운영의 주체로서 무한책임을 지는 자리이기에 대통령의 말로부터 정국의 향방이 달라지는 것은 자연스러운 일이다. 이처럼 가늠하기도 힘든 책임의 무게감이 있다면 대통령은 말 한마디를 하더라도 허투루 해서는 안 되고, 정제된 언어로 국민을 대해야 한다.

　최근 윤석열 대통령의 몇몇 발언들을 보며 대통령의 말의 무게에 대해 깊이 생각하게 된다. 크게 두 가지 발언에서 아쉬움을 느꼈다. 첫 번째는 2023년 10월 서울 강서구 구청장 재보궐 선거가 치러진 직후에 있었다. 이 선거에서 국민의힘 후보는 민주당 후보에게 큰 표 차이로 패배하게 된다. 전국에서 단 한 곳에서 진행된 이번 선거는 정부에 대한 평가가 반영될 수밖에 없었기에 여야 정치권은 선거 결과를 무게감 있게 받아들였다.

　선거 패배 직후 윤 대통령은 "국민은 항상 옳다."라며 더욱 겸손한 자세로 국정을 운영할 것임을 다짐했다. 선거 패배를 인정하고 낮은 자세로 임하는 것은 바람직한 일이다. 하지만 여기서 우리가 생각해 볼 대목이 있다. 바로 '국민은 항상 옳은가.'하는 문제다. 현실 정치를 보면 국민은 항상 옳다는 말은 전혀 옳지 못하다. 물론 대통령이 답답한 마음에서, 불리한 정세에서 수사적인 표현으로 한 말일 수는 있겠지만, '국민은 항상 옳다.'라는 말이 자칫 정치권을 향한 모든 국민의 판단이 항상 옳다라는 착각을 불러일으킬 수 있는 위험성도 있다.

우리나라 선거판을 보면 전라도는 민주당, 경상도는 국민의힘 등 거의 몰표 수준으로 지역주의 색이 짙다. 후보로 나온 사람들의 역량이나 인물 됨됨이는 보지 않고 그저 지역에서 지지하는 당의 후보를 지역의 대표자로 선출했다. 그런데 만약 국민이 선출한 인물이 부정부패를 일삼고 정치를 제대로 하지 못한다면 그다음 선거에서는 유권자들이 다른 선택을 해왔던가? 아니다. 그 사람이 같은 당 후보로 출마하게 되면 또 그를 선택했다. 우리가 뽑은 사람들이 정치를 잘하길 바라면서도 선택은 지역주의를 전혀 벗어나지 못했던 것이다.

인물 됨됨이가 그른 사람을 선출해 놓고 정치를 잘하길 바라는 것은 국민들의 모순적인 행태다. 이는 수십 년간 우리 정치사에서 벌어진 일이고, 지금도 그 행태에서 조금도 벗어나지 못하고 있다. 이래도 우리 국민의 항상 옳다고 여길 수 있겠는가? 이런 상황에서도 국민은 항상 옳다라는 대통령의 말은 국민에게 나쁜 시그널을 줄 수 있다. 그렇기에 대통령의 말은 항상 그 무게감을 감당할 수 있어야 하는 것이다.

두 번째 사례는 문재인 정부와 완전히 다른 윤석열 정부의 정책 기조에서 나온 말이다. 바로 포퓰리즘 문제다. 문재인 정부 시절 코로나 시기라는 특수성도 있었지만, 국민에게 선심성 정책으로 현금을 남발하는 포퓰리즘이 대대적으로 행해졌다. 2022년도 정부 결산결과 국가채무가 처음으로 1,000조 원을 넘어섰다. 정부 수립 이후 70년간 쌓인 국가채무가 약 600조 원이었는데 문재인 정권에서 무려 400조 원이 추가로 늘어난 것이었다. 실로 어마어마하게 늘어났고 미래세대가 감당해야 할 빚이다. 국가채무에 대한 이자만 해도 2023년 25조 원을 포함해 향후 4년간 100조 원이 넘어설 것으로 예상된다.

이 같은 포퓰리즘을 단호히 거부하며 등장한 윤석열 정부는 정권 초기부터 정부지출은 국방과 법치와 같은 국가 본질 기능과 약자 보호 등 시장실패를 보완하는 역할, 그리고 미래 성장동력 구축 등 국가 중장기 과제에 집중되어야 한다는 기치를 내세웠다.

정부의 이런 기조에 따라 윤석열 대통령은 "무분별한 현금 살포와 선심성 포퓰리즘은 단호하게 거부해야 한다."라고 항상 강조하고 있다. 윤 대통령의 정책적 기조와 발언은 옳다고 생각한다. 당장 현금을 쥘 수 있는 현세대 입장에서는 선심성 포퓰리즘에 열광할 수도 있겠지만, 조금만 더 생각해 보면 이러한 현금을 뿌리는 정책은 결국 자신뿐만 아니라 미래세대의 부담으로 돌아가게 된다. 국가 예산은 현재만 생각해서 펼치는 것이 아니라, 중장기 미래를 염두에 두고 전략적으로 계획하고 집행해야 하는데, 단순히 대통령 인기만 끌어올리자는 목표에서 시행되는 포퓰리즘 정책은 결국 가까운 미래에 무서운 계산서로 돌아오기 마련이다.

그런데 여기서 정작 중요한 점은 포퓰리즘을 하느냐 마느냐의 문제가 아니다. 윤 대통령이 강하게 포퓰리즘을 반대하면서 정권을 내어주는 한이 있더라도 자신은 그러한 정책을 펼치지 않겠다고 발언한 데에 있다.

'정권을 내어주는 한'이라는 말은 대통령으로서 해서는 안 될 말이다. 국민의 손으로 뽑힌 대통령은 정치를 제대로 하고 시대정신에 맞는 정책을 펼치면서 대통령으로서 존중받고, 그래서 그다음에도 자신을 계승한 자당의 대선후보가 당선될 수 있도록 노력하면 되는 것이지 '정권을 내어줄 수 있다.'라는 표현을 쓰는 것은 자신을 대통령으로 당선케 해준 국민에 대한 거북스런 말이 될 수도 있다.

국가의 재정 건전성을 위한 발걸음은 너무나 올바른 방향이다. 하지만 정치적 반대파가 이 정책을 아무리 반대한다고 하더라도, 또 국민의 일부가 이해하지 못하더라도 국민의 다수가 뽑은 대통령이 '정권을 내어준다.'라는 표현을 쓰면 안 되는 것이다. 돈을 풀지 않는 것에 대해 국민이 실망했다고 한다면, 왜 지금은 돈을 풀 수 없는지, 포퓰리즘이 미래에 어떤 악영향을 미칠지 국민들에게 설득하고 또 설득하면 될 일이다. 설득의 과정 자체가 정치이지 않던가?

지금 정부에서 허리띠를 졸라 곳간을 채워놓고 정권을 내주면 뭘 하나? 돈을 버는 사람 따로 있고 돈을 쓰는 사람 따로 있다는 말처럼, 돈 모으는 정권이 있는 반면 돈을 쓰는 정권도 있다. 돈 쓰는 정권에는 권력을 넘기지 말아야 한다. 지금의 시대정신은 돈을 모으고 아껴 써서 미래세대에 부담을 줄이는 것이다. 국민이 이를 이해하지 못했다면, 설득하고 또 설득해서 하나둘 이해를 구해나가야 한다. 그게 올바른 정치고 대통령의 지도력이다.

중국과 한반도의 미래

대한민국 법바리들

사법 종사자에게 굶어 죽는 것은 영광이다. 부정을 범하는 것보다 명예
롭기 때문이다.

우리나라 초대 대법원장이었던 가인(街人) 김병로가 그의 퇴임식에서 남긴 말이다. 김병로는 독립운동가를 위한 변호사 활동으로 법조계에서는 일찍이 존경받는 인물로 통했는데, 그의 메시지는 법조인 사이에서 명예롭게 여겨졌다. 수십 년이 지난 오늘날 법조계의 공식적인 자리에서도 그의 말은 자주 인용되곤 한다.

그런데 과연 우리 시대의 법조인들이 법조인으로서 명예롭게 살다 죽으라는 법조계 대선배의 말을 금과옥조처럼 여기며 잘 지켜나가고 있을까? 그리고 근래 한국의 법률가들은 진실과 정의를 위해 말하고 행동하고 있을까?

한 국가가 국가로서 정상적인 작동을 하기 위해서는 영토와 국민, 그리고 사회의 기본질서인 법이 있어야 한다. 영토 안에 국민은 있지

만, 법질서가 확립되지 않다면 그야말로 무법천지인 상태가 된다. 즉 법에 의한 질서인 법치주의가 제대로 확립되어 있어야 국가가 정상적으로 운영된다는 말이다. 법질서가 바로 서기 위해서는 법의 정의를 실천하고 국민의 귀감이 되어야 하는 판사, 변호사, 검사 등 법조계 인사들에게 막중한 책임과 의무가 있음은 누구도 부정할 수 없다.

하지만 현재 우리나라 법조계가 국민을 평등하게 대우하고 정의를 실현하는 법 수호자로서의 역할을 제대로 하고 있을까? 아마도 국민 대다수가 아니라고 판단하고 있을 것이다. 현재 우리나라의 법조계 인사들을 보면, 정의와 법의 수호자라는 책임과 의무를 잊은 지는 오래고 오직 돈을 최고의 가치로 여기고, 거기에 더해 사상적 편향성까지 띠며 국민들의 눈살을 찌푸리게 하고 있다.

그들의 타락은 몇몇 고위 법률가들에 국한되지 않는다. 가장 중립적이어야 한다고 여기는 판사부터 범죄자의 처벌을 구하는 검사, 그리고 법적인 도움을 주는 변호사까지 법조계에 종사하는 대부분의 법률가들이 그들의 이름에 걸맞은 양심과 행동을 저버리고 있다. 직업윤리는 커녕 최소한의 양심마저 저버린 모습이 참담할 수밖에 없다.

얼마나 법조계가 타락했는지, 법의 기준이 정의가 아니라 돈이나 사상적 편향이 된 듯한 느낌마저 든다. 기업화된 로펌에서는 사건을 수임할 때 가장 중요한 기준이 얼마나 큰 돈이 오갈 수 있는지부터 판단하는 것이 상식이 되어버렸다. 대한민국에서 잘나가는 로펌이 신년에 연간 수임 목표치를 수천억에서 수조 원대로 잡는다고 하는 것은 이미 업계에서는 공공연한 사실이기도 하다. 재판도 하지 않은 상태에서 수조 원의 목표치를 정해놓는 것은 검사, 판사를 매수해서 부정하게 승소하겠다는 발상에 지나지 않는다. 법의 신성한 가치가 그들에게는 돈으로 보이고 돈벌이를 하는 것이다. 돈을 많이 벌려고 하면 기업가나 사업가를 하면 되는 것이지, 정작 돈 없고 백 없는 일반 서민들은 진심으로 자신을 변호해 주는 변호사들을 더욱 찾기 어려워졌다. 대형 로펌은 기본 수임료도 비싼데 성공보수까지 두둑이 지급해야 하니, 돈 없는 서민이 이런 로펌을 찾을 수나 있겠는가?

법의 심판자로서 역할을 하는 판사도 마찬가지다. 이들도 변호사와 별반 다르지 않다. 유전무죄 무전유죄라는 말은 예전부터 있었지만, 갈수록 이 말이 사실이 되어가는 현실이다. 언젠가 나의 지인이 법정에 설 일이 있었는데, 혼자서도 변호할 수 있을 듯해서 변호사 없이 재판에 들어갔던 일이 있었다. 그런데 대뜸 판사가 "변호사도 사지 않고, 이거 뭐 보나 마나 지겠네."라고 말하는 것이었다. 세상에 판사가 변호사가 없으니 재판에서 질 것이 뻔하다니! 이게 말이나 되는 소린가? 지인이 길고 짧은 것은 서로 대봐야 알지 대보지도 않고 어떻게 진다는 말부터 할 수 있느냐 하며 따지고 드니 판사의 얼굴이 빨개지고 다음 재판에 다른 판사가 나왔다. 결국 변호사 없이 지인은 승소했다. 어찌 그런 사람이 법의 심판자가 되어 옳은 판단을 내릴 수 있겠는가?

판사가 이런 행태를 보이는 것은 한국에 뿌리 깊게 박힌 전관예우라는 악습에서 비롯된다. 판사와 검사는 퇴직 후에 변호사로 개업해 많은 돈을 벌거나 대형 로펌에서 고액의 연봉을 받을 수 있는데, 그들이 변호사 초기에 수십 수백억 원의 돈을 벌 수 있는 것은 제대로 된 정의를 구현해서가 아니라, 전직 판사와 검사였기 때문이다. 요즘 잘나가는 증권계, 연예계와 정관계 고위직의 부정부패에 법조인들의 비리가 연루되고 있다는 사건이 종종 터지는데, 그때는 예외 없이 힘 있고 백 있는 전관예우 변호사부터 찾는 것이 언론을 통해 알려지고 있다. 법조계는 모두 인맥으로 연결되어 있고, 후배 판검사들도 언젠가는 변호사로 나가야 하기에 그들보다 먼저 변호사로 나간 선배들이 이길 수 있는 재판으로 이끌어 주는 것이다. 그래야 자신들도 훗날에 수십 수백억 원의 돈을 벌 수 있기 때문이다.

　판사들이 옳은 판단, 정의로운 판단을 흐리게 하는 방법은 여러 가지가 있겠지만, 특히 돈에 편향적인 판사들이 대표적으로 가장 많이 하는 판결은 '심증은 가지만, 물증은 없다.'라고 하는 것이다. 즉 돈에만 눈이 멀어 명백한 수많은 물증은 보이지 않는 것이다. 당연한 죄가 있어 마땅한 벌을 받아야 함에도 이러한 논리로 무죄 취지의 판결을 해 법의 정의의 가치도 가볍게 버린다. 선거부정, 지자체 비리 부정부패 등도 마찬가지로 7~8명 이상 규모의 전관예우 변호사들이 합동으로 변호하고, 돈을 물 쓰듯 퍼부어 대어 부당하게 승소 판결을 이끌어 낸다. 또 돈으로 한 번 부당하게 무죄 승소 판결을 받으면 희열을 느끼면서 점차 더 대담하게 거리낌 없이 부정부패를 저지를 수 있다. 또 걸리면 더 센 전관예우 변호사를 찾아 돈으로 무죄를 받으면 그만이기 때문이다.

　요즘 증권시장에서도 주가조작이나 다양한 금융 사고를 저질렀는데 재판에서 무죄로 판결 나는 것을 본 국민들은 이들이 값비싼 전관예우 변호사를 통해 무죄가 되었다고 믿고 있다. 국민들이 모르는 부정부패는 헤아릴 수도 없이 많을 것이다. 이것이 반복되면 억울한 국민들이 늘어나고 법의 가치는 땅에 떨어진다. 법은 결국 국민을 착취 대상으

중국과 한반도의 미래

로 볼 것이고, 그렇게 되면 국민들의 애국심은 바닥에 떨어지고 이는 망국의 길로 가는 것이다.

대한민국 법조계가 왜 그렇게까지, 도대체 무엇 때문에 이렇게 된 것일까? 그래도 나름 사회적 인정을 받던 법조인들이 왜 자신에게 부여된 사명을 헌신짝처럼 팽개치고 협잡꾼의 길을 가는 걸까?

판사, 검사, 변호사는 누구인가? 젊은 시절 사법고시 합격해 임용된 자들이 아닌가? 젊은 시절부터 고시에 합격하여 떠받들어지고 세상 물정도 모르고 꽃길만 걷는다. 부정부패에 일찍 눈을 떠, 자신의 기득권을 유지하기 위하여 그들만의 리그인 강력한 법조 카르텔을 형성하고 계속 부당한 일을 일삼는다. 그렇게 법을 돈으로 보는 법바리들이 지금 대한민국을 망치고 있다.

앞으로 법의 가치가 존중받기 위해서는 법조뿐만 아니라, 금융, 경제, 교육 등 각종 기관의 카르텔 폐지, 판검사, 변호사 상호 교류 금지, 법학전문학교 폐지, 로펌 연수 폐지와 사법고시를 부활해야 한다. 판사 신분은 평생 보장하고 정년제도를 폐지하고 그에 따른 엄격한 윤리 의무를 부여하고 위법 시 엄중한 책임을 지도록 법적 제도를 마련해야 한다.

현 대법원의 산하기관인 법원행정처를 폐지하고 별도 헌법기관으로 독립 신설하여 법원 행정업무와 법원조직의 상벌 등 제반 기능을 담당하는 대법원을 견제할 수 있는 동등한 행정조직으로 만들어 객관적으로 법원조직을 관리 평가하는 것도 한 방편이 될 수 있다.

현재 법바리들이 보이는 부정부패와 비리 등은 빙산의 일각이다. 특히 돈벌이에 급급한 일부 변호사들이 노골적으로 불법을 부추기는 광고도 서슴지 않고 있다. 법을 알고 법으로 장난치는 전과자 법바리들은 여의도 정치를 장난으로 여기면서 국민들을 우롱하고 있다. 그 옛날 중국의 통일된 왕조가 아닌 군웅할거 시기를 보면 크고 작은 왕조들이 50년에서 100년이 채 되지 않아 가장 많이 멸망하는 모습을 역사적으로 확인할 수 있다. 이런 왕조가 망하는 데에는 다른 나라의 침략을 막지 못한 것도 있었지만, 근본적으로 새 왕조를 세운 사람들이 집권하여 권력을 잡으면서 서서히 권력의 단맛을 알게 되고, 권력으로 온갖 부정부패를 일삼았다는 데 원인이 있었다. 또 그들의 무능한 자식에게 계속 권력의 단맛을 보게 하기 위해 부정한 방법도 거리낌 없이 동원한 탓에 국가의 법이 무너져 민심이 동요되고 또 다른 반정 세력의 등장으로 망하게 되었다. 과거 역사에서 보듯 법질서가 바로 서지 않고 부정부패가 만연한 국가는 대개 100년을 넘지 못하고 멸망했다.

지금 대한민국은 광복 80년을 향하고 있고 법바리가 흩어져 퍼트린 부정부패의 싹이 자라 거의 모든 국가기관, 국회, 지방자치단체. 기타 공공기관 등에 전파되어 크고 작은 부정부패가 끊이지 않고 망국으로 가고 있다. 지금이라도 늦었지만 대한민국을 대개혁을 하지 않으면 안 된다. 작금의 대한민국에서 일어나는 부정부패와 부조리에서 일장춘몽으로 100여 년 만에 끝났던 중국의 수많은 왕조의 모습이 보이는 건 비단 나 혼자만의 염려는 아닐 것이다. 우리 미래세대를 위해서라도 대한민국에서 법조인들은 진정한 정의의 수호자로 바로 서길 간절히 바란다.

사형집행

    우리나라는 미국, 일본 등과 같이 사형제도를 유지하고 있는 국가다. 하지만 1997년 12월 이후 실질적인 사형이 집행된 적이 없기에 사람들에게는 우리나라가 사형제도 폐지 국가라는 인식이 있다.

    사형제도에 대한 존폐 논란은 수십 년간 이어져 오고 있다. 사형제도를 폐지해야 한다는 사람들은 법으로 사람이 사람을 죽일 수는 없다는, 인권 문제를 주된 이유로 들고 있다. 그런데 민주주의 법치국가에서는 그 어떤 제도도 최선의 정책은 있을 수 없다. 그렇기에 극악한 범죄에 대해서 법치주의가 바로 서기 위해서는 차선의 정책인 사형제도가 현실적으로 최선의 정책이 될 수 있는 것이다. 즉 사형집행은 민주주의를 유지하는 최후의 보루인 것은 자명한 사실이다.

    사형의 대상이 되는 사람들은 사회적으로 용납되지 않는 극악한 범죄를 저지른 사람들이다. 그런데 사람을 죽인 흉악범이 무사할 수 있다는 인식이 팽배해지면 사회적으로 흉악범죄는 끊이지 않을 것이다.

    흔히들 소중하다고 하는 말하는, '인간'이 왜 소중한지 이야기해 보자.

    인간은 하늘에서 떨어진 것도, 땅에서 솟아난 것도 아니다. 아버지 어머니로부터 탄생했다. 아버지 어머니 중 한 사람이라도 없으면 내가 존재할 수 없다. 아버지는 또 아버지의 아버지 어머니, 어머니는 또 어머니의 아버지 어머니로부터 태어났다. 그런 식으로 계속 위로 올라가면 그 끝에는 지구에 처음 시작한 생명체까지 도달한다. 지구는 약 40억 년 전에 형성되었고 지구의 생명체는 약 20억 년 전부터 시작했다는 것이 오늘날 정설로 받아들여진다.

그러면 인간 생명체도 약 20억 년 전부터 시작되었다고 볼 수 있다. 약 20억 년 전 시작한 미지의 생명체가 오랜 세월을 거치면서 수억 번이 넘는 후손 번식과 진화 과정을 통하여 오늘날 우리 인간이 되었다 해도 과언이 아니다. 20억 년 전 미지의 생명체부터 오늘의 우리 인간까지 오는 데 그 얼마나 많은 세월이 걸렸나. 1만 년이란 세월도 상상하기 힘든데 1만 년이란 세월이 만 번을 흘려야 1억 년이 된다. 그러니 20억 년 전에 시작한 생명체가 한 번도 단절 없이 오늘날 내가 되기까지 억겁의 세월이라 할 정도로 긴 시간을 보내면서 여기에 왔다. 인간은 이 얼마나 소중하고 고귀하게 태어난 존재인가? 그리고 20억 년부터 지금까지 오면서 선조들은 지각변동, 지진, 화산폭발 등 온갖 자연재해, 수많은 질병, 기근, 전쟁, 약육강식에도 죽지 않고 생존하면서 후손 번식으로 오늘날 인간이 탄생했다. 또 인간은 엄마 배 속에서 열 달을 보내는데 아기가 잉태하고 열 달 동안 자라는 과정을 보면 태아가 도롱뇽 등 진기한 모습으로 나타나는데, 그것은 어머니 배 속에서 이미 20억 년의 과정이 열 달로 함축되어 보여주는 것이다.

이렇게 어떤 말로도 표현할 수 없이 소중하게 태어난 사람을 살인하면 그 살인자도 반드시 사형해야 한다. 또 나의 자녀나 나의 친구가 끔찍한 범죄에 당했는데, 그 범죄자는 멀쩡히 교도소에서 잘 먹고 잘 살

중국과 한반도의 미래

고 있다면 당한 사람들의 가족들은 얼마나 억울하고 한스럽겠는가? 최근에는 갈수록 묻지 마 범죄에 속수무책으로 당하는 사람들이 크게 늘고 있다. 그런데 이런 끔찍한 흉악범죄를 저지른 자들에게 국가 세금으로 교화시켜 주고 숙식을 제공하는 게 바람직한 민주주의 국가라고 할 수 있겠는가?

민주국가에 법이 왜 존재하는가? 법을 잘 지키는 선량한 사람들이 그런 흉악범죄에 노출되는데 왜 국가가 먼저 나서서 응당한 대가를 치르게 하지 않는가? 살인죄에 대한 엄정한 법 집행이 필요한 시점이다. 법원에서 사형을 판결했다면, 법을 집행하는 행정부는 사형을 반드시 집행해야 한다. 재판정에서 판사가 사형 판결했는데 법대로 하지 않는다면 법무부 장관, 대통령은 국민에 대한 직무유기나 다름없다.

사형제도 폐지를 주장하는 사람들은 대개 인권 운동가들이다. 그들에게는 살인자의 인권만 중요하고 억울하게 죽은 사람이나 그 가족들의 인권은 안중에도 없어 보인다. 타인의 생명을 앗아갔다면 도덕적으로나 법적으로 응당한 벌을 받아야 함에도 '살인자의 인권을 침해한다.' '법으로 사람을 죽일 수 없다.' 등의 논리로 사형제도를 반대하고 더 나아가 살인하는 사회를 부추기는 형국이다.

법에 예외가 있어서는 안 된다. 죄를 지었으면 그에 상응하는 벌을 받아야 하고, 사람을 죽이는 극악한 범죄를 저질렀다면 목숨으로 그 죗값을 갚아야 한다. 그게 정의로운 사회고 법치국가의 바람직한 모습일 테다.

앞으로는 법무부 장관으로 지명되는 사람은 국회 청문회에서 사형을 집행해서 사법 판결을 존중하겠다는 입장을 표명해야 하고 대통령

후보로 나온 사람은 사형집행을 대국민 공약으로 선언하여 사형을 하나의 법치국가 문화로 자리 잡을 필요가 있다. 사회적으로 절대 교화될 수 없는 흉악 범죄자를 옹호하는 인물이 우리나라의 대표자가 된다면, 극악한 범죄는 앞으로도 끊이지 않을 것이다.

중국과 한반도의 미래

시(時)수저, 무엇과도
바꿀 수 없는 소중한 생명

    한국의 자살률은 OECD(경제협력개발기구) 회원국 중에서 가장 높다. 2020년 기준 인구 10만 명당 24.1명이 극단적 선택으로 세상을 떠났다. 이는 OECD 평균 자살률 11.1명의 2배를 넘는 수치이다.

    한국은 이제 막 선진국 대열에 들어섰다. 문화 강국의 면모를 전 세계에 널리 알리고 있고, 세계 어디를 가더라도 '코리아'가 더 이상 낯선 이름이 아니다. 전체적인 국가의 위상은 높아지고 있는데, 왜 이렇게 많은 사람들이 스스로 목숨을 저버리는 것일까? 아마도 갈수록 심해지는 양극화와 한번 실패하면 회생이 힘든 사회 구조적 문제와 분위기 탓이 가장 클 것이다. 최근에는 이런 경제적 어려움으로 자살을 할 때 자기 자신뿐만 아니라, 자식 등 가족과 함께 극단적 선택을 하는 경우가 크게 늘고 있다. 예를 들면 가장이 세상을 비관해 목숨을 끊을 때, 어린 자녀를 보내고 뒤따라 죽는 식이다.

    자살이라는 불행을 초래하는 우리 사회의 양극화와 경제적 어려움은 사회적 관계를 형성하는 데까지 뿌리 깊게 박혀 있는 듯하다. 그 대표적인 사례가 언제부턴가 한국 사회를 장악한 '수저론'이다. 부모의 자산이 많지 않아 어렵게 공부하고 모든 걸 밑바닥에서 시작해야 하는 소위 '흙수저'부터 모든 이의 선망의 대상이 되는 존재를 일컫는 '금수저'까지. 2000년대 이후 새롭게 등장한 이 수저 계급론은 갈수록 진화되어 수저 4계급론, 수저 7계급론 등 더욱 세분화되어 경제력을 기준으로 모든 사람을 나누는 풍토가 조성되었다.

'태어나 보니 누군가의 아들이나 딸이라서 좋겠다.'라는 인식이 대중매체를 통해 남발되기 시작하더니, 이제는 스스로가 '나는 흙수저라 불행하다.' '나도 부모 잘 만나 금수저를 물고 태어났으면 얼마나 좋았을까.'하는 자조적인 표현을 쓰는 사람들도 많아졌다. 이 수저론은 자의든 타의든 낮은 계급의 수저를 물고 태어난 사람들을 위축시켰고, 자신의 위치를 규정짓는 수저 계급 자체가 하나의 콤플렉스로 작용했다.

도대체 이 수저론이 언제, 어디서, 누구로부터 시작되었는지는 알 수 없지만, 결과적으로 우리 사회에 나쁜 영향을 미쳤다는 것은 분명한 사실이다. 하지만 우리는 사람을 흙수저와 금수저로 나누기 이전에 누구도 예외 없이 우리 자신이 시(時)수저를 물고 태어난 존재라는 점을 잊어서는 안 된다.

시(時)수저라는 개념은 간단하다. 우리가 잘 알고 있는 서양 속담에 '시간은 금이다.' 또는 '시간은 돈이다.'라는 명언이 있는데 시간은 금이나 돈과 같은 뜻으로 해석할 수 있다. 즉 시(時)수저는 금수저와 돈수저를 포함한 것이다. 우리는 태어날 때부터 이미 시간을 가지고 있으니 금수저와 돈수저를 가지고 있는 것이다. 옛말에도 자기 먹을 양식은 다 가지고 태어난다고 하지 않았던가. 그래서 경제적 이유로 자살하려고 하는 사람은 자신이 가지고 태어난 시(時)수저(금수저와 시수저)를 그냥 차버리는 것과 같다.

이처럼 금수저보다도 더 귀한 존재인 우리는 단지 경제력 하나만으로 스스로를 낮은 사람으로 규정짓고, 이에 더해 극심한 사회 불만을 가지고 스스로 생을 마감하거나 분노 표출형 범죄를 일으키곤 한다. 세상에 생명만큼 귀한 것이 없다지만, 없이 태어났다는 이유로 스스로를 낮추면서 부모, 더 나아가 우리 조상들이 나에게 준 시(時)수저를 저버리는 어리석은 행동을 일삼는다.

　경제적인 문제가 있다면 스스로 극복하는 길도 있다. 사업이 망했다고 해서, 투자해서 목돈을 다 까먹었다고 죽는 것만큼 어리석은 일이 없다. 우리 사회는 실패한 사람들을 위해 재도약의 발판을 마련하게 해주는 파산 선고 등의 회생 절차 제도가 있다. 물론 현재 우리 사회의 회생 절차가 실패한 사람들에게 큰 희망을 안겨주지는 못한다. 여러 가지 이유로 실패했을 때 국가가 개인을 보호해 주는 역할을 더 적극적으로 나서야 한다. 국민들의 의식도 많이 변해야 한다. 실패하는 사람에게 너그럽고 관대한 마음을 가질 필요도 있다. 실패는 나뿐만 아니라 누구에게나 닥칠 수 있는 일이다.

　'실패를 기회로 삼아야 한다.'라는 말도 있다. 지금까지 실패한 사람들이 자살을 많이 하는 이유 중 하나가 주위 사람들의 비난과 따가운 눈총을 외면하기 어려워 세상을 등지는 것이다. 심지어 자식까지도 설움 당할까 봐 함께 죽는 안타까운 일이 종종 발생한다. 자식은 자신보다 더 많은 시(時)수저를 가지고 있는데도 말이다.

　'실패는 성공의 어머니다.'라는 말이 있듯이 실패를 통해 성공할 수 있고 실패한 사람을 대하는 의식도 개혁되어야 급격히 늘어나는 자살률을 줄일 수 있다. 그에 앞서 국가는 실패한 사람을 빚의 수렁에서 적극적으로 구제해 주는 행정을 펼쳐야 한다. 일단 파산이나 개인회생 등을 접수하면 관련 비용은 국가나 지자체에서 지원도 검토해야 한다. 빚 독촉에서 벗어나도록 법적 보호 장치를 하고 생계유지에 필요한 지원도 하고 취업도 알선하여 자살이라는 최악을 방지하여 국가적 손실을 막아야 한다. 빚 탕감 비율을 높이고 빚을 갚는 기간도 크게 늘려줘야 한다. 또 경제적으로 재기할 수 있는 교육 훈련과 행정 지원도 뒷받침되어야 실패한 사람들에게 작은 희망이 될 수 있을 것이다.

우리에게 파나소닉으로 널리 알려진 마쓰시타전기산업 창업자이자 일본에서는 경영의 신(神)이라고 불리는 마쓰시타 고노스케는 자신은 하늘로부터 세 가지 은혜를 받았다고 말했다.

그는 "가난한 것, 허약한 것, 그리고 못 배운 것이 바로 세 가지 은혜다. 가난했기에 평생 부지런히 일했고, 허약했기에 틈틈이 건강을 돌봐 90세가 넘도록 살고 있고, 못 배웠기에 늘 무언가를 배우려고 노력했다."라고 말했다. 우리 시대의 청년들이 고노스케가 말한 세 가지 복을 보면 '흙수저'라고 말할 수 있을 테지만, 고노스케는 이를 복으로 여겼다.

갈수록 경제력으로 사람을 평가하고 나누는 사회적 풍토 속에 나 스스로가 먼저 마쓰시타 고노스케의 마음가짐을 더욱 새길 필요가 있을 듯하다. 우리는 금수저나 흙수저이기 이전에 시(時)수저를 물고 태어난 존귀한 존재다. 단지 실패했다는 이유 하나만으로, 경제적 형편이 좋지 않아 희망이 없다고 해서 죽는 것은 자신이 물고 태어난 고귀하고 소중한 시(時)수저를 저버리는 행위다. 더 나아가 자신의 비극을 어린 자녀들과 함께하는 짓은 그들이 가지고 있는 금과 돈보다 귀한 시간을

중국과 한반도의 미래

강제로 앗아버리는 일이기에 운명처럼 우리에게 주어진 '시(時)수저'를 함부로 놓아버려서는 안 될 것이다.

〈수신제가투자평천하〉

　사람들은 대개 남이 백 번 잘해도 한 번 잘못하면 백 번 잘했던 것보다 한 번 잘못한 것만 기억하곤 한다. 그런데 정작 자기 자신한테는 도박이나 주식 등에 한 번 따고 백 번 잃어도 백 번 잃은 것보다 한 번 따는 것을 기억하고 잃어도 계속 잃게 된다. 즉 자신의 몸과 마음을 먼저 다스릴 줄 알고 투자하면 천하를 얻을 수 있다는 의미다.

지구환경과 과학의 끝은

　지구가 품고 있는 많은 동식물의 생명체 중 유독 인간만이 지구를 괴롭히고, 파괴하고 있다. 인간으로 인해 해마다 발생하는 자연재해로 재산상의 피해 규모가 날로 커지고 수많은 사상자도 발생하고 있다. 이상 기후에 의해 홍수, 가뭄, 폭염이 발생하는 것인데, 그 빈도와 강도는 날이 갈수록 거세지고 있다. 이상 기후의 원인은 지구온난화로 지구의 온도가 적정온도보다 높아졌다는 데 있다. 산업 혁명 이후 석탄과 화석연료 사용이 급증하고, 무분별한 삼림 벌채로 대기 중의 온실가스 농도가 높아지면서 지구의 평균 기온이 날이 갈수록 상승하고 있다. 2023년 초에는 산업화 이전 수준보다 약 $1.1°C$ 상승했고, 기후 환경 전문가들은 머지않아 평균 기온이 $1.5°C$ 이상 상승할 것으로 내다보고 있다. 그야말로 지구 종말로 향해가는 재앙이 아닐 수 없다.

　지구를 아프게 하고 파괴하는 주범은 다름 아닌 우리 인간들이다. 인간은 자기들 편하자고 막무가내로 개발을 일삼고 과도한 화학연료를 사용하며 탄소배출량을 늘리면서 지구를 병들게 하고 있다. 죽을 지경에 이른 지구는 홍수, 폭염, 가뭄 등의 자연재해를 일으키며 인간들에게 구조 신호를 보낸다. 하지만 우리 인간은 지구 공동체를 위한 행동보다는 개인과 이익집단의 편리성과 안락함을 위해 지금도 과도한 개발과 환경 파괴를 서슴지 않고 있다. 일각에서는 지구를 살리려면 지구를 파괴하는 주체, 즉 인간이 멸종되어야 자연스럽게 다시 지구가 되살아날 것이라고 말하기도 한다.

비유하자면 지구라는 큰 냄비 속에서 무지한 인간 개구리들이 스스로 온도를 높여가면서 멸종의 시간을 앞당기고 있는 것이다. 이를 감안할 때 앞으로 200년 내지 길어도 300년 이내에는 인류가 멸종될 것으로 전망된다. 지구에게는 반가운 소식이다.

인간의 이기심은 끝이 없다. 지구를 재앙이 덮치도록 파괴해 놓고 이제는 우주로 그 영역을 확장하여 도피할 궁리를 하고 있다. 초대받지 않은 달이나 화성에다가 우주 강국들이 우주기지 개발을 하려는 프로젝트인데, 달이나 화성은 엄청나게 많은 토지 사용료와 유지비를 청구할 것이 뻔한데 도대체 왜 하는지, 천문학적으로 투입되는 돈의 일부만으로도 아름다운 지구환경을 보호하는 데 투입하면 인간들의 멸종 기한을 최소 수백 년은 늦출 수 있을 것이다.

각종 개발과 탄소배출을 줄이고 환경보호를 하면서 80억 인구가 살고 있는 우리 터전을 먼저 살릴 생각을 해야지, 달이나 화성도 지구처럼 또 파괴할 생각인가? 인간의 이런 행태는 지구를 지키고 보호하는 것보다 달이나 화성 등 우주로 도피할 궁리를 하는 것과 같다.

지구환경 파괴와 과학은 밀접한 관계가 있다. 즉 과학이 발전할수록 지구환경은 비례하여 파괴되는 것이다. 지금과 같은 속도로 과학이 발전하고 인간의 개발이 멈추지 않으면 결국 지구환경이 붕괴되는 재앙에 직면하고 인간은 공멸할 수 있다. 즉 과학의 끝은 인류의 멸망이다.

인류는 스스로 멸망할 때까지 계속 과학을 발전시키는 것이다.

우리 인류는 지금부터라도 환경에 대한 경각심을 가져야 한다. UN 차원에서는 전 세계적으로 지구환경의 날을 국경일로 제정하여 세계인들에게 하루라도 아름다운 지구를 함께 지키자는 의식을 일깨워야 하고, UN에서도 환경보호를 위한 협정에 강제성을 두어 모든 나라가 더 이상 지구를 아프게 하지 않는 일에 동참할 것을 촉구해야 한다. 특히 산유국에 석유 생산량에 따라 환경보호세를 부담하는 것도 고려할 수 있다. 그리고 스웨덴 한림원에서는 '노벨과학상'을 폐기하고 '노벨환경상'으로 바꿔 지구 공동체의 환경보호를 위해 헌신한 이들의 빛나는 업적을 세상에 널리 알려 시상하고, 앞으로 더 많은 환경보호 운동을 할 수 있는 동기부여를 해야 할 것이다. 지구환경 보호는 모든 인류가 죽느냐 사느냐 하는 중차대한 문제다.

그들이 정녕 조선의 딸인가?

위안부 문제는 광복된 지 80년이 다 되어가는 지금 이 순간에도 풀리지 않은 숙제로 남아 있다. 위안부가 존재했다는 것은 우리 역사의 참으로 안타까운 장면으로, 여기에서는 그 역사적 진실이나 일본의 태도 등의 문제를 떠나 위안부 스스로가 그들을 규정하는 '조선의 딸'이라는 용어에 대해 말하고 싶다.

예나 지금이나 올림픽 같은 국제 대회에서 여자 선수단이 금메달을 따면 '조선의 딸'이라는 이름으로 그들의 노고를 격려한다. 대개 '조선의 딸' '대한민국의 건아' 등의 용어는 자신의 분야에서 피땀 흘리며 진정으로 노력한 이들에게 국민들이 자발적으로 불러주는 호칭으로, 국위선양에 앞장선 사람들을 위한 용어로 쓰이는 것이 일반적이다.

그런데 일반적인 인식과는 다르게 위안부는 스스로를 조선의 딸이라고 칭한다. 조선의 딸인 자신들이 일제에 의해 피해를 입었으니, 그에 맞는 사과와 보상을 받아야 한다는 입장을 위안부 문제가 세상에 공개된 이후 일관적으로 보이고 있다. 물론 위안부는 우리 역사에서 매우 불행한 사건이지만, 설령 그렇더라도 국위선양과는 결이 다른 위안부를 조선의 딸이라고 칭하는 것은 정말 잘못된 일이라고 생각한다.

나라를 위해 목숨 바친 유관순 열사나 독립운동을 하다 안타까운 목숨을 잃은 분들과 위안부를 어느 누가 같은 선상에 놓고 비교할 수 있겠는가. 나라를 위해 목숨을 바친 사람들이야말로 조선의 딸이자 조선의 아들이지, 위안부는 우리 역사의 안타까운 장면일 수는 있지만, 나라의 위상을 드높인 조선의 딸이 될 수는 없다.

　안타깝게도 우리 역사에서 일제강점기에 있어서만큼은 많은 용어가 일반적 인식과는 다르게 쓰이는 경우가 많다. 예를 들어 친일파라는 용어도 마찬가지다. 친일파라는 것은 궁극적으로 나라를 팔아먹고, 일제의 앞잡이가 되어 적극적으로 친일행위를 한 사람을 이르는 말이지, 그 시대에 어쩔 수 없이 일상생활에나 공직 생활 등에서 단순히 협력했다고 모든 이를 친일파로 몰아붙일 수 있겠는가. 즉 친일파의 정의는 군국주의 일제에 나라를 팔아먹고 일제 앞잡이 등 반민족 친일 행위자에 한정해 친일파로 불러야 한다. 과거 군국주의 일제와 현재 자유민주주의 일본과의 엄연히 다르다. 오늘날 정치, 경제, 교육, 외교 등 다양하게 일본과 친밀하게 교류하는 것을 제국주의 일본 시대 친일파로 매도하는 것은 시대착오적 발상이라고 할 수 있다.

　한국에서 일본 천황의 호칭을 왕으로 부른다. 그런데 외교안보, 경제무역 등에서 한일 간의 교류에서 발생하는 일본 왕의 호칭은 천황 또는 천황폐하라고 존칭하는 것이 지극한 상식이다. 이런 일로 과거 군국주의의 친일파로 매도하는 것은 소아병적인 발상에 지나지 않는다. 로마에 가면 로마법을 따라야 한다. 친일파라는 말은 과거 역사 속의 용어에 지나지 않는다.

　어쨌든 용어의 잘못된 쓰임은 사람들의 인식에도 영향을 미쳐 제대

중국과 한반도의 미래

로 된 역사 인식에 방해요소가 된다. '조선의 딸'은 정녕 국위선양 등 위대한 업적을 이룬 사람들에게 부여되어야 할 호칭이다. 또 '조선의 딸'이라고 하며 각종 매스컴에 자랑스럽게 나오는 것은 위안부가 무엇인지 모르는 여자아이들에게 나중에 커서 위안부가 되어야지 하는 생각을 할 수 있게도 하며, 또 아이들이 위안부가 무엇이냐고 물으면 그들에게 어떻게 설명해야 할지, 또 막연히 위안부를 동경의 대상으로 여길 수도 있다. 그들이 스스로 조선의 딸이라 칭하는 일은 우리 국민이 다시 한번 돌이켜 봐야 할 문제다.

〈용어 설명〉

굴종(屈從) — (예) 대한민국에 살고 있으면서 비참할 정도로 자기 생각을 굽혀 김일성 왕조에 복종함을 뜻함.

인간(人姦) 이준석

한때 이준석 정치 입문에 대해 기대감을 가졌던 적이 있었다. 2011년 박근혜 전 한나라당 비상대책위원장의 추천으로 정계에 입문한 이준석은 하버드 대학교를 졸업한 보수계의 젊은 인재로 부상했다. 서울 노원구 병 국회의원 선거에서 세 번이나 낙선했지만, 지상파와 종편 방송에 출연하면서 인지도를 높여가던 이준석은 2021년 국민의힘 제1차 전당대회에 당 대표 후보로 출마해 당선되었다. 당 대표가 되던 시기 이준석은 36세로 헌정사상 최초로 30대 최연소 제1야당 대표가 된 것이다. 나는 이준석이 선거를 앞두고 청년층을 어필하기 위하여 대선까지만 과도기적 체제로 끌고 가는 것이 아닌가 하는 생각이 들었다.

어찌 되었건 정치인은 공인이고 공인에 대한 말과 행동에 대해 국민들은 각자 나름대로 평가와 견해를 표명할 수 있다. 나는 변화무쌍한 정치에 대해 잘 모르는 정치 문외한이다. 이 글 또한 단지 정치인으로서의 이준석에 대한 견해를 표현한 글로 정치 외의 영역에서 이준석이 어떤지는 전혀 관심이 없다.

이준석은 대선을 앞두고 당 대표로 선임되었다. 국민의힘 제1야당 대표 자리가 어떤 자리인가? 그야말로 대단하고 어마어마한 자리가

중국과 한반도의 미래

아니던가? 100명이 넘는 국회의원과 막강한 국민의힘 당 조직을 통솔하는 그야말로 정치인으로서 꿈의 자리가 아니던가?

그런데 2040세대가 보수정당에서 미래를 봤다는 점은 긍정적으로 평가할 수 있지만, 당 대표가 된 이준석은 정치인으로서도, 인간으로서도 해서는 안 될 행동과 망언을 일삼았다.

우선 20대 대통령 선거전 당시 선거판도를 보면, 여당인 민주당과 이재명 후보 측에서는 적도 모르고 나도 모르는 형세였다. 여당 후보가 도저히 이길 수는 없었다. 병법 고전 《손자병법》에 적을 알고 나를 알면 백전백승이고, 적도 모르고 나도 모르면 백전백패라 하지 않았던가. 그야말로 야당 후보가 누가 되든 싱겁게 이길 형국이었다. 그런데 이준석은 윤석열 후보가 국민의힘 대선 후보로 선출되기 전부터 삐걱거리더니, 급기야 선거 주도권을 자기가 가지겠다는 식으로 야당 대표로 막중한 책임을 방기하고 두 번이나 잠행했다. 그 꼴불견에 많은 국민이 실망했고 잠적할 때마다 수십, 수백만 표를 넘겨주는 대선판에 결정적 영향을 줬다.

정권 교체를 열망하는 국민에게 큰 실망을 안겨줬고 선거 결과는 24만 7,000여 표 차이로 아슬아슬하게 윤석열 후보가 당선되었다. 당시 잠행을 두 번 해서 망정이지 한 번만 더 분탕질했더라면 지금의 대통령은 윤석열 후보가 아닐 수도 있었다.

윤석열 대통령이 대선 후보였던 시절, 이준석이 두 번이나 당무를 거부하고 잠적하거나 매스컴을 통해 자당 후보를 비판하는 모습은 도저히 용납이 안 될 행동이었다. 이준석의 분탕으로 인해 당이 거의 분열 직전까지 내몰리기도 했다. 문재인 정권에 실망한 많은 사람들이 윤석열 후보를 지지하며 큰 표 차이로 이길 것으로 예측된 상황에서 이준석의 치기 어린 행동이 대선판을 어지럽혔고, 윤석열 후보가 간발의 차이로 승리하게 되는 원인이 되었던 것이다.

그다음으로 윤석열 후보가 대선에 당선 이후에도 이준석은 가당찮게 "힘 있는 여당 대표가 되겠다."라는 당선 인사로 국가와 국민, 그리고 당을 위하기보다는 오직 자신의 공(功)을 스스로 치하하기에 바빴다.

선거에서 이기면 국민에게 무한 감사를 표하며 집권 여당 대표로서 대통령을 성심껏 보좌하여 성공적인 정부 출발과 안정적인 국정 운영을 돕겠다며 겸손하고 낮은 자세로 국민께 가까이 나가겠다는 인사를 하는 것이 당연지사였지만, 이준석은 오히려 힘 있는 여당 대표가 되었다며 되레 큰소리치는 오만한 모습을 보였다.

마지막으로 인간(人蟲) 이준석임을 만천하에 선언하는 사건이 일어났다.

그렇게 대선 이후에도 당내 불안과 분란은 끊이지 않았다. 그 문제의 모든 원인과 책임은 이준석 대표로부터 비롯되었다. 국민을 섬기는 겸손한 모습은 보이지 않았고, 더 낮은 자세로 임하겠다는 여당 대표로서 당연히 해야 할 입바른 소리조차 하지 않았다. 자신의 말은 다 맞고 자신을 반대하는 사람의 말은 다 틀렸다는 이분법적 사고와 오직 자신의 권력을 유지하고자 하는 행태만 보였다.

어찌 됐건 집권당으로 정권을 잡자마자 당내 분란 상태가 계속되는 것이 국민에게 도리가 아니다 싶어 국민의힘 내에서 시끄러움을 무릅

쓰고 이준석으로 가자는 분위기가 있었는데, 그때 이준석은 '자기 정치'를 하겠다고 선언했다. 국민은 선거에서 선출된 윤석열 대통령이 정치하기를 기대하고 있는데 갑자기 이준석이 자기 정치를 하겠다고 해버린 것이다. 윤석열 대통령을 얼마나 얕보고 깔봤으면 식물 대통령으로 만들어 놓고 자기가 정치하겠다고 하니 억장이 무너지고 기가 찰 노릇이 아니던가. 이는 윤석열 대통령을 뽑은 국민에 대한 모독이고 나에게도 더없는 모욕이었다. 이런 것이 쿠데타가 아니고 뭔가? '자기 정치'를 하겠다는 것이야말로 '인간(人姦) 이준석'임을 만천하에 선언하는 것이나 다름없다.

결국, 2022년 7월 국민의힘 중앙윤리위원회가 이준석 대표를 성 접대 의혹에 대한 증거인멸교사 혐의와 관련해 '품위유지의무 위반'으로 당원권 6개월 정지라는 중징계를 의결했다. 이에 따라 당 대표 직무가 정지되었다.

지금도 이준석의 망동과 망언은 현재진행형이다. 자신의 과오로 명예롭지 못하게 당 대표직에서 물러났으면 자숙하면서 성공적인 정부를 위해 백의종군해야 함에도 불구하고 여전히 정치적 신의와 인간적 도의를 저버리고 자신의 이익을 위해 여당을 분열시키고 있다. 한국 정치사에서 아쉬운 대목이 아닐 수 없다. 촉망받던 젊은 인재가 이토록 정치적 인간적 도의가 없을지도 몰랐고, 간사함으로 무장한 분열의 정치로 한국 정치판의 물을 이리도 흐리게 할지 상상도 하지 못했다.

한때 논란이 되었던 이준석이 인요한 국민의힘 혁신위원장을 앞에 두고 '미스터 린튼'이라고 부르며 모멸감을 준 사건 또한 이준석이 그

간 보인 몰지각한 행동을 생각했을 때 전혀 놀랄 것 없는 모습이다. 정치적 도의를 떠나 선배와 어른에 대한 기본적인 예의조차 없는 사람은 절대 한국 정치계의 미래가 될 수 없다. 이준석은 노원병 지역구에 국회의원 세 번 출마해서 세 번 떨어졌는데, 험지 출마라서 떨어졌을 것이라 생각했으나 이제 보니 그 지역 주민들의 현명한 선택이었다.

이준석도 대통령이 될 수는 있다. 다만 인간(人間)이 되었을 때 가능한 일일 것이다. 내세에는 부디 인간(人間)으로 환생하길 바란다.

에필로그

　한반도 통일에 대한 이야기로 책을 마무리하고자 한다. 우리나라의 보수, 진보 어떤 정권이든 정부 관료나 정치인들은 항상 통일을 강조하면서 수많은 정책과 말을 쏟아낸다. 최근에도 통일부 장관이 자유를 포함한 새로운 통일 방안을 제시하겠다면서 여러 이야기를 하고 있고, 많은 신문들도 정부의 기조에 발맞춰 독일 통일 방식 논의 등 다양한 통일 관련 기사를 보도하고 있다.

　하지만 현실적으로 우리 세대에 진정한 통일이 될 수 있을지부터 살펴봐야 한다. 현재 북한은 사상누각(沙上樓閣)보다도 더 위태로운 상황에 놓여 있다. 사상누각은 토대가 약한 곳에 누각이 세워져 있어 위태로운 상황이기는 해도 곧바로 누각이 쓰러지지는 않는다. 그런데 지금의 북한 상황은 모래 위에 하나의 다리로 세워져 있는 누각으로 그 누각을 중국이 붙잡고 있어 지탱할 뿐이지, 만약 중국이 손을 놓아버리면 일순간에 무너질 수밖에 없는 운명에 처해 있다. 이보다 더 북한 실상 알리기가 없다. 그만큼 북한의 상황이 녹록지 않다는 의미다.

　현재 북한의 현실을 보자. 북한 사회는 해방 이후 중국 외에 교류하는 국가가 거의 없을 정도로 폐쇄적이며, 중국의 허락을 받지 않고는 쉽사리 다른 나라와 중요한 교류도 불가능한 상황이다. 얼마 전 북한의 김정은이 중국의 허락 없이 푸틴을 만나 러시아에 무기를 제공하고 대신 핵과 미사일 기술을 도입하고자 했지만, 이 사실을 안 중국 시진핑의 격노로 모든 일이 중단되고 수포로 돌아갔다. 그 영향으로 김정은은 더 나아가 앞으로는 적화통일을 포기를 선언하고 대남 관련 기구를 전부 폐쇄해 버렸다. 현재의 북한은 북한이 아니라, 이미 90% 이상 중국화가 진행되었고 실질적으로 주민들의 생활상이나 풍토가 대부분 중국 스타일로 바뀌었다. 만약 중국이 북한의 손을 놓아버린다거나, 식량 지원을 아예 끊어버린다면 어떻게 되겠는가? 북한 정권이 무너지는 것은 일순간일 것이다. 물론 이런 시나리오는 중국과 북한이 김일성 시절부터 맺어온 혈맹관계도 있고 남북대치상황 및 대만 문제 등 중국의 현안이 쌓여 있기 때문에, 북한의 정권을 교체할 능력은 되지만 일단 현재는 상황을 예의주시하고 있을 뿐이다.

이러한 상황에서 북한이 러시아에 무기를 팔고 푸틴을 만나 친러 행보를 보이니 중국입장에서 이를 탐탁지 않게 여길 수밖에 없다. 북한은 러시아에 무기를 팔면 중국 시진핑에게, 무기를 안 팔면 러시아 푸틴에게 양쪽 눈치를 보는 매우 위태위태한 진퇴양난(進退兩難)의 상황을 겪고 있는 것이다. 북한은 대내적으로는 절박한 경제 사정 등으로 통일 포기를 선언하고 대남 공작기구까지 폐쇄하기에 이르렀다.

이제 한국이 답해야 한다. 우리에게 천재일우의 기회일 수 있다. 즉각 대북 통일 정책 포기와 통일부와 관련 모든 기관을 폐쇄하는 상응한 조치를 하고 차분하게 냉각기를 가지는 것이 무엇보다 중요하다.

대신 자유를 찾아 남한에 온 자남민을 안정적인 정착에 적극 해결방안 즉 자남민 지원청이나 기관단체를 설립하여 실질적으로 그들을 보호하고 우대 정책을 실시하여 더 많은 자남민들이 남한으로 올 수 있도록 해야 한다.

그간 역대 정부에서 희망고문적인 통일을 추진하면서 유독 진보 성향의 대통령들이 방북 때마다 천문학적인 많은 돈과 식량을 퍼주지 않았는가.

특히 과거 햇볕정책은 많은 국민들에게 곧 통일이 이뤄진다고 하는 환상뿐인 쇼에 불과하고 대국민 사기극이었다고 해도 과언이 아니다. 북한에 천문학적인 자금을 퍼준다고 그들이 절대 만족하지 않는다는 것을 직시해야 한다. 대한민국 전체를 주기 전에는 어떤 것을 주어도 만족하지 않는 것이 김일성 때부터 이어온 본능이다. 북한에 대한 퍼주기는 부메랑이 되어 우리를 위협하고 있다. 지금까지 통일추진은 국론 분열과 대북 경각심을 약화시켜 왔고 김일성 왕조의 적화야욕에 장단을 맞추어 준 것에 불과할 뿐이다. 그렇기에 남한과 북한은 앞으로 남남으로 살아가야 한다.

우리 세대는 전쟁만 일어나지 않아도 성공한 세대이고, 이를 통하여 훗날 미래세대가 통일할 여지를 남겨주는 것이 우리의 당면한 의무이다. 통일은 한민족에게 성스럽고 신성한 표현이기 때문에 가볍게 접근해선 절대 이룰 수 없다. 공존번영을 위한 철저한 준비가 되지 않은 상태에서의 통일은 전쟁으로 해결될 수밖에 없고, 그런 의미에서 우리 세대가 바라는 진정한 통일은 현재 상황으로는 불가능하다.

많은 정치 지도자들이 독일 통일의 선례를 들어, 그 방식의 통일을 지향해야 한다고 하지만 이 또한 전혀 현실성 없는 얘기다. 통일 당시 동독과 서독은 통일 이전에도 문화, 경제적 교류를 하며 통일에 대한 논의가 꾸준히 있었고, 또 소련 붕괴라는 세계사적인 사건이 있었기에 자연스러운 통일이 가능했다. 하지만 남과 북은 수백만 명이 죽거나 다치는 동족상잔의 비극인 6.25 전쟁을 겪었고 자유로운 교류도 없을 뿐만 아니라, 통일에 대한 준비가 전혀 되어 있지 않은 상황이다. 또 중국이 한반도를 탐내고 있는 한 독일과 같은 통일이 남과 북에서는 영원히 일어날 수도 없다. 한국의 대통령 임기는 5년에 불과하여 통일 정책이 오락가락하고, 북한은 절대군주이자 오너인 왕조 국가로 최고 통치자의 임기가 따로 없다. 통일하지 않아도 최고 통치자로 영원히 군림할 수 있는데, 북한이 바보가 아니고서야 독일과 같은 모델로 통일을 바랄 수 있겠는가?

앞서 말했듯이 현재 북한은 이미 90% 이상 중국화가 되어 있다. 그런 관점에서 이제는 휴전선인 남북군사분계선에서 남북이라는 말도 퇴색되어 버렸고 북한은 중국의 독립채산형 자치주에 불과하기에 '남북군사분계선'을 '한중군사분계선'으로 보는 것이 타당하다. 통일은 북한과 해야 하지만, 북한 자체가 현재는 껍데기일 뿐이고 중국이 모든 것을 좌지우지하고 있으니 우리가 바라는 대로 통일은 되지 않을 것이다. 중국은 옛날부터 한반도를 자기들 속국으로 여겨왔고, 현재 북한은 거의 중국의 통제하에 있기 때문에 우리가 통일하겠다고 하면 적화통일만이 있다고 강조하고 싶다.

그러나 겨울이 가면 봄이 오듯이 전쟁을 동반할 수 있는 통일 포기할 때 훗날 미래세대가 새로운 관점으로 통일에 접근할 수 있는 기회가 될 것이다. 앞으로 미래세대가 평화로운 한반도 통일 만들기를 끊임없이 열망한다면 얼마나 시간이 필요할지 모르지만 50년, 100년, 또는 그 후에는 우리가 염원하는 진정한 평화의 통일을 그때 이룰 수도 있을 것이다. 우리 세대에서 실현하지 못한 '평화통일'이 미래세대에서 이루어지길 간절히 소망해 본다.

동키호테

중국과 한반도의 미래

초판 1쇄 발행 2024. 3. 29.

지은이 동키호테
펴낸이 김병호
펴낸곳 주식회사 바른북스

편집진행 황금주
디자인 양헌경

등록 2019년 4월 3일 제2019-000040호
주소 서울시 성동구 연무장5길 9-16, 301호 (성수동2가, 블루스톤타워)
대표전화 070-7857-9719 | **경영지원** 02-3409-9719 | **팩스** 070-7610-9820

•바른북스는 여러분의 다양한 아이디어와 원고 투고를 설레는 마음으로 기다리고 있습니다.

이메일 barunbooks21@naver.com | **원고투고** barunbooks21@naver.com
홈페이지 www.barunbooks.com | **공식 블로그** blog.naver.com/barunbooks7
공식 포스트 post.naver.com/barunbooks7 | **페이스북** facebook.com/barunbooks7

ⓒ 동키호테, 2024
ISBN 979-11-93879-47-4 03340